NE LÂCHE PAS MA MAIN

DU MÊME AUTEUR

Code Lupin, PTC, 2006

Omaha Crimes, PTC, 2007. Prix Sang d'Encre de la Ville de Vienne 2007, prix littéraire du Premier Roman policier de la Ville de Lens 2008, Prix Octave Mirbeau de la Ville de Trévières 2008, Prix des lecteurs Ancres noires 2008 de la Ville du Havre

Mourir sur Seine, Editions des Falaises, 2008. Prix du Comité régional du livre de Basse-Normandie (Prix reine Mathilde)

Sang Famille, Editions des Falaises, 2009

« T'en souviens-tu mon Anaïs », in *Les Couleurs de l'instant*, Editions des Falaises, 2010

Nymphéas noirs, Presses de la Cité, 2010. Prix Polar Michel Lebrun 2011, Grand Prix Gustave Flaubert 2011, Prix Polar méditerranéen 2011, Prix des lecteurs du festival Polar de Cognac 2011, Prix Goutte de Sang d'encre de Vienne

Un avion sans elle, Presses de la Cité, 2012. Prix Maison de la Presse 2012, Prix du Roman populaire 2012, Prix du Meilleur Polar francophone de Montigny

Michel Bussi

NE LÂCHE PAS MA MAIN

Roman

PRESSES
DE LA CITÉ

© Presses de la Cité, 2013
ISBN 978-2-258-09994-4

Presses
de | un département **place des éditeurs**
la Cité

place
des
éditeurs

A Chloé, 18 ans déjà

Fé lève lo mort...

(« *Il est dangereux de faire resurgir le passé* »,
proverbe réunionnais)

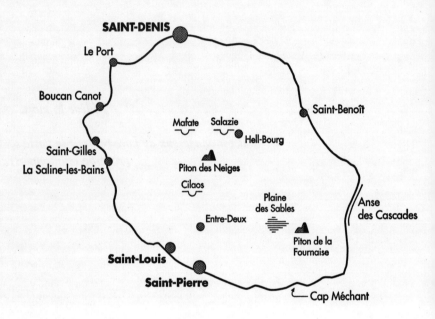

SAINT-DENIS

Le Port

Boucan Canot

Saint-Benoît

Mafate   Salazie

Hell-Bourg

Saint-Gilles

La Saline-les-Bains

Piton des Neiges

Cilaos

Plaine
des Sables

Anse
des Cascades

Entre-Deux

Piton de la
Fournaise

Saint-Louis

Saint-Pierre

Cap Méchant

10 km

L'île de La Réunion

1

Quelques pas mouillés

15 h 01

— Je monte une seconde à la chambre.

Liane n'attend pas de réponse, elle informe juste sa fille et son mari, enjouée, radieuse, tout en s'éloignant déjà de la piscine.

Gabin, derrière son bar, la suit des yeux avec une discrétion professionnelle. Cette semaine, Liane est la plus belle fille de l'hôtel Alamanda. Et de loin... Pourtant, elle n'est pas exactement le genre de touristes sur lesquelles il aime laisser traîner les yeux, d'ordinaire. Petite, très fine, presque pas de seins, mais elle possède un je-ne-sais-quoi de classe. Sa peau encore blanche, peut-être, avec un bouquet de petites taches de rousseur qui commencent à pointer dans le bas de son dos, juste au-dessus de son maillot émeraude et or. Ce petit cul qui s'éloigne aussi, qui se balance doucement comme un fruit vert bercé par le vent. La fille, pieds nus, semble marcher sur la pelouse sans briser le moindre brin d'herbe. Gabin la suit encore du regard jusque dans le patio, après les transats blancs, à moitié dissimulée par un palmier trop maigre. La dernière image qu'il a d'elle, c'est ce qu'il dira à la capitaine Purvi, c'est de la voir faire tomber discrètement le haut de son maillot ; la fugitive vision sexy d'un dos nu, d'un sein blanc, d'une moitié de téton, juste le temps qu'elle attrape sa grande serviette coucher de soleil et qu'elle l'enroule autour d'elle.

15 h 03

Naivo, à l'accueil, derrière son bureau d'acajou, rend comme il peut le sourire mouillé de Liane.

— Bonjour, mademoiselle...

Elle passe dans le hall encombré, entre un présentoir de cartes postales et un étendoir recouvert de paréos et de chemises à fleurs. Sa chevelure blonde goutte sur l'éponge de la serviette au-dessus de sa poitrine. Naivo trouve cela joli, ces épaules sans bretelles, sans marques, blanches. La fille avance doucement, pour ne pas glisser, elle est pieds nus. C'est interdit normalement, mais Naivo n'est pas là pour faire chier les touristes. L'eau ruisselle le long des jambes de la fille. Une seconde plus tard, elle a disparu en direction de l'ascenseur et il ne reste d'elle que quelques flaques. Comme Amélie Poulain lorsqu'elle fond en larmes, a pensé Naivo sur le moment. Il ne sait pas pourquoi. C'est ce qu'il pensera toujours par la suite. Pendant des heures et des nuits à se torturer la mémoire. La fille s'est évaporée, au sens propre du terme. Mais il n'osera pas en parler aux flics. Pas sûr qu'ils comprennent ce genre de truc, les flics.

15 h 04

L'ascenseur dévore Liane. Deuxième étage. Il monte au paradis et s'ouvre pour offrir par les baies vitrées du couloir une vue imprenable sur la piscine, plein sud, puis, au-delà, sur la plage de l'Ermitage. Noyé sous les filaos, le long croissant doré semble s'étendre à l'infini, grignoté par les timides vagues du lagon, assagies par la barrière de corail qui gronde au loin.

— Faites gaffe, c'est mouillé ! crie Eve-Marie à l'ascenseur, avant même de savoir qui va en sortir.

Eve-Marie grimace. C'est la blonde du 38 ! Pieds nus, bien entendu. La fille dans sa serviette la joue timide et confuse, hypocrite juste ce qu'il faut avec le petit personnel. Elle marche sur la pointe des pieds, sur le côté, à un bon mètre du seau et de la serpillière, tout en continuant de s'excuser.

— Ce n'est pas grave, bougonne Eve-Marie accrochée à son balai-brosse. Allez-y, passez, je recommencerai après vous.

— Désolée, vraiment...

« Ben voyons », commente Eve-Marie pour elle-même.

La blonde tortille de la fesse et fait des pointes de ballerine de peur de déraper sur le carrelage mouillé. Plutôt tendance patinage artistique que petit rat de l'Opéra, analyse Eve-Marie. Partir en triple axel par 30 °C sous les tropiques, ce serait un comble ! Sous les yeux de la femme de ménage, la belle contrôle un ultime dérapage et s'arrête devant son appartement, le 38. Elle introduit la clé dans la serrure, entre, disparaît.

Il ne reste d'elle que des empreintes de pas mouillés sur le carrelage nickel. Les traces s'effacent déjà, comme si le carrelage froid avait aspiré le reste de la fille, les pieds en dernier. Une sorte de sable mouvant high-tech, pense bizarrement Eve-Marie. Elle soupire, seule dans l'immense couloir vitré. Il lui reste à dépoussiérer les tableaux aux murs, des aquarelles des Hauts de La Réunion, des îlets, de la forêt primaire, des coins les plus beaux de l'île où les touristes ne foutent jamais les pieds. Avec les carreaux et le couloir, elle en a pour tout l'après-midi. D'ordinaire, après l'heure de la sieste, elle est tranquille à son étage. Personne ne remonte, ils sont tous à la piscine ou au lagon. Sauf la katish[1]...

Eve-Marie hésite à passer la serpillière derrière les pas de la fille. A tous les coups, elle va ressortir dans deux secondes avec un nouveau soutif parce qu'elle ne bronzait pas bien avec l'autre.

1. Jolie fille.

2

Vagues à lame

Rodin, son truc, c'est d'apprivoiser les vagues.

Rien qu'avec les yeux.

Contrairement à ce que pensent les poivrots du port de Saint-Gilles, c'est loin d'être une affaire facile. Ça demande du temps. De la patience. De la ruse. Ne pas se laisser déconcentrer, comme par ce bruit de portière derrière lui. Ne jamais regarder la terre, toujours l'horizon.

L'océan, c'est un truc de fous. Une fois, quand il était jeune, Rodin est entré dans un musée. Enfin, une sorte de musée. Dans le nord de la France, près de Paris, la maison d'un vieux qui regardait les reflets du soleil sur une mare toute la journée, même pas de vagues, juste des nénuphars. Dans un pays où il fait toujours froid en plus, où on touche le ciel dès qu'on se met debout. La seule fois où il a quitté l'île ! Ça lui a pas donné envie de recommencer. Dans le musée à côté de la maison, il y avait des tableaux, des paysages, des couchers de soleil, des ciels gris, la mer parfois. Les plus impressionnants faisaient bien deux mètres sur trois. Il y avait une foule de gens, des femmes surtout, des vieilles, qui semblaient capables de rester des heures devant une peinture.

15

Etrange.

Encore un bruit de portière dans son dos. Rien qu'à l'oreille, il évalue la direction et la distance, le parking du port, à trente mètres du bout de la jetée où il se tient assis sur son rocher. Sans doute un touriste qui croit capturer les vagues avec un appareil photo, comme un pêcheur qui espère prendre un poisson juste en trempant sa canne une seconde. Les cons...

Il repense à ce fou barbu. Ces peintres sont comme lui au fond, ils cherchent à attraper la lumière, les vagues, le mouvement. Mais pourquoi s'encombrer de toiles et de pinceaux ? Il suffit de s'asseoir là, devant la mer, et de regarder. Il sait bien que les gens de l'île le prennent pour un dingue à rester là toute la journée à fixer l'horizon. Pas plus dingue que ces vieilles devant leur tableau. Moins, même. Le spectacle est gratuit. Comme offert par un peintre génial et généreux là-haut.

Un cri étouffé racle le silence derrière lui. Une sorte de gémissement. Le touriste se sent mal...

Rodin ne se retourne pas ! Pour comprendre la mer, pour capter son rythme, il faut rester immobile. A peine respirer. Les vagues sont comme des écureuils peureux, vous bougez et elles s'enfuient... La fille chargée du RSA, au département, lui a demandé quel travail il cherchait, ses aptitudes, ses projets d'insertion, genre bilan de compétences. Il a expliqué qu'il savait parler aux vagues, les reconnaître, les apprivoiser pour ainsi dire. Il a aussi demandé sérieusement à la fille quel métier on pouvait faire avec ça. Un boulot dans la recherche peut-être ? Ou la culture ? Il y a des choses bizarres qui intéressent les gens. Elle l'a regardé avec des yeux ronds, comme si elle croyait qu'il se foutait d'elle. Elle était plutôt mignonne, il l'aurait bien emmenée sur la digue pour lui présenter les vagues. Il le fait souvent avec ses petits-neveux. Ils comprennent, eux. Un peu.

De moins en moins.

Le cri explose dans son dos. Ce n'est plus seulement un gémissement cette fois. Un appel au secours, distinct.

Presque par réflexe, Rodin se retourne. Le charme est rompu de toutes les façons, il faudra des heures pour entrer à nouveau en communion.

Il pâlit.

Il a juste le temps de voir une voiture, un 4 × 4 noir. Une ombre aussi, trapue, presque plus large que haute, vêtue d'une kurta, le visage dissimulé sous une curieuse casquette kaki. Un Malbar[1], sans aucun doute.

Rodin bredouille. Quand il passe trop de temps avec les vagues, les mots ne sortent pas tout de suite, il lui faut un moment pour apprendre à parler à nouveau.

— Excus... Je voul...

Il ne peut détacher son regard du couteau dans la main du Malbar, de la lame rouge. Il n'esquisse pas un geste de défense. Le seul qu'il aurait espéré avoir le temps de faire, au fond, c'est de se tourner à nouveau vers la mer et de dire au revoir aux vagues, à la lumière, à l'horizon. Le reste, il s'en fout. Mais le Malbar ne lui en laisse même pas l'occasion.

Rodin voit encore le coffre ouvert du 4 × 4. Un drap qui pend. Un bras qui dépasse. Une...

Tout bascule.

Une main agrippe son épaule pendant qu'une autre enfonce le couteau dans son cœur.

---

1. Réunionnais non musulman d'origine indienne.

3

Chambre vide

Le soleil est accroché au-dessus de la piscine comme une immense ampoule halogène fixée là pour l'éternité. La jungle bien ordonnée de palmiers et de veloutiers, cloîtrée par trois hauts murs de teck, protège l'espace clos du moindre souffle de vent. On devine l'océan à travers le vol des paille-en-queue[1], la fraîcheur des alizés au loin. Mais dans le jardin de l'hôtel Alamanda, la chaleur stagne dans le carré de pelouse et les rares touristes la fuient dans l'eau chlorée puis dans les recoins d'ombre où sont alignés les transats.

— Je vais voir ce que fait Liane.

Martial joint le geste à la parole. Il se hisse en dehors de la piscine juste à la force des bras. Gabin le voit s'avancer vers lui. Rien à dire, il n'est pas mal non plus, le mari de Liane, jambes musclées, abdominaux dessinés, épaules larges. Le genre prof de sport, ou pompier, ou CRS, n'importe lequel de ces métiers où on vous paye à passer vos journées dans une salle de musculation. Impeccablement bronzé aussi, contrairement à la peau laiteuse de sa femme.

---

1. Oiseau marin emblématique de La Réunion.

18

Moins d'une semaine qu'ils sont là et il possède déjà une peau de Cafre[1]... Le beau Martial doit sans doute avoir conservé une goutte de sang noir, rien qu'un tout petit chromosome d'aïeul esclave, un pigment endormi qui n'attend qu'un peu de soleil pour se réveiller et percoler, comme une goutte bleue de curaçao qui suffit à colorer un cocktail.

Alors qu'il s'avance vers le comptoir du bar, Gabin observe l'eau couler sur le torse imberbe du touriste. Martial et Liane Bellion forment un beau couple de touristes qui se la joue farniente sous les tropiques. Sexy et riches. Tant mieux pour eux, pense Gabin. Gagnant-gagnant. Le bonheur des couples blancs, amoureux et fortunés, c'est le fonds de commerce des destinations supposées paradisiaques.

Leur bizness...

Martial se plante devant lui.

— Gabin, ma femme est redescendue ?

— Non, désolé, pas vue...

Gabin fixe la pendule derrière lui. Cela fait bien une heure que Liane est montée. Sûr que si son petit cul était repassé devant son champ de vision, il s'en souviendrait. Martial se retourne, avance d'un mètre vers les corps qui clapotent dans la piscine.

— Margaux, tu peux garder Sofa ? Je vais voir ce que fait Liane.

Gabin enregistre la scène, chaque détail, avec une précision dont il n'a pas conscience à ce moment-là. La pendule, à la minute près. La position des corps, dans l'eau, assis, ou allongés sur les transats. Les flics lui feront répéter dix fois, croquis à l'appui. Jamais il ne se contredira.

Margaux se retourne à peine vers Martial, elle enchaîne les longueurs dans la piscine ; Margaux est la femme d'un autre couple de touristes, la femme de Jacques, l'avocat en train de lire sur sa chaise longue. Ou de dormir.

---

1. Réunionnais d'origine africaine.

« Vous savez, capitaine Purvi, s'excusera Gabin, derrière les lunettes de soleil... »

Margaux et Jacques Jourdain forment un couple moins glamour que Liane et Martial, plus vieux d'au moins dix ans. Plus chiant aussi. Lui passe son temps sur l'ordinateur dans le hall à lire ses mails. Elle à aligner des longueurs dans la piscine. Des kilomètres. Divisés par les douze mètres d'un bord à l'autre, le calcul est assez affolant en nombre d'allers-retours. Pire qu'un tangue[1] enfermé dans une caisse par des gosses dans les Hauts. Les Jourdain s'emmerdent, même sous les tropiques. Alors à Paris, Gabin n'ose même pas imaginer...

Sofa, c'est la fille de Liane et Martial. Enfin, Sofa, c'est son surnom, son vrai prénom est Josapha. Elle minaude dans la piscine comme si elle pouvait couler avec ses bouées Dora autour des bras. Gabin a repéré le tempérament tyrannique de la petite blonde dès le premier jour, comme si la gamine s'était fixé comme unique devoir de vacances de pourrir celles de ses parents. Une surdouée, dans le genre. Un peu plus de six ans et déjà blasée. Il y en a combien, des Parisiennes de son âge qui ont déjà goûté à l'eau à 30 °C dans l'ombre des filaos, corail fluo et poissons-clowns qui vous filent entre les orteils ?

Pendant que Gabin disserte sur la fille unique trop gâtée, Martial est entré dans l'hôtel.

16 h 05

Naivo se souviendra juste du dos de Martial Bellion devant l'ascenseur. Il devait s'être retourné quand Bellion est passé dans le hall, ou avoir le nez dans ses comptes. Mais pas de doute, c'était lui. Même caleçon, même dos, mêmes cheveux. Ce ne sera pas facile de l'expliquer aux

---

1. Petit hérisson réunionnais.

flics, mais si, on peut reconnaître avec certitude un homme de dos.

16 h 06

— C'est bon, allez-y, ce coup-là ! crie Eve-Marie à Martial qui hésite devant le carrelage immaculé. C'est sec !

Par les vitres impeccables du deuxième étage, Martial jette un coup d'œil dans le jardin de l'hôtel. Sofa est assise au bord de la piscine, seule. Margaux se contente de la surveiller, une brasse sur trois. Martial soupire puis avance jusqu'à la chambre 38.

Il cogne doucement à la porte de bois sombre. Il attend. Cogne encore. Au bout de quelques secondes, il se retourne et explique à Eve-Marie qui ne demande rien :

— C'est ma femme qui a les clés... Elle n'a pas l'air de m'entendre. Je vais voir à l'accueil pour qu'ils m'ouvrent...

Eve-Marie hausse les épaules. Elle s'en fout. C'est sec.

Martial remonte quelques secondes plus tard, flanqué de Naivo qui joue les saint Pierre avec un immense trousseau de clés carillonnant à son poignet. Eve-Marie lève au ciel des yeux résignés. Décidément, cet après-midi, dans son couloir, c'est carnaval ! Naivo est un gardien méthodique, la première clé qu'il introduit ouvre la porte 38.

Martial entre. Naivo se tient sur le seuil, un mètre derrière lui.

La chambre est vide.

Martial avance d'un pas, désorienté.

— Je ne comprends pas. Liane devrait être là...

Naivo pose la main sur le bord de la porte. Un frisson lui parcourt le bras. Quelque chose ne va pas, il l'a tout de suite senti. Pendant que Martial fouille du regard les rares recoins de la chambre, celui de Naivo se fixe sur chaque détail. Le lit double dont la couette fuchsia est roulée en boule. Les vêtements dispersés. Les coussins et la télécommande sur la moquette. Le vase de verre blanc renversé sur la tablette en ipé. Autant d'indices d'une violente scène de ménage.

Ou d'une baise torride entre deux amants, se force à positiver Naivo.

Martial ouvre la porte de la salle de bains, fébrile.

Personne.

Ni dans cette pièce, ni ailleurs. Il n'y a pas de balcon, pas d'espace où se cacher sous le lit, pas de placard fermé par des portes, juste des étagères de bois.

Martial s'est assis sur le lit. Hagard, perdu. Pourtant, bizarrement, Naivo n'y croit pas. Il ne saura pas vraiment l'exprimer face aux flics, mais quelque chose dans la réaction de Bellion ne paraît pas naturel. Il se contentera de décrire la scène à la capitaine Purvi, ce père de famille de quarante ans, séduisant, sûr de lui, qui s'effondre comme un gamin en découvrant la chambre vide. Ce play-boy statufié sur son lit dans son caleçon de bain. C'est peut-être cela qui sur le coup lui a semblé surréaliste. Le contraste…

Le contraste… et les taches rouges…

Les tempes de Naivo s'inondent de sueur.

Des taches rouges colorent le drap du lit.

Naivo écarquille les yeux. Une dizaine d'autres taches rouges tapissent la moquette beige, autour du lit, près de la fenêtre, sur les rideaux. Il se tait. Il ne voit plus qu'une pièce éclaboussée de sang.

Indécis.

La scène s'étire, elle ne dure que quelques secondes pourtant. Martial s'est relevé, silencieux, il tourne en rond, fait valser les fringues sur le lit comme s'il cherchait une explication, un mot, un indice quelconque. Naivo sent le regard d'Eve-Marie par-dessus son épaule. Elle s'est approchée, un chiffon à la main pour se donner un prétexte, un bout de tissu de la même couleur turquoise que le foulard qui coiffe ses cheveux.

Martial se lève, s'exprime enfin, d'une voix blanche, tout en replaçant le vase sur l'étagère de bois.

— Je ne comprends pas. Liane devrait être là...

Le regard de Naivo se détourne vers les vêtements jetés en boule au pied du lit. Des tee-shirts, des pantacourts, des chemises.

Uniquement des fringues d'homme !

Immédiatement, une porte s'ouvre dans le cerveau de Naivo, balayant d'un courant d'air ses hypothèses morbides.

La belle s'est envolée...

Il peut en témoigner en tant qu'expert, Liane Bellion porte quasiment une robe différente toutes les heures, à croire qu'elle a fait accompagner son vol Corsair d'un conteneur de fringues déchargé au port de la Pointe des Galets. Pourtant, dans l'appartement dévasté, aucune trace de petite culotte en dentelle, de jupe à froufrous, de paréo, de top moulant ou de caraco échancré...

Naivo respire mieux. Il oublie le sang.

— C'est impossible, jure encore Martial en inspectant une nouvelle fois les deux mètres carrés de la salle de bains.

— Monsieur Bellion, glisse Naivo, je peux faire quelque chose ?

Martial se retourne immédiatement, parle vite, comme s'il avait préparé à l'avance sa réponse et l'avait apprise par cœur.

— Appeler la police ! Ma femme devrait être dans cette chambre. Elle est montée il y a une heure. Elle n'est pas redescendue.

Il claque la porte de la salle de bains et insiste.

— Oui, vous pouvez faire quelque chose. Amener les flics ici.

Naivo réfrène avec professionnalisme une grimace d'inquiétude. Faire venir les gendarmes à l'hôtel... Pour sûr, le patron ne va pas sauter de joie. Entre le chik[1] et les

---

1. Chikungunya.

vols Paris-Saint-Denis à plus de mille euros, le tourisme ne va pas fort sur l'île intense. Alors imposer aux rares vacanciers la présence de képis au bord de la piscine. L'interrogatoire privé pour chaque résident de l'hôtel... Non, les gyrophares, le patron ne va pas apprécier. Il n'a pas le choix, pourtant.

— Bien sûr, monsieur, s'entend dire Naivo. Je descends, je vais vous donner le numéro.

Son regard croise celui d'Eve-Marie, ils se comprennent sans échanger un mot, puis il fixe une dernière fois Martial. L'homme lui fait penser à un fauve nu tournant dans une cage. La climatisation fait grelotter chacun de ses muscles, comme un surfeur perdu en mer Baltique.

— Vous devriez enfiler quelque chose, monsieur.

C'est à peine s'il l'a écouté.

— Ce... ce n'est pas normal, murmure encore Martial Bellion. Liane devrait être là.

4

Retour à l'Alamanda

17 h 07

La capitaine Aja Purvi peste tout en écrasant la pédale de frein de la Peugeot 206. Juste avant le tunnel du Cap de la Marianne, l'une des deux voies de la route littorale est bordée par une rangée interminable de cônes orange.

En travaux !

L'entrée du tunnel ressemble à une immense bouche noire aspirant avec une lenteur exaspérante un collier de tôles multicolores. La 206 roule encore au pas quelques dizaines de mètres, puis s'immobilise derrière un 4 × 4, à la même hauteur qu'un pick-up rouge.

Aja consulte l'horloge à côté du volant. Enervée.

Combien de temps lui faudra-t-il pour parcourir les huit kilomètres qui la séparent de l'hôtel Alamanda ? Trente minutes ? Une heure ? Davantage ?

Aja, furieuse, observe les vagues de l'océan Indien frapper le piton rocheux qui, paraît-il, ressemble au profil de Marianne. Mouais... Aja n'a jamais reconnu l'icône républicaine dans ce bloc de basalte qu'on aurait mieux fait d'exploser à la dynamite plutôt que de dépenser des milliards pour la route des Tamarins, quelques centaines de mètres plus haut, qui défigure le paysage et qui ne réglera rien pour la circulation sur l'île. Il entretiendra juste les Réunionnais dans l'illusion que l'on peut toujours immatriculer plus de voitures, trente mille supplémentaires chaque année, jusqu'à l'infini. Il faut pourtant se rendre à l'évidence : La Réunion est une montagne qui a poussé dans l'océan. Presque toute la population se tasse au bord de la mer, et tous se déplacent en bagnole sur l'étroite bande à peu près plate entre l'océan et la base des volcans, tournent en rond, aussi libres que des protons dans un cyclotron. Un ralentisseur de particules, les Réunionnais testent le concept.

Aja coupe le contact, résignée. Le type à côté, dans son pick-up, la regarde avec insistance, un mètre au-dessus d'elle. Un Cafre dont le bras sort d'un tee-shirt blanc et pend à la portière par la vitre ouverte. Cela aussi énerve Aja. Si elle avait pris le Jumper de la gendarmerie, ou ne serait-ce qu'un gyrophare à coller sur le toit de sa 206, elle aurait avalé la route du littoral en quelques minutes, les voitures se seraient écartées devant elle comme une mer s'ouvre devant le prophète, y compris ce Cafre qui tord le cou pour avoir une vue plus plongeante sur ses seins... Inconsciemment, Aja referme les pans de son chemisier. Parfois, ces types lui donnent envie de porter le voile. Rien que pour les faire chier.

Par 30 °C, un tchador ou une casquette, après tout...

Ou un képi...

Le directeur de l'Alamanda, Armand Zuttor, a insisté... Lourdement !

« Une intervention discrète, hein, Aja, tu ne vas surtout pas effrayer les touristes ! »

Ce Gros Blanc[1] de directeur d'hôtel la tutoie sous prétexte qu'il l'a connue toute petite, quand elle suivait ses parents à l'Alamanda. Entre affection et humiliation, la frontière est parfois mince, Aja n'est pas dupe.

---

1. Nom donné aux Métropolitains restés riches depuis la colonisation.

« C'est une affaire privée, tu comprends, Aja, pas une enquête officielle. Martial Bellion ne souhaite pas porter plainte, tu passes et tu le rassures à propos de sa femme, je te le demande comme un service. »

Un service ? Incognito ? Ben voyons... Comment refuser ? Le tourisme, c'est 80 % de l'emploi de Saint-Gilles. L'hôtellerie, c'est deux cents emplois... Une trentaine rien que pour l'Alamanda.

D'après Armand Zuttor, il n'y a pas de quoi paniquer, il s'agit d'une affaire banale, un couple de Parisiens dont la femme est partie avec sa valise et dont le mari s'est retrouvé tout seul comme un con au bord de la piscine avec une gosse de six ans sur les bras.

« Plutôt cocasse, hein, Aja ? Si c'était arrivé à n'importe quel créole, on se serait contenté d'en rigoler. Même un Zoreille[1]. Mais un touriste... Et puis le mari refuse l'évidence, le petit oiseau qui s'est envolé, il a insisté pour qu'on prévienne les flics, pour qu'ils rappliquent, tout de suite... Tu comprends ? »

Aja comprend. La capitaine de la gendarmerie de Saint-Paul a donc rappliqué comme un pompier à la première quinte de toux du piton de la Fournaise...

Tête baissée dans la circulation de fin d'après-midi. Point mort, plus personne n'entre et ne sort du tunnel désormais. Aja soupire et ouvre la vitre d'une main nerveuse, côté conducteur. Il fait lourd, pas de vent. Un temps à faire fondre les pneus. Un air de séga[2] dégouline sur la file immobile de voitures, craché par les haut-parleurs de l'autoradio du pick-up. Le Cafre accompagne de ses doigts bagués le rythme de la musique créole, attendant sans doute que l'animateur de radio Freedom égrène les kilomètres de bouchons sur l'île, tout en précisant, pour remonter le moral local, qu'il n'existe pas d'itinéraires BIS ici, ou que les

---

1. Français métropolitain installé à La Réunion.
2. Musique et danse réunionnaises.

bisons futés ne sont pas une des espèces endémiques sur l'île.

Aja rejette la tête en arrière sur le siège conducteur. Envie de laisser la bagnole là et de finir à pied. Le Cafre, lui, semble s'en foutre du bouchon, apprécier, même. Il a de la musique, du soleil, la mer... une fille à mater.

Comme s'il n'avait que ça à branler de sa journée...

17 h 43

Martial Bellion se tient face à Aja Purvi. Il est très pâle, note la capitaine de gendarmerie. C'est elle qui a mariné une heure sous le soleil, les fesses collées au siège en skaï de la 206, et c'est pourtant ce touriste qui sue à grosses gouttes malgré la climatisation du hall de l'hôtel. Dès qu'elle est entrée, il s'est levé de son fauteuil en plastique, imitation rotin.

— Capitaine Purvi ?

Il a gardé la bouche ouverte, comme s'il cherchait à mieux respirer, exactement comme les poissons exotiques dans l'aquarium derrière lui.

— Je... je m'excuse de vous avoir dérangée, capitaine. Je me doute que, pour la gendarmerie, une telle disparition peut apparaître très... très banale... Mais... mais comment vous dire... Pardonnez-moi, capitaine, je cherche mes mots... Derrière les apparences... il... il y a...

Aja adopte une pose compatissante pendant que Martial essuie son front trempé avec un pan de sa chemise ouverte. En une seule phrase, Bellion s'est déjà excusé deux fois. Elle trouve étrange ce sentiment de culpabilité, d'autant plus qu'il contraste avec son allure de beau gosse, ces pectoraux impeccables en transparence sous sa chemise Blanc du Nil. Pourquoi se sentir à ce point coupable ?

Bellion aspire une bouffée d'air à battre le record du monde d'apnée, puis se lance d'un coup :

28

— Capitaine, je vais m'y prendre autrement, ce sera plus simple. Je ne suis pas stupide, je me doute que tout le monde va penser que ma femme m'a planté là. Bien entendu... Les tentations ne manquent pas sur l'île. Ecoutez-moi, capitaine, ce n'est pas le cas... Elle ne serait pas partie ainsi. Pas sans sa fille... Pas sans...

Aja interrompt soudain les hésitations de Martial.

— D'accord, monsieur Bellion. Inutile de vous justifier, nous allons faire tout ce qui est possible. Vous avez de la chance, Armand Zuttor est aux petits soins pour ses clients... Ici, la gendarmerie fait partie des services proposés par l'hôtel. Assurer leur sécurité, vous comprenez. Je vais enquêter sur la disparition de votre femme, je vous rassure, avec toute la discrétion nécessaire...

— Vous souhaitez que...

La sueur colle le lin de la chemise à la peau de Martial. Transparente. Aja sourit tout en détournant le regard vers le chirurgien jaune qui joue les caïds dans l'aquarium. Quelque chose dans l'attitude de ce touriste paniqué continue de l'intriguer.

— Ecoutez-moi, monsieur Bellion, il est trop tard aujourd'hui, mais vous devrez passer dès demain à la brigade de Saint-Gilles pour signaler officiellement la disparition de votre femme. On vous demandera des papiers d'identité également, et un certain nombre de renseignements administratifs. D'ici là, je vais voir ce que je peux faire. Auriez-vous une photo de votre femme ?

— Bien entendu.

La photo passe. Aja détaille l'impeccable ovale du visage de Liane Bellion, la cascade de cheveux blonds, les fines dents blanches. Une sang-pur ! Elle comprend qu'un tel brin de fille puisse susciter bien des appétits au cœur de ce laboratoire du métissage qu'est La Réunion. Aja se pince les lèvres, l'air compréhensif.

— Merci, monsieur Bellion. Armand Zuttor m'a déjà relaté l'essentiel des événements. Restez dans le hall ou le jardin de l'hôtel, buvez un rhum ou une bière, cela vous fera du bien, mais ne remontez pas tout de suite dans la chambre. Ne touchez à rien, je vous tiens au courant dans quelques minutes.

17 h 46

Gabin observe Aja contourner la piscine et s'approcher du bar. La capitaine de gendarmerie pose la photo sur le comptoir d'un geste sec.

— Une belle fille comme ça dans l'hôtel, tu as dû la repérer, Gabin ?

Le barman prend le temps de répondre. D'ordinaire, le regard des clients qui se tiennent devant son comptoir dévie derrière lui, en direction de l'impressionnante collection de rhums arrangés qui occupe trois étagères dans des bonbonnières aussi colorées que des philtres dans la vitrine d'un apothicaire. Aja, elle, le fixe droit dans les yeux. Le rhum, elle s'en fout. Comme la plupart des Zarabes[1], elle ne boit pas d'alcool. Ce n'est pourtant pas faute de lui avoir proposé, juste pour goûter, lorsqu'elle était ado et qu'elle attendait pendant des heures au bord de la piscine son père et sa mère. Avant le drame.

Puisque Aja le dévisage, Gabin ne se prive pas en retour. La chef de la gendarmerie de Saint-Gilles est une fleur assez rare sur l'île. Une Zarabe métissée créole. Gabin possède une opinion assez précise sur les Zarabes, le métissage est peu fréquent chez eux, ils préfèrent généralement ne partager ni leurs gènes ni leurs comptes en banque. Discrets et efficaces. Vingt-cinq mille membres, treize mosquées, aucun niqab, pas de voile ni autre signe ostentatoire... et toutes les entreprises de tissus, de bagnoles et de quincaillerie de l'île !

---

1. Réunionnais musulman d'origine indienne.

Aja est zarabe par son père, créole par sa mère. Peut-on la considérer comme une jolie fille ? se demande Gabin. Pas facile de trancher. Parfois le métissage compose des chefs-d'œuvre qui vous saisissent par leur beauté universelle ; mais le plus souvent, la nature teste des trucs. Genre Aja. Un assemblage peu probable de longs cheveux noirs, de regard bleu en amande surmonté de sourcils noirs et épais qui se rejoignent presque au-dessus des yeux. Un joli potentiel, ana-lyse Gabin, mais pour donner une note esthétique, il faudrait qu'Aja sourie, parfois. Il faudrait la voir en maillot de bain aussi. Pas gagné. Aja est une fille des Hauts de Saint-Paul, d'un des immeubles sordides de Plateau Caillou, il l'a connue à l'âge du collège. Déjà à l'époque, Aja se comportait comme un margouillat[1] dans une classe d'endormis[2]. Douée, comme il en pousse une tous les dix ans. Du genre à peine bronzée, à n'avoir jamais fichu les pieds dans l'eau du lagon, à bosser, bosser, bosser, plus que les autres. Aja est partie étudier en métropole, comme beaucoup d'autres. Fac de droit à Panthéon-Assas, puis école de gendarmerie chez les Bretons, à Château-lin. Major de promotion. Mais contrairement aux autres surdoués de l'île, Aja est revenue. Elle le regrette peut-être, maintenant. Les places sont chères pour les métisses qui veu-lent grimper les échelons de l'administration régalienne sur l'île... On l'a enterrée à la brigade territoriale autonome de Saint-Gilles-les-Bains. Sauf que la petite est nerveuse, ambi-tieuse, cogneuse, Gabin l'a vue à l'œuvre, un petit margouillat capable de grimper très haut. La soif de vengeance comme motivation supplémentaire. Les Zoreilles de Saint-Denis ris-quent d'avoir du mal à la museler longtemps...

Aja agite la photo devant son nez, impatiente.

— Alors, Gabin ?

— Alors quoi ? Je crois pas avoir entendu la sirène, Aja... Tu fais des heures supplémentaires au black ?

---

1. Lézard.
2. Caméléons.

— Faut croire... Tu connais les flics. On se déplace pas pour une créole qui se fait tabasser par son mari. Mais une touriste qui prend le maquis...

Gabin sourit de toutes ses dents blanches.

— T'apprends la diplomatie, Aja, c'est bien...

Aja ne répond rien, comme si elle méditait, puis insiste à nouveau.

— Alors, tu sais quoi sur la tantine[1] ?

— Presque rien, ma belle. Tu sais bien. Je reste planté derrière mon bar comme un filao. J'ai juste vu la fille passer devant les transats, faire tomber le maillot, s'envelopper dans une serviette, puis pschitt. Va demander à Naivo, à l'accueil. Tu ne peux pas le rater, c'est un nouveau, un Malgache avec une tête de lémurien qui aurait enfilé une cravate. C'est lui qui a ouvert la porte de sa chambre à Bellion...

17 h 51

Aja entre dans le hall. Aucune trace de Martial Bellion. Il a dû suivre ses conseils, se faire discret, s'éloigner, la laisser enquêter. Elle esquisse soudain un sourire : Gabin ne mentait pas, c'est effectivement un lémurien qui tient l'accueil ! Naivo est assis derrière son bureau, les yeux marron ronds comme des billes, des poils clairs partout sur le visage, une couronne de cheveux gris et raides d'une oreille à l'autre... et une cravate rayée blanche et noire, comme s'il s'était enroulé la queue autour du cou.

Une grosse peluche lémurienne sensible au charme des blondes. La photo de Liane agitée devant ses yeux globuleux le rend intarissable.

— Oui, capitaine Purvi, j'ai vu monter Liane Bellion dans sa chambre cet après-midi. Oui, son mari est venu me

---

1. Petite amie.

32

chercher dans le hall pour lui ouvrir la chambre 38. Combien de temps après ? Une heure je dirais. Ce pauvre type avait l'air inquiet, paniqué même, comme un malheureux dans ses tongs et son short de bain. C'est moi, capitaine, qui lui ai ouvert la chambre 38... Il y avait, comment dire ? Du désordre. Des traces de lutte. Ou de sieste entre mari et femme, si vous voyez ce que je veux dire, capitaine...

Une des billes noisette disparaît sous la forêt poivre et sel d'un sourcil, ce qui, pense Aja, doit correspondre à un clin d'œil chez les lémuriens.

— Sauf... continue Naivo. Sauf que toutes les fringues de la fille avaient disparu. Vous pouvez me croire, j'ai l'œil pour ça. Liane Bellion avait fait sa valise.

Les poils d'un œil se ferment à nouveau, façon velcro.

— Mais le plus important, ce n'est pas ça, capitaine, le plus important, c'est qu'il y avait des traces de... comment dire ?

Aja plisse les yeux. Elle sent d'instinct qu'elle ne va pas aimer la suite. Le lémurien se redresse encore.

— Des taches qui ressemblaient sacrément à des traces de sang.

Aja encaisse, imperturbable.

— On va monter, si cela ne vous dérange pas. Vous allez m'ouvrir...

Ils montent. Deuxième étage. Aja laisse juste glisser le regard vers les baies vitrées et observe les clients qui discutent autour de la piscine sous le ciel rouge, cocktails à la main ; le dos nu des femmes, les volutes de fumée, les gamins qui s'éclaboussent dans l'eau fluorescente que des spots sous-marins colorent successivement en bleu, rouge et vert.

Soirée tropicale. Calme plat. Ambiance de paradis. Armand Zuttor avait raison, les gyrophares auraient fait désordre.

Naivo le lémurien fait tourner les clés dans sa main et avance vers la chambre 38. Il se donne des allures de gardien de zoo qui ouvrirait avec résignation la grille de la cage du gorille disparu.

— Capitaine, je peux vous parler ?

La voix semble surgir d'un haut-parleur invisible. Aja se retourne et découvre dans son dos une vieille femme accrochée à son balai-brosse. La créole, qui s'est rapprochée à pas de loup du bout du couloir, répète :

— Tu es bien la capitaine Purvi ? La petite Aja. La fille de Laïla et Rahim ?

Aja ne sait pas ce qui l'énerve le plus. La référence à son enfance de la part d'une femme qu'elle ne reconnaît pas ou le rythme indolent des paroles de la femme de ménage. Elle acquiesce vaguement de la tête.

— Je vois souvent ta mère, tu sais, ma petite Aja, continue la créole. Au marché couvert de Saint-Paul, presque un matin sur deux. On parle du passé comme deux vieilles.

Aja se fend d'un sourire.

— Je vous écoute...

Le lémurien n'a pas bougé. La créole non plus. Bloquée.

— Seules, finit-elle par préciser.

— D'accord, accepte Aja en se tournant vers Naivo.

Le lémurien écarte des pupilles indignées, dresse les poils des yeux et des tempes, puis s'éloigne à contrecœur jusqu'à l'extrémité du couloir. La créole au balai semble chercher ses mots, Aja attend quelques secondes, puis anticipe.

— Vous êtes ici depuis quand ?

— Trente ans et six mois, ma petite Aja...

Aja soupire.

— Je parle de cet après-midi, madame. Je voulais dire « ici, dans ce couloir ».

Eve-Marie sourit, prend le temps de consulter sa montre, puis répond.

— Quatre heures et trente minutes.

— C'est beaucoup, non ?

— Disons que d'habitude, c'est plus calme à mon étage...

Aja contemple le sol, les murs, les tableaux, les vitres, tout est aussi propre que dans un couloir d'hôpital. Le prénom de la femme de ménage est brodé sur sa blouse.

— Eve-Marie, vous m'avez l'air d'une femme organisée et précise. Dites-moi exactement qui est passé dans votre couloir cet après-midi.

La vieille créole prend un temps infini pour poser le balai-brosse contre le mur.

— Eh bien, Naivo et le mari sont montés vers 16 heures pour ouvrir la chambre 38. La chambre était vide et...

Eve-Marie réajuste le foulard dans ses cheveux crépus. Mèche par mèche. Aja récupère la parole pour accélérer le rythme.

— Eve-Marie, nous sommes d'accord, Martial Bellion est monté à 16 heures. Liane Bellion était montée une heure plus tôt, vers 15 heures. C'est ce qui s'est passé entre-temps qui m'intéresse. Si vous n'avez pas quitté votre couloir, vous avez forcément vu madame Bellion sortir de sa chambre.

Eve-Marie a repéré sur la vitre la plus proche une invisible trace qu'elle essuie avec un coin de torchon turquoise. Une éternité après, elle répond :

— Du monde, entre 15 et 16 heures, ça, j'en ai vu passer dans mon couloir... Mais pas la blonde...

Coup de massue derrière la tête.

— Comment cela ? hurle presque Aja. Liane Bellion n'est pas ressortie de sa chambre ?

Eve-Marie maîtrise ses effets, elle plie lentement en quatre le torchon. Elle devrait écrire des polars.

— Le mari est remonté.

— Une heure après, je suis au courant.

— Non, pas une heure après, bien avant. Je dirais un quart d'heure après sa femme...

Nouveau coup de massue. Pleine poitrine.

— Vous... vous en êtes certaine ?

— Oh oui, ma petite Aja, tu peux me faire confiance, personne ne peut passer dans mon couloir sans que je le remarque.

— Je n'en doute pas, Eve-Marie. Continuez...

Eve-Marie jette un œil méfiant à Naivo. Le lémurien tourne en rond devant l'ascenseur. La créole baisse un peu la voix.

— Il est entré dans la chambre. Sur le coup, j'ai pensé qu'il voulait se payer un peu de bon temps avec sa femme. C'était l'heure de la sieste, tu vois ce que je veux dire, ma petite Aja. La gamine était en bas avec les amis. Le mari est ressorti quelques minutes plus tard de la chambre, dix minutes maximum. Il est venu vers moi. Il m'a demandé un service.

Aja observe son reflet dans la fenêtre. Son regard bleu se délave dans les lueurs fluorescentes de la piscine, quatre mètres plus bas.

— Un service ?

Eve-Marie met un temps infini à se retourner vers le chariot qui contient sa poubelle, les produits détergents, les brosses.

— Oui, un service. Il m'a demandé s'il pouvait emprunter mon chariot. Pas celui-ci, le gros, celui dans lequel je mets le linge, les draps, les serviettes. Vide. Il est entré avec dans la chambre, il est ressorti deux minutes plus tard, il a pris l'ascenseur... puis hop, disparu. J'ai retrouvé mon chariot en bas, au niveau – 1, près du parking. Ça peut te sembler bizarre, ma petite Aja... Mais ici, on ne refuse rien aux clients.

La main fébrile de la capitaine prend appui sur le rebord de la fenêtre.

— Le chariot de linge, il vous a dit pour quelle foutue raison il en avait besoin ?

— Tu sais, ici, ma petite Aja, on ne pose pas non plus de questions au client. *La lang na pwin le zo*[1]...

Aja se mord les lèvres.

— Quelqu'un d'autre est entré ? Sorti ? Dans le couloir, pendant tout l'après-midi ?

— Personne ! Tu peux me croire, Aja. La katish du 38 n'est jamais ressortie de sa chambre.

Pourquoi ne pas croire Eve-Marie, en effet ?

— Votre... votre chariot à linge. Il... il est grand comment ?

Eve-Marie semble réfléchir.

— Pour te donner une idée, y a marqué dessus qu'il peut contenir quatre-vingts kilos de linge. Je vois où tu veux en venir, ma petite Aja. Entre nous, je serais surprise si la petite blonde en maillot en pesait plus de la moitié.

Pendant que le regard d'Eve-Marie se tourne vers d'autres invisibles poussières, Aja fixe le jardin de l'hôtel. Au maximum, une vingtaine de personnes conversent, boivent, attendent le coucher de soleil. Aja repère Martial Bellion sous un réverbère, il se tient sur une chaise haute. Une petite fille de six ans est assise sur ses genoux.

Sa femme n'est jamais ressortie de la chambre...

Naivo a parlé de traces de lutte dans l'appartement. De taches de sang.

L'hypothèse rassurante d'une escapade amoureuse de la belle s'est singulièrement assombrie...

Le lémurien a dû repérer que la conversation était terminée, il s'avance dans le couloir, clés à la main. Il va falloir lui expliquer, ainsi qu'au directeur de l'hôtel, que le programme a changé. Armand Zuttor ne va pas aimer... Il y a toutes les chances pour que les affaires dispersées dans la

---

1. Proverbe réunionnais, « la langue n'a pas d'os », il faut faire attention à ce que l'on dit.

chambre 38 soient autant de pièces à conviction d'une scène de crime. Aja baisse les yeux vers sa montre. Dans l'idéal, il faudrait venir relever les empreintes, les traces de sang, l'ADN, et tout le reste du protocole. Dès ce soir.

Reste à convaincre Christos de se déplacer...

5

Le bal des moustiques

20 h 34

Sofa n'a touché ni à son poulet grillé, ni à son riz. Elle boude, le nez collé dans le recueil de contes de *Ti-Jean*. Martial Bellion s'est forcé à terminer son rougail boucané. Comme pour faire bonne figure. A l'inverse, la disparition de Liane ne semble pas couper l'appétit de Jacques et Margaux Jourdain.

Ils mangent tous les trois en silence. Devant la piscine, un type en chemise à fleurs braille dans un micro des tubes des années 80. Une femme en tenue moulante, un collier de fleurs de flamboyant rouge autour de son cou ridé, s'agite derrière lui. De temps à autre, la femme frappe des mains ou reprend un refrain en chœur. Sans grande conviction.

Parmi la vingtaine de convives du Grain de sable, le restaurant de l'hôtel Alamanda, personne n'applaudit. Personne ne parle non plus.

« Voyage voyaaage, plus loin que la nuit et le jour »

Ce couple de chanteurs doit être payé pour cela, pas pour mettre l'ambiance, juste pour meubler le silence des vieux couples. Jacques Jourdain ressert un verre de vin de Cilaos

39

à Martial. Sa main tremble un peu, il hésite, puis se penche vers lui pour couvrir les hurlements du duo.

— Elle va revenir, Martial. T'en fais pas, elle va forcément revenir.

Martial ne répond pas. La mine compatissante de Jacques n'est pas très convaincante. L'avocat parisien est-il sincèrement désolé du malheur d'un homme qu'il ne connaissait pas il y a encore cinq jours ? Martial en doute. Jacques et Margaux offrent plutôt l'image d'un couple rassuré d'avoir trouvé plus malheureux qu'eux. Entre pitié et indifférence.

« Ne la laisse pas tomber, elle est si fragile »

Ambiance…

Martial se force à ironiser. Oui, au fond, la disparition de sa femme doit affecter Jacques. Un peu. Il n'est pas dupe. Détailler l'anatomie de Liane au bord de la piscine faisait partie des discrets plaisirs tropicaux de l'avocat.

Martial se retient de se lever, d'emmener Sofa avec lui, de les planter là. Il mâche avec dégoût une bouchée de rougail froid. Non, cette fois, il ne doit pas céder à ses impulsions, il doit s'imposer la patience, ne rien laisser paraître, tenir le rôle du mari réellement affecté par la disparition de sa femme. Une partie serrée, il en est conscient. Tout va se jouer sur des détails, sur sa capacité à dissimuler la vérité aux flics. Les soupçons vont se resserrer sur lui comme un nœud coulant autour de son cou, mais s'ils ne découvrent aucune preuve décisive, le doute subsistera… Si cela tourne mal, il pourrait avoir besoin des Jourdain. De Jacques surtout. Il a plutôt l'air d'un avocat demandé sur la place parisienne, à en croire la centaine de mails qu'il écluse chaque jour.

Le silence devient insupportable.

Les braillements du duo tournent au sordide. Aucun des couples du restaurant n'a pourtant quitté sa table, inexplicablement.

Martial imagine rapidement le déroulement de la journée du lendemain. Le piège qui se referme. Les flics, les interrogatoires, les touristes confinés dans l'hôtel. Les Jourdain convoqués à la gendarmerie. Au moins, il aura contribué à pourrir les vacances de ces faux culs ! C'est déjà ça.

21 h 17

— On monte, Sofa.

Martial s'approche du bar de Gabin, portefeuille à la main. Gabin lui avance un rhum arrangé. Difficile de reconnaître le fruit à l'intérieur. Un genre de nèfle jaune.

Gabin touche sa main quand Martial tend le billet. Il frissonne.

— Rhum bibasse, monsieur. Cuvée spéciale. Elle va revenir, votre femme, vous en faites pas.

Celui-là au moins a l'air sincère. Martial se fend d'un sourire triste de circonstance.

— Faut la comprendre, continue Gabin, c'est une fille de goût, votre femme. Qui aurait eu envie d'écouter cette musique ce soir ? Demain, c'est un bon groupe, elle va revenir.

22 h 12

« Viiiivre, sous les sunlights des tropiiiiiques »

Dans le halo des néons jaunes au-dessus de la piscine, les moustiques sont les seuls à danser.

Martial s'éloigne de la fenêtre de la chambre 17. Premier étage. Il se tourne vers le lit d'enfant que Naivo est parvenu à grand-peine à coincer entre le lit double et le mur. Sofa a fini par s'endormir. Elle a réclamé sa maman pendant une heure. Martial lui a expliqué, comme il a pu, maladroitement.

« Elle va revenir, Sofa. Elle est partie se promener. Elle va rentrer bientôt. »

Peine perdue.

Les questions sont tombées en averse.

Pourquoi elle ne téléphone pas, maman ?

Pourquoi elle ne m'a pas fait de câlin avant de partir ?

Pourquoi elle ne m'a pas emmenée avec elle ?

Elle est où, maman ? ELLE EST OÙ ?

Pourquoi on ne dort pas dans la même chambre qu'hier ?

« Parce qu'un gendarme va venir relever nos empreintes, Sofa. » Mais cela, Martial ne peut pas le dire à sa fille.

Il lui a raconté à nouveau plusieurs aventures de Ti-Jean, de Grand-mère Kalle et Grand Diable. Elle a fini par s'endormir. Elle a du mérite. Les deux en bas continuent de brailler.

Martial passe son tee-shirt au-dessus de sa tête, fait tomber son pantalon. Il se tient là, nu, dans l'ombre.

Inquiet.

Rien ne se déroule comme prévu.

Au-dessus de lui, dans quelques heures, demain matin au plus tard, un flic va venir lever les scellés de la chambre 38. Naivo a dû leur parler des vêtements dispersés dans la pièce, des objets renversés... des taches de sang. Bien entendu.

Martial avance jusqu'à la douche.

Ce soir, jusqu'au dîner, il contrôlait la situation. Mais depuis quelques minutes, quelque chose a dérapé.

L'eau coule. Presque froide.

Ses pensées tournent, glissent sur les parois lisses de son cerveau, disparaissent dans un trou béant. Pourquoi a-t-il échafaudé ce plan insensé ? Le piège qu'il a construit n'est-il pas en train de se refermer sur lui ?

Il se sèche, il aimerait se frotter la peau jusqu'au sang, jusqu'à ce que la serviette blanche brodée du logo de l'hôtel devienne écarlate.

Des images atroces lui reviennent.

Avait-il le choix ?

Martial avance à nouveau dans la pièce. Il se tient nu devant la fenêtre, à peine dissimulé par la pénombre. De toutes les façons, personne ne tourne la tête vers la chambre. Seuls quelques touristes prolongent la soirée, des couples enlacés qui, enfin, dansent sur les planches de teck. Pas les Jourdain. Pas le genre.

« Quand tu vois mourir les sirèèèènes... »

Le slow interminable laisse présager que les chanteurs vont bientôt remballer leur matériel.

Martial recule, observe la douce respiration de Sofa dans son lit de bébé presque trop petit pour elle.

Le sien est trop grand. « King size », a précisé Naivo. Quel tact, ce connard !

Martial soulève le drap de coton que la climatisation a raidi en linceul. Le contact le trouble. L'absence de Liane lui est soudain insupportable. Martial mord une boule de drap pour ne pas hurler ; il est conscient qu'il reproduit le même geste que Liane, chaque nuit, lorsqu'elle suffoquait silencieuse dans le tissu pour atténuer les gémissements de son orgasme.

Mon Dieu, qu'a-t-il fait ?

Il donnerait n'importe quoi pour sentir le corps nu de Liane contre le sien. Revenir une journée en arrière. Une semaine, s'il le pouvait.

Ne jamais avoir remis les pieds sur cette île.

A la fenêtre, les néons de la piscine s'éteignent, comme des étoiles qui explosent.

Cette nuit, il ne dormira pas.

6

Pâques orthodoxe

9 h 11

Imelda émerge de sous les draps, tel un volcan qui explose puis se fige en une montagne de cendres anthracite.

— Christos, t'as un message sur ton portable ! Hier soir. 19 h 43. Jamais tu ne regardes ton téléphone ?

— Quand je suis dans ton lit, jamais !

Christos Konstantinov s'étire tout en maintenant sa tête posée contre l'énorme sein noir d'Imelda. Elle le repousse sans ménagement, se penche vers la caisse qui sert de chevet et tend le bras pour saisir le téléphone portable.

— C'est ta chef, Christos.

Vue imprenable sur les fesses royales d'Imelda. Rien d'autre ne compte.

— Aja ? Emmerder le seul orthodoxe de l'île le week-end de Pâques ? Je vais lui coller un procès pour harcèlement...

Christos grogne et rampe dans le lit pour se lover contre la peau noire de la Cafrine[1]. Imelda est un matelas ensorcelé qui épaissit de plusieurs centimètres chaque année. Il a découvert, dans un tiroir, un album de vieilles photos d'Imelda lorsqu'elle avait vingt ans ; elle posait nue devant

---

1. Femme cafre.

un photographe qui devait se rincer l'œil en flashant sous toutes les coutures son corps de déesse, long, fin et ferme, à faire bander un endormi. Pourtant, Christos n'échangerait pour rien au monde le corps juvénile de la jeune Imelda avec celui, dégoulinant, de sa maîtresse vingt ans plus tard. Comment apprécier une taille de guêpe lorsque l'on a goûté au parfum d'une reine ? Imelda possède un corps de chocolat, double crème, à s'en empiffrer. Des formes qui débordent, floues, changeantes, un nuage de sensualité à pétrir de ses désirs.

Si elle savait...

Imelda minaude, le portable à la main :

— Je peux regarder ?

Christos soupire. C'est interdit. C'est son téléphone de service. Mais il s'en fout, si ça lui fait plaisir à Imelda. Il y a une pile de polars dans la caisse à côté du lit. Imelda est une sorte de Miss Marple cafre, cela fait partie aussi de son charme.

— Si tu veux...

Imelda clique sur le portable du policier pendant que la main de Christos glisse le long de sa jambe, remonte, explore les mille collines de son ventre, puis redescend de la montagne aride vers les prairies humides, pressé comme un alpiniste fatigué. Les doigts de Christos se perdent dans la toison d'Imelda. Pas épilée, oh non... L'origine du monde, savoure Christos. Version réunionnaise... La forêt primaire, sombre, protégée, sacrée, inscrite au patrimoine mondial de l'humanité. Christos se sent poète ce matin, pas vraiment le cœur à pointer à la gendarmerie.

Il jette un œil dans le landau contre le mur. La petite Dolaine dort. Avec de la chance, elle va continuer.

— Hôtel Alamanda, précise Imelda les yeux rivés sur l'écran du téléphone portable. Il faut que tu ailles relever des empreintes, des traces de sang, d'ADN et tout le bazar.

Sous la pression insistante des doigts de Christos, elle écarte un peu les cuisses.

— OK, concède Christos. Je connais, j'irai pour l'apéro... Gabin Payet, le barman, sert les meilleurs rhums arrangés de l'île. Ce serait une offense d'arriver à l'heure de l'expresso...

— Tu vas finir par te faire virer...

L'index de Christos profane la forêt interdite.

— Tu me nourriras. Un de plus ou de moins...

— Qu'est-ce que je foutrais d'un fainéant comme toi ? J'ai bien assez de mes cinq gosses, pour dépenser l'argent-braguette[1]...

Christos passe un premier genou entre ceux d'Imelda. Un second.

— Traiter de fainéant Christos Konstantinov, souffle le policier. Tu n'aurais pas dû provoquer l'étalon des Mascareignes...

Il prend appui sur ses poignets. Elle l'accompagne, pose ses mains brûlantes sur ses fesses blanches. Le guide, inondée de sueur.

Le lit bascule, rebondit, soudain transformé en trampoline.

Trois monstres sautent entre les draps. Dorian, Joly, Amic. Un touffu, une crépue, un tondu. Douze, sept et quatre ans. Avec la petiote dans le landau, il ne manque plus que Nazir. D'après ce qu'il sait, la progéniture d'Imelda est issue de trois pères différents. Il est arrivé onze mois après le départ du dernier géniteur. Un joyeux bordel difficile à classer. Créoles, Malbars, Zoreilles. Tous se tassent dans une case de trois pièces, une quatrième avec le jardin, l'aîné dort dans le hamac.

Les trois métis lui sautent dessus. Christos proteste sans conviction.

Aucune autorité !

— Tu travailles pas, Jésus ?

— Christos, pas Jésus ! Si, justement ! Du balai, la marmaille, y a pas d'école aujourd'hui ?

---

1. Allocations familiales.

47

Pas de réponse, juste des cascades de rire à rendre jalouses les chutes de Salazie.

Imelda s'est levée et a enfilé un paréo. Foutu, pense Christo. Il se lève à son tour, résigné.

— Elle dit quoi, le boss ?

Imelda ne consulte même pas le téléphone portable, comme si elle avait enregistré l'ensemble des informations dès la première lecture.

— Un touriste qui a perdu sa femme. Oups, envolée avec sa valise !

— Le con !

Christos enfile un pantalon de toile ocre. Une chemise douteuse.

— Tu sais comment je fais, moi, pour pas la perdre, ma femme ?

Imelda ne répond pas. Elle tire sur les draps avec énergie et dégage la marmaille.

— Comme pour pas perdre mes clés, en fait.

Toujours pas de réponse. Imelda se baisse pour ramasser les coussins éparpillés dans la chambre.

— Je fais des doubles !

Christos sort de la pièce en éclatant de rire, juste avant de se prendre trois coussins dans la gueule.

10 h 03

Hôtel Alamanda. Direction le bar. Christos s'oriente d'instinct, comme le chat vers sa gamelle. Il n'a pas baratiné Imelda, le rhum servi par Gabin est le meilleur de Saint-Gilles, peut-être de l'île. Le plus souvent, lorsque Christos vient dans le coin, c'est tard la nuit, pour faire taire les excités qui sortent des boîtes d'à côté, le Red White ou le Loft. Gabin est une sorte de vedette locale, un jazzman du cocktail, un virtuose osant toutes les improvisations. Depuis dix ans, tous les bars de La Réunion se l'arrachent, négocient son transfert comme un avant-centre du championnat de D1 réunionnais qui enfilerait but sur but.

Gabin sourit en observant Christos approcher. Avec ses longs cheveux gris retenus en catogan, sa chemise bleue grillée par le soleil et ses espadrilles d'un autre âge, pas facile de deviner qu'il est depuis plus de trente ans sous-lieutenant de gendarmerie.

— Tiens, lance Gabin, le prophète ! C'est pas trop tôt. On t'attendait pour les croissants.

Christos se contente d'un geste du pouce, du haut vers le bas. Le barman n'insiste pas, il s'est attribué le diplôme d'éthylothérapeute, il observe ses clients, écoute, analyse, puis délivre un traitement personnalisé. Il sert un Mai Tai à Christos. Puis un second, le temps pour le sous-lieutenant de se faire raconter tous les détails de l'affaire, le joli couple, les bisous dans la piscine, la gamine de six ans qui leur casse les couilles, la maman qui remonte juste une seconde à la chambre, puis pschitt...

Christos écoute, compatissant, un œil sur les glaçons qui diluent un fond de rhum dans son verre, l'autre vers la piscine, vide. Pas même une mère de famille à reluquer.

— Mouais, je vais te dire, Gabin, les Zoreilles devraient se méfier, cette île est un putain de piège. Tiens, je vais t'en raconter une bonne, tu sais pourquoi je me suis retrouvé là ?

Gabin soupire et secoue la tête. Son titre exact, c'est psychoéthylothérapeute.

— J'habitais La Courneuve, enchaîne Christos. J'avais vingt-cinq ans, j'avais répondu à une offre de mutation à la gendarmerie de Saint-Denis. C'était à quinze bornes de chez moi. Trente minutes de bagnole même en comptant les bouchons. J'avais juste négligé un détail sur l'annonce. Un détail de rien du tout, juste un chiffre...

Christos vide son verre avant de conclure :

— Le numéro du département... C'était le neuf-sept-quatre, pas le neuf-trois... Faut croire que c'était le destin !

J'ai fait le grand saut, ma vie dans un conteneur et zou...
Direction les tropiques. Trente ans que j'y suis.

Gabin essuie son zinc, indifférent.

— Elle te fait pas marrer mon histoire ?

Le barman répond sans même relever les yeux.

— Cinq fois que tu la racontes ! Tu fais toujours les
mêmes vannes, Christos.

Christos hausse les épaules. Il fait tourner les glaçons
dans son verre vide tout en cherchant dans sa mémoire un
moyen de se convaincre de la mauvaise foi de Gabin. Finalement il renonce.

— T'es un pro, Gabin, mais faut travailler ton sens de
l'humour, c'est important pour la clientèle. Allez, tchao, je
monte à l'étage m'occuper de la chambre nuptiale. C'est
quand même con de perdre sa femme, hein.

Il s'éloigne, hésite, se retourne.

— Gabin, moi, tu sais comment je fais pour pas perdre la
mienne ?

Le barman lève les yeux au ciel.

— J'sais pas. Tu fais des doubles ?

Connard !

10 h 09

Christos a posé la valisette en aluminium sur le lit et
sorti de leur compartiment les flacons de Bluestar®
Forensic, les éprouvettes, la lampe Lumilight et l'appareil
photo numérique miniature. Il est le seul de la brigade de
Saint-Gilles-les-Bains, avec Aja, à savoir l'utiliser. La com-
pétence autorise quelques privilèges... Tels que les grasses
matinées. Il repense au Malgache de l'accueil qui lui a
ouvert la chambre 38. Naivo Randrianasoloarimino. Sur le
coup, ça lui a inspiré une blague, genre prétexte pour se
faire payer un dernier rhum. Hein, Gabin, gros malin, quel
est le comble d'un type chargé de l'accueil dans un grand

hôtel ? Tu sais pas ? Demande plutôt à Naivo Randrianasoloarimino.

Avoir un nom à coucher dehors...

Mouais...

Au boulot...

Un putain de boulot de dingue...

Autour de chaque tache sombre, sur la moquette, sur les
draps, dans la douche, sur le rebord des chiottes, il doit pulvériser quelques gouttes de luminol Bluestar® Forensic.
Après une minutieuse préparation... Le luminol n'est efficace pour détecter les traces de sang que mélangé avec un
activateur composé d'eau oxygénée et de sel hydroxyde. Il
n'y a pas que ce crétin de Gabin qui sache doser des cocktails, se console Christos. Ensuite, si la pièce est à peu près
sombre, chaque tache de sang doit se transformer en une
jolie pastille bleue fluorescente.

Christos s'active, la fluorescence dure à peine plus de
trente secondes, c'est peu pour à la fois détecter les taches à
la lumière noire de la lampe Lumilight et prendre des photos de la scène. Ou alors, il faut recommencer, jusqu'à
l'infini.

Christos soupire tout en passant la lampe sur le sol. Les
taches bleues s'effacent presque instantanément, comme
avalées par la moquette, mais le doute n'est déjà plus permis : du sang a été versé dans la pièce, un peu partout, sur
le lit, les murs.

L'étal d'un boucher...

Christos a beau chercher tous les arguments pour se
prouver le contraire, il doit se rendre à l'évidence.

*La chambre 38 de l'Alamanda est une putain de scène de
crime.*

Christos balance la Lumilight sur le lit. Une telle décou-
verte devrait exciter un flic normal, comme un entomo-
logiste qui met le pied dans une fourmilière inconnue, un
astronome qui découvre une nouvelle planète. Lui, ça

l'emmerde... Il est bon pour recommencer la solution de luminol, pulvériser à nouveau, mètre par mètre ce coup-ci, pour prendre l'ensemble de la pièce en photo. Dans la moindre série américaine, ils sont une vingtaine à se marcher sur les pieds autour du moindre cadavre. A Saint-Gilles-les-Bains de La Réunion, il se démerde tout seul, comme un grand...

Et la déco blue light ne sera que la première étape...

A qui appartient le sang ? Madame Bellion ? Monsieur Bellion ? Les deux, mon capitaine ? Christos sait qu'il va devoir fourrer dans des sacs plastique des morceaux de draps et d'oreillers qu'il aura découpés avec minutie. Il va devoir se foutre à quatre pattes pour tenter d'arracher des pans entiers de moquette. Attraper dans la salle de bains, à la pince à épiler, d'hypothétiques poils de nez, de cul ou de pubis. Se coller les mains dans la cuvette des chiottes avec une éprouvette...

Il repense à l'aîné d'Imelda, ce grand con de Nazir shooté au zamal[1], qui passe ses journées à mater en boucle des inédits des *Experts* qu'un pote a téléchargés pour lui. Il aurait dû l'embarquer pour un stage d'insertion, tiens, ça lui aurait peut-être fait passer le goût de l'herbe qui rend bourik[2].

Ou bien il lui aurait demandé de faire tourner le zamal. Dans l'instant, Christos n'aurait rien contre s'en rouler une pour se donner du courage.

Le sous-lieutenant regarde par la fenêtre. Les premières clientes investissent les transats autour de la piscine. Vieilles et molles. Christos sait d'expérience que les belles et jeunes ne bronzent pas dans les hôtels autour du lagon, les doigts de pied en éventail. Elles enferment leurs orteils dans des Pataugas et crapahutent entre Mafate et le piton des Neiges. Christos n'a plus l'âge pour les suivre. Il s'en fout, il a toujours préféré les femmes qui ont entre dix et quinze ans de

1. Cannabis réunionnais.
2. Idiot.

moins que lui. Alors, maintenant qu'il approche des soixante…

Christos se retourne et observe les étagères de bois. Il se dit qu'il devra aussi faire l'inventaire de la pièce. Selon le Malgache à l'accueil, tous les vêtements de Liane Bellion ont disparu, il devra vérifier. Il tente de se rassurer. Au fond, l'hypothèse privilégiée reste la fugue de madame. Découvrir des traces de sang ne signifie en rien qu'il y a eu crime. Pour qu'il y ait preuve d'un meurtre, il faut un cadavre. Ou, au minimum… une arme.

Christos est soudain saisi d'une intuition. Il monte sur le lit et vide avec méthode les étagères. Sac de sport, chaussures, vêtements de pluie, lunettes de soleil, raquette de tennis, lampe torche…

Sa main s'arrête sur un kit de barbecue, modèle high-tech, breveté Nature et Découvertes ou Maisons du Monde, le genre de cadeau que des amis vous font lorsqu'ils savent que vous partez dans un pays où l'on mange encore avec les doigts. Christos fait sauter le velcro qui ferme l'étui de plastique noir. Il y a des emplacements pour tout, fourchette XXL, spatule, grattoir, pince, pinceau pour étaler la marinade… et, bien entendu, un emplacement pour le couteau… le genre solide, pour découper sans peine la côte de bœuf. Lame affûtée et manche de bois.

Du moins, Christos le suppose.

Parce qu'il n'y a plus de couteau dans l'étui.

7

Cinq contre un

15 h 13

Aja s'est assise derrière le bureau, juste en face de Martial Bellion. Christos, lui, préfère rester debout, un peu en retrait. La brigade territoriale autonome de Saint-Gilles-les-Bains, boulevard Roland-Garros, est composée de plusieurs cubes de béton de tailles inégales, peints blanc crème, reliés à un autre cube, en tôle celui-ci, qui sert d'accueil... Une brigade banale et miteuse, comme des milliers d'autres en France, à une exception près : les cubes hideux sont posés à cinquante mètres de la plage. Se tenir debout dans la pièce principale, pour peu que les portails des cases les plus proches soient ouverts, permet de bénéficier d'une vue directe sur la plage et le port de Saint-Gilles. Christos ne s'en est jamais lassé. Les yachts qui sortent du port, les voiliers, les surfeurs, le coucher de soleil en IMAX quand il quitte le bureau après 18 heures. Pas souvent... Aja, à l'inverse, ratatinée sur sa chaise, pourrait être téléportée dans la banlieue de Dunkerque qu'elle ne s'en rendrait pas compte.

Martial Bellion a d'autres préoccupations que le paysage tropical.

Il a été convoqué à 15 heures à la gendarmerie. Il est arrivé avec vingt minutes d'avance. Il ne quitte pas son air

de chien battu. De chien perdu plutôt, qui cherche sa maîtresse. De chien cocu peut-être.

— Vous avez des nouvelles de ma femme, capitaine ?
Vous avez trouvé quelque chose ? Je deviens fou. Sofa,
notre petite fille, plus encore...

Christos sent qu'Aja ne va pas tarder à exploser.

*Et les traces de sang sur le mur, mon coco ? Et le couteau
disparu ?*

La capitaine n'est pas le genre à prendre des gants avec
les suspects. Le petit jeu de Martial Bellion ne devrait pas
l'amuser bien longtemps.

— Je vais vous donner des nouvelles, monsieur Bellion...

Aja se lève. Christos admire les plis impeccables de son
uniforme bleu ciel, la chemise fermée jusqu'au dernier bouton, les galons amidonnés. Christos a abandonné le costume
officiel depuis bien longtemps, sans pour autant qu'Aja
renonce à lui faire adopter une garde-robe plus réglementaire. Qu'il repasse sa chemise au moins, qu'il la rentre dans
le pantalon à défaut de porter la cravate, les épaulettes et le
képi. La capitaine Purvi appartient au genre des emmer-
deuses tenaces. Martial Bellion risque de s'en rendre compte
rapidement.

Aja se retourne soudain.

— Monsieur Bellion, j'ai été patiente, j'ai écouté bien
sagement votre numéro de mari traumatisé. Il est temps de
passer à l'acte 2, vous ne croyez pas ? Jouons cartes sur
table. Eve-Marie Nativel, la femme de ménage de l'hôtel
Alamanda, nous a raconté tous les détails de vos allers-
retours dans le couloir du second étage, l'emprunt d'un chariot de linge sale jusqu'au rez-de-chaussée, côté nord-est,
l'ascenseur qui donne sur le parking où sont garées les voitures...

Bellion roule des yeux étonnés. Un bon point pour lui,
note Christos, il ne joue pas mal la comédie. Aja insiste :

— Ces témoignages diffèrent singulièrement de votre
version, non ?

Bellion prend sa respiration, puis plonge :

— Cette femme se trompe. Ou elle ment.

Christos pose ses fesses sur le rebord de la fenêtre. Il admire le match mais ne parierait pas un euro sur Bellion. Premier retour dans le filet. Réplique médiocre. Pourquoi cette brave Eve-Marie mentirait-elle ? Comment pourrait-elle seulement se tromper ? Ridicule !

Aja en rajoute une couche.

— Eve-Marie Nativel ment, bien entendu, monsieur Bellion. Continuons, alors. Outre Eve-Marie Nativel, monsieur Tanguy Dijoux, le jardinier de l'hôtel Alamanda, vous a vu marcher sur le parking à 15 h 25, vous poussiez ce fameux chariot de linge. Une scène difficile à rater, non, un Zoreille filant un coup de main à la femme de ménage créole ? Trois gosses qui jouaient au foot derrière l'hôtel vous ont aperçu ensuite vous diriger vers votre voiture de location, une Clio grise garée sur le parking.

Aja s'avance, fixe le touriste droit dans les yeux.

— Dans ces conditions, monsieur Bellion, prétendez-vous toujours ne pas avoir quitté le bord de la piscine avant 16 heures ?

Une autre apnée, à peine plus longue, puis Bellion crache sa réponse :

— Ils se trompent. Ou ils mentent...

Aja lève les yeux au plafond. Christos lâche un sourire. Martial est têtu. Ou con. Il creuse encore son propre trou dans le sable.

— Je... je ne me souviens plus exactement, capitaine. J'ai joué avec ma fille, dans l'eau, je lui apprends à nager. J'ai dormi sur un transat aussi... Je... je n'ai pas regardé l'heure mais...

Christos aurait presque pitié de la lamentable défense de Martial. Une brasse à contre-courant... Il lui lancerait bien une bouée, mais sa chef n'apprécierait pas... Aja tourne en rond dans la pièce. Volontairement sans doute, elle laisse Bellion cuire dans son jus, poulet façon cari, jusqu'à ce que la peau de la carcasse se détache des os. Bellion, les yeux immobiles, fixe les affiches bleu-blanc-rouge à la gloire de la gendarmerie d'outre-mer punaisées aux murs. Gendarmerie maritime sur sa droite, jet-skis, hors-bord et scaphandres ; gendarmerie aérienne sur sa gauche, hélicoptères, échelles de corde et descentes en rappel... Le grand frisson dans l'île intense.

Engagez-vous !

Aja explose d'un coup. Un bouton de la chemisette bleue a sauté.

— Monsieur Bellion, on ne va pas y passer la journée. Tout le personnel de l'hôtel témoigne contre vous ! Des témoignages qui convergent. Votre version ne tient pas la route une seconde. Eve-Marie Nativel est formelle, son couloir est mieux gardé par elle que l'enfer par un cerbère. Votre femme est entrée dans sa chambre à 15 h 01 et n'en est jamais ressortie. Le seul qui soit entré, puis sorti, puis entré à nouveau, une heure plus tard, c'est vous ! Alors une dernière fois, Bellion, niez-vous toujours être remonté dans votre chambre un quart d'heure après que votre femme est montée ?

Martial hésite. Sur le mur, un hélicoptère survole le Trou de Fer. Il semble décidé à sauter dedans, pieds joints.

Juste un murmure :

— Non...

Christos cligne un œil en direction de sa capitaine. C'est bien, Martial, on progresse. Aja ne le laisse pas refroidir.

— Merci, monsieur Bellion. Niez-vous également avoir emprunté le chariot à linge d'Eve-Marie Nativel ?

Cinq secondes d'éternité. Son regard se perd vers la gendarmette femme-grenouille assise sur son Zodiac.

— Non...

Nouveau clin d'œil. Un seul mot, presque un aveu. Allez, encore un petit effort Martial...

La voix d'Aja baisse d'une octave, se fait presque douce.

— Pourquoi avoir emprunté ce chariot, monsieur Bellion ?

Les yeux de Martial, cette fois, se perdent dans le vide, traversent les affiches, les murs, disparaissent dans la forêt de Bélouve, le spot des Roches Noires...

— Je me permets d'insister, monsieur Bellion. Votre femme était-elle encore dans la chambre lorsque vous en êtes sorti ? Etait-elle encore... vivante ?

Christos dodeline de la tête. Aucune réaction chez Martial, il n'est plus avec eux. Il ne coule plus, ne tente plus de nager plus à contre-courant. Il flotte. Au gré des vagues... Il attend la marée inverse. Il peut attendre longtemps, au vu des preuves qui s'accumulent.

Enfin, ses lèvres bougent :

— La chambre était vide, capitaine Purvi, lorsque je suis remonté. Nous... Tout ne se passait pas très bien entre nous depuis notre arrivée sur l'île. J'ai simplement pensé qu'elle voulait, disons, mettre de la distance entre nous.

— Ce n'est pas ce que vous m'avez dit hier, monsieur Bellion. Quand vous m'avez fait venir à l'Alamanda, vous m'avez certifié qu'il ne s'agissait pas d'une fugue, que votre femme ne serait jamais partie sans sa fille.

— C'était hier... C'était pour que vous lanciez des recherches.

Aja se pince les lèvres, peu convaincue.

— Et le chariot ?

— Une réaction stupide quand j'ai découvert la chambre vide. J'y ai entassé les vêtements de Liane. Elle les avait laissés dans la chambre, elle n'a emporté qu'une valise presque vide.

Christos sourit à sa chef. Visiblement, Bellion n'a pas tout à fait abdiqué. Il se débat encore. Pour combien de temps avant de couler à pic ?

— Nous vérifierons, répond la voix froide d'Aja. Personne, absolument personne, n'a vu ressortir votre femme de sa chambre.

Bellion a encore blanchi.

— Je n'en sais pas plus, capitaine. Peut-être qu'ils n'étaient pas à leur poste et qu'ils ne veulent pas l'avouer. Je vous ai appelée pour que vous retrouviez ma femme, capitaine, hier soir. Pourquoi vous aurais-je fait venir si ce n'était pas tout ce qui comptait pour moi ?

Aja se contente de hausser les épaules. Le silence s'installe, pesant. La capitaine insiste encore pour la forme, note chacune des réponses désespérées de Bellion. Il ne comprend pas la disparition du couteau du kit barbecue. Sa femme l'aurait emporté ? Ou un employé de l'hôtel ? Il a jeté les vêtements de sa femme dans la déchetterie de l'Ermitage, avenue de Bourbon, à quelques centaines de mètres de l'hôtel Alamanda, en vrac dans des sacs-poubelle. Il n'y avait pas de traces de sang dans la chambre 38 avant que Liane n'y remonte, seule. Il en est certain. Peut-être s'est-elle blessée avant de partir ?

La capitaine a compris qu'elle ne tirerait rien de plus de Martial Bellion. Christos intervient alors. C'est à lui que revient le mot de la fin. La note technique.

— Monsieur Bellion, nous allons vous demander de passer dans la pièce d'à côté, l'infirmerie. Notre collègue Morez va vous prélever quelques gouttes de sang pour les comparer avec celles retrouvées dans votre chambre. Pour ne rien vous cacher, j'ai joué au coloriage avec elles toute la matinée et j'ai une envie folle de découvrir à qui elles appartiennent.

15 h 55

Par la fenêtre, Christos observe Saint-Gilles. Une trentaine de gamins, casquettes fluo et shorts à fleurs, en rang derrière un animateur, traversent la plage. Ont-ils seulement conscience de leur chance ? Une cour d'école qui donne sur l'océan, un bac à sable de dix kilomètres de long. Aja s'en fout, le regard pointé vers les affiches de propagande pour la gendarmerie nationale.

— T'en penses quoi, Christos ?

Le sous-lieutenant se retourne.

— Que c'est une sacrée arnaque. Faudrait plutôt prévenir les gosses de l'île qui rêvent de s'enrôler que les hélicos et les jet-skis, c'est plutôt rare dans les brigades autonomes. Et qu'en plus, c'est rarement le créole qui pilote...

— Arrête ton numéro, Christos ! De l'affaire Bellion, t'en penses quoi ?

Christos va éteindre le ventilateur et ouvre la fenêtre. Un vent chaud pénètre dans la salle d'interrogatoire, charriant avec lui des cris d'enfants.

— Après toi, Aja, je t'en prie.

Aja s'assoit sur le bureau.

— Si je résume, nous avons la preuve que Martial Bellion nous ment sur toute la ligne. Nous disposons de cinq témoignages contre le sien. Difficile d'imaginer que tous les employés de l'hôtel se liguent contre un même homme. Pour quelle foutue raison agiraient-ils ainsi ? Cinq témoignages contre un.

— Six contre aucun, précise le sous-lieutenant. Bellion a fini par avouer être remonté en douce.

— Exact, Christos. Je veux bien que sa femme puisse échapper à la vigilance d'un employé de l'hôtel, mais pas à tous. Et comme elle n'a pas pu sortir de l'appartement sur le dos de Sitarane[1]... Si c'est le sang de sa femme qui tapisse la chambre, c'est plié, on le coffre.

— Et une petite garde à vue, Aja ? Histoire de mettre le beau Martial au frais ?

— On n'a pas de cadavre, Christos ! Pas d'arme du crime, pas de mobile, pas de plainte, pas de témoins. Rien ! Sans oublier qu'il mange matin et soir avec un avocat à l'Alamanda. Le procureur va me rire au nez... On va sur-

---

1. Sorcier réunionnais faisant l'objet d'un culte satanique.

veiller Bellion quelques heures en attendant le résultat des tests, on est sur une île, il ne va pas s'envoler.

Christos prend le temps de réfléchir.

— Etrange, tout de même. Il a appelé la gendarmerie hier alors qu'il savait que tous les témoignages se retourneraient contre lui. Il n'a même pas cherché à se cacher avec son putain de chariot, tout juste s'il n'a pas écrit dessus qu'il transportait le cadavre de sa femme. S'il est coupable, si sa femme n'a pas filé en douce, sa stratégie de défense est suicidaire.

— Il n'avait peut-être pas le choix, Christos !

Le sous-lieutenant prend une chaise.

— Explique-moi ça, patronne.

— Imagine la scène. La belle monte. Son mari la rejoint discrètement dans la chambre. Ils se disputent. Ça tourne au vilain. Il la tue, mettons par accident. Quel choix a-t-il alors ? Laisser le corps dans la chambre ? Si on découvre le cadavre, il est fichu. Non, il n'a pas d'autre solution. Il fait le bon choix, au final, il évacue le corps, au culot. L'arme du crime aussi.

— En passant devant cinq témoins. En laissant du sang partout. Retour au point de départ. C'est du suicide.

Aja jette un regard énervé à la chemise ouverte de son adjoint.

— Oh, que non, Christos, bien au contraire. Pas de cadavre ! Pas d'arme du crime ! Pas de mobile ! Pas d'aveux ! Même si toutes les preuves l'accusent, il peut jouer sa chance devant un tribunal. Il y a jurisprudence. L'affaire Viguier, ça te dit quelque chose ? Tout prouve que Jacques Viguier a assassiné sa femme. Disparition de Suzanne Viguier, adultère de madame comme mobile, traces de lutte, draps lavés par le mari, jusqu'au matelas balancé dans une déchetterie... Tous les observateurs possèdent l'intime conviction que Jacques Viguier est coupable et, pourtant, aucun cadavre, aucune arme du crime, aucun aveu... Il a été acquitté en 2010.

Christos adopte une moue peu convaincue.

— Mouais. Si tu as raison, si on ne retrouve pas Liane Bellion entre les mains d'un boug[1] du coin, c'est la gloire, Aja ! Les médias, l'ouverture du 20 heures. Oubliés, les tapages nocturnes autour des boîtes de nuit, les poivrots à ramasser sur la plage et les courses de scooters... C'est le tremplin, ma belle, le tremplin que tu attendais.

— Ta gueule, le prophète !

Christos passe la tête à la fenêtre, goûte les alizés.

— Ça prend combien de temps, Aja, les tests ADN ?

— Je vais agiter le cocotier. Tu me connais. On les aura dans l'après-midi, au pire demain matin, avec une marge suffisante... D'ici là, on aura peut-être retrouvé les sous-vêtements de Liane Bellion dans la déchetterie de l'Ermitage.

— OK, alors je mets dix sacs que l'affaire est pliée, que le sang dans la pièce est celui de sa femme.

— Vingt sacs, ajoute une voix dans leur dos.

Le première classe Morez entre dans la pièce. Un jeune. Un gentil. Généralement, dans les nuits de garde en tête à tête avec Christos, il tient mieux la bière Dodo que le bluff au poker.

— Tapis, même, surenchérit Morez. Quand Bellion a retiré son tee-shirt pour la prise de sang, devinez quoi ? Il était blessé sous sa chemise ! Une entaille sous les aisselles, superficielle mais bien nette, genre coupure au couteau bien affûté.

— Vieille, la blessure ? demande Christos.

— Vieille d'hier, je dirais.

— Putain, lâche Aja, Bellion les accumule...

1. Homme.

8

Le fantôme du lagon

9 h 31

— Papa, on rentre quand ?

Papa est assis sur la plage. Il me répond sans me regarder.

— Bientôt, Sofa, bientôt.

J'espère.

Je n'aime pas trop le lagon. Il n'y a presque pas d'eau.

C'est comme le petit bassin d'une piscine, mais dans lequel on aurait laissé traîner des trucs. Des trucs sales, des trucs qui piquent. Pour marcher dans le lagon, il faut mettre des sandalettes en plastique qui font les pieds rouges.

Papa et maman disent que c'est mieux que la piscine, que si je regarde bien, si je suis patiente, je vais voir des poissons, de toutes les couleurs. Les poissons, c'est bon, je les ai vus. Je ne suis pas idiote. Des petits. Des noir et blanc. Mais ils nagent à côté du corail. Le corail, maman dit que c'est super joli mais en vrai, c'est juste un rocher dans l'eau, un rocher qui pique et qui sert de cachette aux poissons. Dès que je me laisse flotter avec les bouées, j'ai l'impression que le corail va m'arracher la peau des genoux...

Le lagon, c'est une piscine dangereuse où on peut que marcher.

Et encore, marcher en faisant attention. Dans le fond de l'eau, il y a des algues. Quand on s'approche, on peut croire que c'est un poisson qui vous frôle les chevilles, mais non, c'est juste une sorte de salade gluante qui vous lèche pour vous coller des boutons. Y a même au fond de l'eau des limaces énormes couvertes de poils. Horribles ! Maman dit qu'elles sont inoffensives, que ce sont des concombres de mer, qu'on les appelle comme ça parce que les Chinois les mangent. Manger des limaces ! Ça m'étonnerait quand même, surtout qu'ici, tous les magasins sont achetés par des Chinois, même les restaurants. Maman raconte n'importe quoi, des fois. Comme quand papa et maman disent que je ne suis jamais contente, alors qu'eux, ils se baignent jamais.

— Papa, on rentre, maintenant ?

— Bientôt. Ne t'éloigne pas, Sofa.

Papa, sur la plage, est allongé sous l'arbre qui a des racines grosses comme des serpents. Papa n'écoute jamais ce que je lui dis. Si je retirais mes bouées, je suis sûre qu'il ne s'en rendrait même pas compte. Il me dit toujours de faire attention, mais lui, jamais il ne fait attention à moi.

Tiens, je lui lance une grimace, comme ça, pour voir, pour être certaine qu'il ne la regarde pas. Il fait toujours ça, papa, il lève les yeux, me demande si ça va, pas trop chaud, pas trop froid, va pas trop loin, puis juste après, il part dans ses pensées tristes… Il regarde ailleurs, juste à côté, comme s'il y avait quelqu'un d'autre dans l'eau. Mais pas moi, un enfant invisible. Une fois même, il s'est trompé de nom.

Il m'a appelée Alex.

Comme s'il parlait à un fantôme qu'il était le seul à voir.

Il est bizarre, des fois, papa.

Surtout depuis que maman est partie.

Ce qui est sûr, en tout cas, c'est que je préfère la piscine. L'eau est plus chaude. Plus bleue aussi. Moins grande, c'est sûr. Je regarde la mer, aussi loin que je peux. Si j'avais le courage, je partirais, droit devant, là où la mer doit être plus profonde et où le corail ne racle pas les cuisses. Rien que pour voir si papa s'en rendrait compte. Au loin, l'eau se casse comme contre une fenêtre. Le bruit fait un peu peur. C'est la barrière de corail, m'a expliqué maman. C'est un mur sous l'eau qui nous protège, il paraît qu'il y a des requins de l'autre côté.

— Papa, on retourne à la piscine ?

Je suis habituée maintenant, je dois le dire au moins trois fois, de plus en plus fort. Jusqu'à ce qu'il entende.

9 h 33

Martial n'entend pas. Il scrute le lagon. Vide.

Il faut qu'il se reprenne, qu'il réagisse ; surtout, il ne doit pas se contredire. Il faut qu'il réponde de façon cohérente aux flics. Qu'il adopte une stratégie et qu'il s'y tienne. Qu'il reste sur ses gardes également. Il n'a plus le choix, les choses vont aller vite maintenant. Combien a-t-il ? Quelques heures, à peine ? Il doit rester concentré.

Ses pensées lui échappent pourtant. Sa vue se trouble. Le lagon est le même, sauf qu'il y a moins de maisons autour. Pas de loueurs de pédalos, pas de marchands de glaces. Juste les filaos pour surveiller la plage. Le soleil se couche aussi. Il n'y a plus que quelques jouets de plage abandonnés. Un seau rouge.

Une pelle jaune.

Une petite silhouette dans l'eau. Un garçon de six ans.

Seul.

— Papaaaa ! J'en ai maaarre. On retourne à la pis-ciiiiiine !

Martial remonte à la surface

— Oui, oui, Sofa. La piscine ? On vient juste d'arriv...

Il n'insiste pas.

— D'accord, ma puce, on retourne à l'hôtel.
La fillette sort de l'eau, jette ses bouées, ses sandalettes.
— Elle revient quand, maman ?
— Bientôt, Sofa. Bientôt.

9

Festin

Depuis trente ans qu'il sirote son ti-punch en terrasse, Christos a vu se métamorphoser Saint-Gilles. Certes, il n'a pas connu l'antique village de pêcheurs et le chemin de fer amenant de Saint-Denis les trains de maris rejoindre femmes et enfants, obsessionnellement blancs sous leurs ombrelles. Il a par contre vécu en direct les transformations des années 90, lorsque l'île croyait encore pouvoir ressembler un jour à sa grande sœur Maurice. Il a suivi la construction du port de plaisance moderne au cœur de la capitale touristique de La Réunion. L'idée n'était pas bête... La ravine Saint-Gilles ne rejoignait plus la mer depuis longtemps, sauf en cas de cyclone ; elle venait mourir au pied de la plage comme un égout fatigué s'écroulant à quelques mètres de la ligne d'arrivée. Les aménageurs ouvrirent l'océan sur la ville, compartimentant avec minutie la marina – port de plaisance, port de pêche, port de plongée... –, éclairant l'ensemble d'un délire de couleurs, la peinture fraîche des barques de pêcheurs, le plastique jaune des chaises des restaurants, le bois riche de l'embarcadère de Corail Plongée et des autres clubs, le pastel des barques pour bambins du port miniature de Captain' Marmaille, les toits roses de

Notre-Dame-de-la-Paix, le gris des passerelles sur la ravine stagnante, le blanc des cases qui mangent la colline aride, le tout dans un écrin de palmiers que les promoteurs eurent la bonne idée de ne pas couper.

Du noir aussi.

Hausse de l'immobilier oblige, les créoles se sont réfugiés vers les Hauts, dans le *kartié* Carrosse, mais descendent en masse sur le port pêcher les pes'cavales sur les quais ou dans leurs canots.

Une réussite ! Sauf que les concepteurs avaient sans doute rêvé d'une agora bruissante et bruyante de monde, pas de terrasses de bars quasi désertes.

Sur ce plan-là au moins, on ne peut pas reprocher à Christos de ne pas faire d'efforts.

Avec Jean-Jacques et René, ils sont les seuls clients du bar de la Marine. Vue imprenable sur les yachts et sur le cul de vingt pêcheurs à la ligne créoles assis sur des glacières arc-en-ciel.

Jean-Jacques s'en fiche, les yeux noyés dans *Le Journal de l'île de La Réunion*.

— Dis-nous, le messie, toujours pas retrouvée la nénère[1] ?

Christos trempe ses lèvres. Le rhum de la Marine ne vaut pas celui de Gabin à l'Alamanda, mais le panorama est incomparable.

— Confidentiel, les zamis...

— Confidentiel, mes fesses, réplique René. Pour une fois qu'il se passe quelque chose de ce côté-ci de la ravine.

Christos pousse sa chaise pour s'extraire de l'ombre du parasol.

— Ou alors, faudra me faire boire...

Jean-Jacques, tout en versant sa Dodo[2] dans son verre, détaille la bouteille de rhum Charrette sur la table, le bol et

---

1. Petite amie.
2. Bière réunionnaise.

les glaçons, les pistaches, les samoussas. A volonté. On soigne d'autant plus les clients qu'ils sont rares...

— Tout le malheur de l'île résumé dans une bouteille, déclame le créole. Rhum, abrutissement, violence, oisiveté...

Christos adore lorsque Jean-Jacques assène une vérité profonde. Jean-Jacques a un métier et une passion. Joueur de pétanque et philosophe. Ou l'inverse peut-être.

Christos ferme les yeux sous la morsure du soleil et ouvre les oreilles.

11 h 48

Dans les enrochements de la digue, à l'extrémité du port de Saint-Gilles, les vagues successives arrachent avec méthode des lambeaux de chair détrempés du cadavre, puis, dans le mouvement inverse, en lavent les plaies. La colonie de crabes rouges participe également à l'opération de nettoyage. Les plus fins s'introduisent dans le moindre orifice et vident le corps de l'intérieur avant que les insectes nécrophages ne s'en chargent. Les plus gros s'occupent des parties superficielles les plus tendres. La bouche, les yeux, le pénis, les parties génitales. De nouveaux crabes affluent, les anciens ne s'en offusquent pas. Le festin suffira à tous les rassasier. D'ordinaire, la population doit se contenter des miettes de mollusques morts.

11 h 49

René tourne sa casquette « 974 » autour de sa tête comme si elle était fixée sur son crâne chauve par un pas de vis. Il détaille la charrette à bœuf sur l'étiquette du litre de rhum.

— J'aimerais pas mourir con, Jean-Jacques, faudra qu'tu m'expliques le rapport entre le malheur de l'île et cette bouteille.

Christos garde les paupières closes, sans perdre une syllabe de la conversation. C'est l'heure où Jean-Jacques devient poète.

— Le rapport, c'est l'exploitation du genre humain, mon pauvre René. Alcool et asservissement des masses laborieuses. Esclaves, affranchis, pauvres blancs, tous amants de la maîtresse canne, des millions de litres de rhum de mélasse, quand le prestigieux rhum agricole vogue vers la métropole. Alcool à volonté pour les damnés de la terre, vodka pour les Polonais dans les mines, tafia pour les créoles dans les champs, l'alcool des pauvres qui brûle les neurones révolutionnaires...

Stephano, le serveur de la Marine, accoudé au comptoir, se sent le devoir d'intervenir.

— Hé oh, Jean-Jacques, le vendeur de tafia, il t'emmerde...

— Moi pareil, confirme René en levant son verre.

René est un pêcheur. L'était plutôt. Pêcheur au gros, pendant vingt ans, à Saint-Pierre, avant que le prix de vente du poisson ne compense plus celui du gas-oil du chalutier. René est alors parti s'installer à Saint-Gilles, pour vivre du tourisme, son projet était d'emmener les touristes voir les espadons, les dauphins, les requins, les baleines à bosse, loin, jusqu'aux Kerguelen s'il le fallait... Satisfait ou remboursé, c'était le concept. On ne payait que si on voyait les monstres des mers. On ne voyait rien, du moins c'est ce que les touristes racontaient en revenant. René était souvent trop soûl pour discuter. A la fin, il avait même ajouté les sirènes au programme de la croisière.

— Tafia ou Charrette, je m'en fous, tranche René en vidant son rhum d'un trait, je bois à la santé du patrimoine culturel de l'île...

Jean-Jacques déguste sa bière à petites gorgées, comme pour les narguer.

— Patrimoine culturel, mon cul...

70

11 h 54

Les crabes rouges attaquent maintenant avec ordre le cadavre. Telle une colonne de fourmis, ils s'organisent. La chair bleue, putréfiée, flasque comme du papier mâché, est déchiquetée par les plus forts. Les plus faibles se contentent d'assurer le transport. Les parties internes les plus savoureuses sont évacuées les premières, boyaux, viscères, cerveau, comme des meubles vidés par des déménageurs efficaces pour ne laisser qu'une carcasse creuse et légère.

Les dizaines de crabes se figent soudain.

Le cadavre a bougé.

Les plus peureux ont déjà disparu sous les immenses rochers de la digue. D'autres, minuscules, sortent de la bouche, comme recrachés par un mort qui hoquette.

Le corps se stabilise à nouveau. Les crabes observent avec méfiance l'objet qui a percuté le cadavre.

Rond. Lisse. Froid.

11 h 56

Jean-Jacques brandit *Le Journal de l'île de La Réunion* comme une bible, au risque de basculer sur sa chaise de plastique.

— Fermez les yeux et buvez tranquilles, les zamis. Alcoolisme, illettrisme, violence... C'est écrit noir sur blanc. La Réunion détient tous les records.

Christos ouvre les yeux, vide à son tour son verre, puis intervient enfin dans la conversation :

— Ça fait quelques années qu'on a aboli l'esclavage, René. Si les Réunionnais picolent, c'est tout de même plus la faute des Gros Blancs...

Jean-Jacques se contorsionne, puis sort de sa poche une pil plat'[1].

---

1. Flasque de rhum de forme aplatie.

— Et elle ? Pourquoi crois-tu que maîtresse Canne l'a inventée ? Vingt centilitres de rhum blanc dans les boutiks pour le même prix que cinq au comptoir...

— Là j'te suis, Jean-Jacques ! hurle Stephano du fond de son comptoir. Le bwar[1] seul, c'est un fléau national... La fin des kantines[2], un crime contre l'humanité...

René verse nerveusement une nouvelle rasade de rhum.

— Et moi aussi je te suis, Jean-Jacques. Le patrimoine culturel de l'île, c'est le Charrette, 49 °, et à la bouteille ! Pas ce sirop en fiole limité à 40 ° par l'administration...

Christos se penche sur sa chaise de plastique. Il adore leur mauvaise foi. Il regarde le vent calme gonfler doucement les voiles des bateaux amarrés. Le soleil cuire le port. Le paradis. Le bonheur trois cent soixante-cinq jours dans l'année. Il ignorait qu'un tel endroit puisse exister sur la terre. Il suffit juste de survivre à un cyclone tous les trois ans. Deux jours sous la couette. Supportable.

Jean-Jacques n'a pas abdiqué. Il colle sous le nez de René la flasque de rhum.

— Goûte, crétin... Du 49°. Il suffit d'un Bag-in-Box, trois litres de Charrette en plastique souple, avec robinet intégré, pour remplir soi-même sa pil plat'... la dernière invention de la maîtresse Canne pour abrutir les foules...

Il se lève et mime les gestes d'un marionnettiste ivre.

— Mes zamis, deux fils tiennent les Réunionnais comme des pantins à la mondialisation libérale, un dans chaque poche. La pil plat' et le téléphone portable.

René tâte stupidement les poches de son jean.

— Et je m'en fous, clame Jean-Jacques. Je m'en contrefous. Sur un terrain de boules, tant que tous les RMistes réunionnais suceront la flasque avant de pointer, je resterai meilleur tireur de l'île.

---

1. Boire.
2. Bar.

Comme pour ponctuer sa phrase, Jean-Jacques pointe sa Dodo vers le ciel. René éclate de rire, pas convaincu. Il saisit à son tour son verre de rhum et l'avance vers la bière de Jean-Jacques.

Pour trinquer.

Il s'essaye à l'accent provençal.

— Peuchère, grand fada, on peut bien s'entendre...

Jean-Jacques le regarde, désolé.

— Ne me parle pas comme à un bouliste marseillais. Ça me...

— Réfléchis, grand couillon... Je te parle de réconcilier la canne et la bière...

Jean-Jacques fixe sa Dodo, sceptique.

René triomphe.

— Canne-bière, peuchère ! Canebière !

Christos, dans un éclat de rire, rétablit par miracle l'équilibre de sa chaise.

Jean-Jacques soupire. Limite vexé.

— Putain, René, commente Stephano tout en apportant un nouveau bol de samoussas. Elle vient de loin celle-là.

12 h 01

— Y a un mort, Kevin. Putain, y a un mort !

— Déconne pas, Ronaldo ! Magne-toi de ramasser mon ballon et remonte... T'as trente-deux jongles à battre, alors joue pas la montre...

— J'déconne pas, Kevin. Y a un macchabée, j'te dis. Là sur les rochers, à moitié bouffé par les crabes.

12 h 05

Jean-Jacques a replongé le nez dans *Le Journal de l'île de La Réunion*, comme lassé des blagues de ses compagnons.

René a basculé la tête vers les nuages qui recouvrent le sommet du Maïdo.

Christos savoure. Il ne se lasse pas de cette ambiance de foire permanente. Comme le mélange festif des peuples sur la Canebière, c'est un peu vrai ; sans la foule, mais avec le cagnard toute l'année. Christos ne pourrait plus supporter le froid. Rentrer le salon de jardin. Rentrer du bois. Rentrer tout court. Des crétins de métropole lui demandent parfois si les saisons ne lui manquent pas, s'il n'en a pas assez du ciel bleu chaque matin, des feuilles qui ne tombent pas des arbres, du soleil qui se couche chaque jour à la même heure… Eux prétendent n'apprécier vraiment le printemps qu'après trois mois de pluie, ne savourer vraiment les vacances que lorsque la voiture quitte le ciel gris pour le mistral…

Débile.

Comme s'il fallait vieillir pour apprécier le temps qui passe, s'imposer une semaine de régime pour mieux apprécier un bon repas. Se priver pour mériter le plaisir. Vieille morale judéo-chrétienne. Ou musulmane, ou bouddhiste.

Christos se dit qu'il est peut-être une exception…

En général, un Zoreille ne reste pas plus de cinq ans sur l'île, il met de côté ses 53 % de sursalaire de fonctionnaire, investit son pécule dans l'immobilier local pour ne pas payer d'impôts, merci Besson, Périssol, Girardin et les autres, puis zou, direction la métropole pour acheter le pavillon de banlieue de ses rêves. Pour les gosses, qu'ils disent. Les études.

Bon, lui, c'est vrai, il n'a pas de gosses.

Un deuxième classe créole de la brigade de Saint-Benoît lui a dit un jour qu'il lui faisait penser à Lucien Cordier, Noiret dans *Coup de torchon*. Sur le coup, Christos a fait la gueule. Puis il a réfléchi. Il ne faut pas se fier aux apparences… Noiret s'emmerde dans son village africain, observe la vie tropicale avec cynisme. Massacre tous les cons… Lui, Christos, c'est tout l'inverse. Ici, il est heureux comme un bébé, comme un chat, comme un fruit doré assez haut sur la branche pour ne pas être bouffé. Le troufion de Saint-Benoît devait dire cela par jalousie, parce que là-bas, sur la côte dans le vent, ils se prennent jusqu'à six mètres de pluie par an. Le record du monde ! Mais ici, à Zoreilleland, pas une goutte !

Tranquille jusqu'à la retraite dans ce petit paradis appartenant à tous et donc un peu à lui aussi, sur cette île déserte jusqu'au XVIIe siècle. Pas d'indigènes ici ! Personne pour revendiquer la terre patrie parce qu'il était là avant les autres, juste des types et des femmes embarqués sur le même bateau ancré au beau milieu de l'océan Indien.

Beaucoup de hiérarchie, bien sûr. Comme sur un paquebot surpeuplé... De jalousie aussi. De mutinerie parfois.

Mais pas de racisme !

Tous sur le même bateau, comme un laborat...

C'est à ce moment précis qu'il voit à travers ses lunettes de soleil les deux gamins qui courent vers lui. Ils agitent leurs mains comme des dingues. Qu'est-ce qu'elles ont leurs mains ?

Christos relève ses Ray-Ban.

Nom de Dieu !

Le premier gosse, le plus petit, celui qui flotte dans le maillot Unicef du Barça, a l'air d'avoir croisé un fantôme. Le second derrière lui gueule à tue-tête :

— C'est Rodin ! C'est Rodin !

Jean-Jacques bondit de sa chaise.

— Putain, quoi Rodin ?

12 h 08

Christos court au bout de la digue, essoufflé. Les deux gamins cavalent cinq mètres devant. Jean-Jacques s'époumone derrière. René marche, titube plutôt.

— C'est là, c'est là !

75

La digue est interminable.

C'est Rodin.

Il faut trente ans d'expérience à la brigade de Saint-Gilles pour pouvoir décoder le message. Christos avait lu une maxime dans un vieux livre d'images colonial, « le créole est d'un naturel contemplatif ». Rodin, c'est l'image du livre. Depuis toujours, Rodin passe ses journées à regarder l'horizon sur son rocher noir, au bout de la digue du port de Saint-Gilles, tournant le dos à l'île, au port, aux bars, aux boîtes de nuit, au parking. Rien d'autre. Si tous les créoles sont philosophes, Rodin, c'est Diogène.

Rodin est là... Il a basculé dans les rochers, cinq mètres plus bas.

Si on se penche, on aperçoit son cadavre.

Christos reprend son souffle. Le sous-lieutenant se dit qu'il va devoir descendre, aller le voir. Au cas où le créole serait seulement blessé...

Y a peu de chances.

Les gamins le regardent avec insistance, comme s'il était Horatio Caine. Ils ne vont pas être déçus...

Christos s'engage sur les blocs glissants de l'enrochement censé casser les vagues et protéger la digue de béton. Il progresse lentement. Les pierres sont gluantes d'algues. Ses pompes vernies dérapent. Pas équipé, Horatio. S'il avait su...

— Alors, Christos ? s'inquiète René hébété, là-haut.

Alors quoi ? Minute... Qu'est-ce qu'il espère ? Qu'il ressuscite Rodin par simple imposition des mains ?

Christos gueule pour éloigner les crabes rouges. Tant pis pour les moins réactifs de ces saloperies de crustacés nécrophages, leurs carapaces craquent comme des feuilles mortes sous la semelle de sa chaussure.

Le cadavre est allongé sur le ventre. Les pieds tournés vers l'océan.

Bien mort. Aucune trace de blessure...

Christos a compris. Il déglutit. Il faut retourner le corps pour comprendre. Depuis le temps, Rodin avait le pied marin, collé au béton telle une moule accrochée à son bouchot. Il n'est pas tombé sans qu'on le pousse...

Il entend Jean-Jacques qui pleure là-haut, sur la digue. Rodin, c'était le modèle absolu. La quintessence de la sagesse créole.

Christos évite de réfléchir davantage et empoigne le cadavre par la ceinture de son jean. Le corps est étonnamment léger, coopératif, pour ainsi dire. Il offre au soleil son visage bouffé par les crabes.

Merde !

Christos rétablit de justesse son équilibre. Sa main s'enfonce dans l'espèce de corail mou qui semble cimenter les blocs de pierre.

Manquait plus que ça !

Rodin a un couteau planté dans le cœur...

Le sous-lieutenant connecte. Même le plus obtus des gendarmes aurait fait le rapprochement. C'est un couteau solide, propre. Seul le manche dépasse, genre ivoire, taillé dans la corne d'une bête qui ne broute pas chez eux. Christos s'approche. Il y a même la marque gravée dessus, comme pour mettre les points sur les *i,* au cas où le plus con des flics serait tombé sur Rodin.

Maisons du Monde.

Le genre de franchise bobo vendue partout sur la planète... mais dont il n'existe aucun magasin sur l'île.

Christos tente de réfléchir le plus rapidement possible.

Pourquoi tuer Rodin ?

Il lève la tête vers la digue. Jean-Jacques chiale sur la poitrine de René. Le plus grand des mômes tient la main du plus petit, qui lui tient son ballon.

Pourquoi tuer Rodin ?

Pas pour le voler. Rodin était un type qui n'avait rien sur lui, rien à lui, pas même une case où dormir. Christos se retourne, observe le chenal du port. Une hypothèse se forme, délirante mais crédible.

Et si Rodin avait tourné la tête, une fois dans sa vie, une seule ? Un bruit dans son dos, un cri, un appel au secours. Juste un quart de cou, à peine une seconde.

Un instant de rien du tout, comparé à une vie de contemplation.

Et si Rodin avait été victime d'une malchance suprême, d'une de ces ironies cruelles dont s'amuse parfois la vie ?

Tourner la tête rien qu'une fois... mais au pire des moments.

10

ITC Tropicar

16 h 01

Martial hésite. Il devrait anticiper, monter à la chambre, empiler des vêtements dans une valise. Les flics vont arriver, c'est certain maintenant. Il devrait crier à Sofa de sortir de la piscine, de foutre le camp. Prendre de l'avance. Un minimum.

Sofa s'amuse. Pour la première fois depuis son arrivée à l'hôtel, elle a trouvé des petits copains. Elle saute dans l'eau avec ses bouées Dora. Les autres gamins sont tous autour d'elle, comme une cour autour d'une reine. Sofa rit. Un blond haut comme trois pommes, bronzé caramel, avec de longs cheveux qui lui tombent dans le dos, lui chuchote à l'oreille. Sofa l'éclabousse et éclate de rire.

Un pincement serre le cœur de Martial.

Ne pas s'attendrir. Bouger ! Faire sortir Sofa de la piscine. Fuir...

Ne pas tout gâcher. Pas maintenant...

16 h 03

La fourgonnette de gendarmerie, rue du Général-de-Gaulle, dévore le talus, écrasant les feuilles de veloutiers et les fleurs mauves des patates à Durand. Morez enfonce la pédale d'accélérateur. Les voitures qui arrivent en face se rangent en catastrophe sur le côté. Cette fois-ci, Aja a oublié toute diplomatie, elle a organisé au plus vite l'interpellation de Martial Bellion, sacrifiant avec jubilation la quiétude de la station balnéaire et de l'Alamanda. Outre la fourgonnette de la BTA qui roule à tombeau ouvert vers l'hôtel, la capitaine a convoqué les collègues de la brigade de Saint-Paul et de Saint-Leu. Quatre autres véhicules, plus de vingt flics, convergent vers eux. L'objectif est de couper du monde Saint-Gilles. Bloquer toutes les issues, au cas où l'arrestation tournerait mal.

Qui peut prévoir comment Bellion va réagir ?

Malgré les secousses, Aja, assise sur le fauteuil passager, relit une dernière fois les analyses du département scientifique de Saint-Denis. Les documents confirment que le sang recueilli par Christos sur les draps, la moquette, le lit est celui de Liane Bellion. Les échantillons ont été comparés aux informations envoyées par le laboratoire Keufer de Deuil-la-Barre, dans le Val-d'Oise, celui où Liane Bellion effectuait ses prises de sang en métropole. Mais ce sont les résultats de l'examen du couteau retrouvé planté dans le ventre de Rodin, tombés il y a quinze minutes, qui ont déclenché le dispositif d'arrestation. Outre le sang du créole, la lame était souillée d'un autre, plus ancien. Celui de Liane Bellion !

Une arme. Deux victimes.

Un coupable.

Pour clarifier encore l'enquête, de belles empreintes digitales s'enroulaient autour du manche du couteau.

Celles de Martial Bellion.

Morez déclenche un nuage de poussière en braquant trop court, avenue de Bourbon. L'hôtel Alamanda se situe droit devant, entre l'Aqua Parc et le quartier des bars de nuit. Aja regrette de ne pas avoir coffré Bellion hier, pendant qu'il la baratinait à la brigade. Deux agents ont passé la matinée à fouiller la déchetterie de l'Ermitage : ils n'ont trouvé aucune trace des vêtements de Liane Bellion. C'est bien son cadavre que transportait Martial ! Il lui donne l'impression d'un type dépassé par les événements, qui a sans doute poignardé sa femme sans préméditation, lors d'une dispute, une crise de jalousie, une poussée de colère, peut-être même à cause de la gosse… Puis il a paniqué… Il a tué à nouveau, un témoin gênant.

Froidement cette fois-ci.

Dieu sait de quoi il est capable maintenant.

16 h 05

J'ai du mal à courir avec mes tongs.

Papa serre ma main trop fort. Il va m'arracher le bras à la tirer comme ça. Déjà, je voulais pas sortir de la piscine.

— Papa, ralentis, tu me fais mal…

— Avance, Sofa.

Papa m'entraîne derrière l'hôtel, vers le parking, là où est garée la voiture qu'on a pour les vacances.

— Papa, tu marches trop vite…

J'ai perdu une tong. Je l'ai fait un peu exprès mais papa s'en fiche, il continue de m'arracher l'épaule. Les graviers me rentrent dans les pieds, je m'arrête, je hurle. Papa n'apprécie pas.

— Sofa ! Avance. Je t'en supplie…

Papa n'a pas crié, c'est bizarre, il parle presque doucement, comme s'il avait peur, comme si une armée d'ogres couraient après nous. Sa grosse main écrase la mienne. Je suis obligée de suivre à cloche-pied. Je pleurniche, autant que je peux, mais papa ne m'écoute plus.

La voiture est là, vingt mètres devant nous. Papa l'ouvre avec la télécommande, sans même ralentir. Le béton du par-

81

king m'arrache la peau des pieds. Je crie, plus fort encore, je pique une colère comme je sais faire, jusqu'à ce que papa lâche ma main.

Il s'arrête d'un coup. Enfin.

Ce n'est pas à cause de mes cris.

Il regarde la voiture comme si on lui avait rayé la peinture, volé une roue, ou le volant. La voix de papa tremble.

— Vite, Sofa. Monte...

Je ne bouge pas. Je suis intelligente, maman me le dit tout le temps. Je sais déjà lire. Presque tous les mots.

Comme ceux qui sont écrits dans la poussière de la vitre de la portière.

Rendé vous
Anse dé cascad
Demin
16 h
vien avec la fille

J'ai du mal à comprendre. Je voudrais relire les lettres encore une fois, pour essayer de les comprendre. De les retenir au moins.

Je n'ai pas le temps, papa essuie presque tout de suite le message avec sa main. Ça laisse de grandes traînées sales.

— Monte, Sofa. Vite.

Je n'ai jamais entendu papa me parler avec une voix aussi sévère. J'ai un peu peur mais j'obéis. Je grimpe à l'arrière, sur le rehausseur.

Pourquoi papa a-t-il effacé les mots comme si je ne devais pas les lire ?

Qui devait les lire alors ? Qui les a écrits ?

Papa ?

Maman ?

Juste avant que le moteur démarre, j'entends des cris derrière nous.

Aja entre la première dans le hall de l'hôtel Alamanda, suivie de Morez. Christos observe le mouvement à distance.

Naivo se redresse derrière son comptoir comme une peluche montée sur ressort. Il ne s'écoule pas trois secondes avant qu'Armand Zuttor ne surgisse à son tour. Le directeur roule des yeux médusés, les cheveux hérissés sur une tempe, collés sur l'autre, comme réveillé pendant sa sieste. Aja ne lui accorde pas un regard. Elle hurle ses ordres :

— Morez, à l'étage, chambre 17, Christos, avec moi dans le jardin.

L'ascenseur s'ouvre. Eve-Marie s'époumone :

— Ne marchez pas dans le mouil...

Les trois salopards en rangers et uniformes ne l'écoutent pas et piétinent le carrelage. Les pieds souillent le couloir en une bouillie de sable jusqu'à la porte 22, prennent appui sur le mur immaculé d'en face, puis font voler la clenche d'un coup de semelle.

La porte explose.

Les pieds humides saccagent la moquette.

— Personne, hurle Morez dans le talkie-walkie. Il s'est envolé, capitaine !

— Merde ! jure Aja.

Elle observe le jardin de l'hôtel. Devant elle, les touristes figés ressemblent à des poupées gonflables abandonnées au bord de la piscine. Sans même qu'elle ait à donner d'ordre, les gendarmes se dispersent, quadrillant l'espace de l'hôtel à la recherche du moindre espace pouvant fournir une cachette. Tous sauf Christos...

Appuyé au tronc d'un palmier, le sous-lieutenant se contente de fixer le bar et d'interroger Gabin du regard. Le serveur hausse les épaules. Il fait la gueule, comme s'il se demandait s'il n'allait pas changer de comptoir avec toutes ces conneries.

Christos plisse le front, signe qu'il insiste. Gabin est plus fort en cocktails qu'en mime, mais il fait un effort. Il agite les bras. En étant indulgent, on peut y deviner l'imitation d'un papangue[1], d'un tec-tec[2], d'un papillon peut-être. Quelque chose qui a des ailes en tout cas.

Suffisant pour comprendre.

Bellion s'est envolé.

16 h 10

Martial conduit vite. Il remonte l'avenue de Bourbon puis la rue du Général-de-Gaulle, Saint-Gilles défile en un long ruban, entre lagon et forêt. Pour sortir de la station, il doit rejoindre la nationale tout en évitant le port qui le ramène droit sur la gendarmerie ; il n'a pas d'autre choix que de couper par les ruelles des lotissements dont une sur deux se termine en impasse, comme autant de fausses pistes d'un labyrinthe.

Encore un kilomètre entre les cases. Martial freine brutalement et étouffe un juron. La seule passerelle sur la ravine qui débouche sur la bretelle d'accès à la nationale est bloquée. Un collier serré de voitures s'étire sur deux cents mètres...

Martial peste.

Encombrement endémique ou barrage de flics à la sortie ? Peu importe. Impossible de se laisser piéger dans les embouteillages, il doit tenter de passer ailleurs.

Demi-tour. Les pneus de la Clio crissent.

Il s'engouffre à nouveau dans la rue de Bourbon, dans l'autre sens, puis brusquement, trois cents mètres avant l'hôtel Alamanda, braque sur la droite. Le chemin de terre qui longe la plage de l'Ermitage pendant deux kilomètres est praticable tant qu'il ne se retrouve pas face au train

---

1. Rapace réunionnais.
2. Moineau réunionnais.

rouge des plages qui assure à une allure de tortue la liaison entre les accès au lagon.

Le chemin rejoint, plein sud, La Saline-les-Bains. Martial se force à se convaincre qu'il dispose encore d'un peu d'avance sur les flics. Dans un nuage de poussière ocre, la Clio dépasse l'Aqua Parc, les immeubles jumeaux du Village de Corail, le mail de Rodrigues. Des vélos s'écartent. Des familles qui attendent leur glace devant le camion ambulant toussent dans la poussière qu'il soulève ; des types torse nu, serviette sur le dos, l'insultent. Martial est conscient que sa fuite est tout sauf discrète, il ne tiendra pas longtemps à ce rythme.

Il n'a pas le choix pourtant.

Par la vitre baissée, le sable vole dans l'habitacle de la Clio. Sofa pleure à l'arrière.

— Ça me pique les yeux, papa.

Martial remonte nerveusement la vitre. La logique serait de continuer à descendre droit vers le sud en longeant la plage, traverser La Saline, atteindre la route de Saint-Pierre après la plage de Trou d'Eau. Saint-Gilles se limite à un dédale de rues qui ne possède que trois issues, la nationale qui longe le littoral, au nord et au sud... et la départementale 100 qui monte vers les Hauts...

Le retour au bitume lui permet d'accélérer encore. La plage et sa foule métissée se dévoile en pointillés entre les troncs tordus. Les filaos de l'Ermitage défilent comme des poteaux télégraphiques.

Ça passera par le sud, se force à espérer Martial.

— Papa, roule moins vite !

Dans le rétroviseur intérieur, il voit Sofa accrochée à la ceinture de sécurité. Terrifiée. Comme si son père était un étranger la conduisant en enfer. L'aiguille du cadran monte encore.

Soudain, un gamin surgit de l'entrée d'une villa. Six ans. Pieds nus. Planche de bodyboard sous le bras. Il se fige comme un lapin ébloui.

Martial écrase la pédale de frein. Sofa hurle. Le gamin détale et disparaît dans la cour derrière le guétali[1].

La sueur inonde le dos de Martial. Un instant, il a cru reconnaître Alex.

Il devient fou. Cette fuite réveille tous ses démons.

Il hésite à redémarrer. Ses tempes sont sur le point d'exploser, il les enferme dans l'étau de ses mains moites. Il a pris sa décision. La Clio avance d'un mètre, fait gicler le gravillon rose de l'allée de la villa coloniale sous l'ombre du barreau[2], puis bondit en sens inverse.

— Papa, qu'est-ce que tu fais ?

Martial ne répond pas. Il a soudain conscience qu'il fonçait droit dans la gueule du loup. Prévenus par la capitaine Purvi, les flics de Saint-Leu et de Saint-Paul allaient forcément se diriger vers Saint-Gilles. Leur premier réflexe serait de garer leurs fourgonnettes en travers de la route et de bloquer les accès sud et nord le long du littoral.

Il ne lui reste qu'une chance. Passer par les Hauts. Rouler vers la montagne.

Et ensuite...

16 h 14

— Une voiture de location ! crie Morez.

Le flic accourt du parking derrière l'hôtel Alamanda. Il reprend une seconde son souffle et précise :

— Une Clio grise ! Impossible de la rater, il y a un pare-soleil ITC Tropicar à l'avant et un autocollant du loueur sur la portière arrière.

— OK ! hurle à son tour Aja dans son talkie-walkie. Tous les accès sont bloqués, il ne peut pas aller loin. Vous

---

1. Kiosque typique de l'architecture des villas réunionnaises.
2. Portail.

me renforcez les barrages sur la route du littoral à la sortie de Saint-Gilles.

La capitaine piétine la pelouse du jardin de l'hôtel en énumérant ses ordres. Les gendarmes de Saint-Gilles, à l'exception de Christos, lui emboîtent le pas comme une escouade de gardes du corps. Autour de la piscine, certains touristes se rhabillent. D'autres demeurent immobiles. Seul leur cou bouge, coordonné au ballet des gendarmes pour ne rien rater du spectacle. La plupart des enfants se sont réfugiés sur les genoux de leurs parents, à l'exception d'un petit blond aux cheveux longs qui semble défier du regard l'autorité adulte.

Aja croise un instant le regard du mini-surfeur. Elle se fige soudain, puis porte le talkie-walkie à ses lèvres.

— Non ! Changement de programme, vous restez en priorité sur les Hauts ! Issindou, Minot, vous êtes toujours au bout de l'avenue de la Mer ? Vous vous postez après le rond-point de la D100. La route du littoral est sous contrôle, Bellion va forcément se rabattre sur celle du Maïdo, soit pour pousser vers les cirques, soit pour rejoindre la route des Tamarins. Tenez-vous prêts, nom de Dieu, j'en mettrais ma main à couper, il va forcément tenter de passer par les Hauts !

Elle reprend son souffle, puis se force à parler d'une voix apaisée.

— Pas de bavure, les garçons, je sais qu'on a affaire à un double meurtrier... mais il y a une gosse assise sur la banquette arrière.

16 h 15

— Papa, j'ai mal au cœur !

Je ne mens pas cette fois. J'ai vraiment envie que papa s'arrête. Il roule n'importe comment, il va finir par écraser quelqu'un. Ou rater un tournant. Je suis fatiguée. J'ai peur aussi. Je voudrais retourner à l'hôtel. Je voudrais retourner à la piscine.

Je veux revoir maman.

J'ai compris, je suis pas idiote avec mes ogres, papa s'est sauvé juste quand les policiers sont arrivés, quand il a entendu les sirènes. Cela a un rapport avec maman, je m'en doute bien. Dans la piscine, les enfants racontaient qu'elle était morte.

Je les ai éclaboussés, je n'ai pas voulu pleurer devant eux, j'ai éclaté de rire, mais ils ont insisté, ils passaient leur pouce devant leur cou et me regardaient dans les yeux.

« C'est ton père qui l'a tuée ! »

J'ai retenu mes larmes, j'ai fermé ma gorge à double tour, j'ai juste laissé sortir une grimace.

« N'importe quoi, comment tu le sais d'abord ?

— C'est ma maman qui me l'a dit ! »

Le plus grand, celui avec les cheveux longs, avait l'air sûr de lui. Enfin, il n'était pas si grand que ça. Mais peut-être que c'était vrai quand même.

Comme si papa avait deviné mes pensées, il se retourne vers moi.

— Regarde, Sofa, regarde la montagne juste en face de nous. C'est là que l'on va, dans les nuages.

— Rejoindre maman ? j'ai demandé.

16 h 16

Martial ne répond rien. Il serpente dans les rues secondaires de l'Ermitage, allées des Songes, des Cocotiers, des Dattiers. Toutes mènent à l'avenue de la Mer, il lui restera à franchir le rond-point au croisement de la N 1 et de la D100.

Ensuite, il sera libre…

Il doit accélérer encore, rouler, passer avant qu'ils ne bloquent la route.

— Papa, est-ce que c'est vrai ? Est-ce que maman est partie dans les nuages ?

— Non, Sofa, bien sûr que non...

— Alors, papa, pourquoi tu...

— Plus tard, Sofa !

Martial a haussé le ton. Il s'en veut immédiatement. Il n'arrive pas à se concentrer. Il n'arrive pas à cerner un doute, une impression de plus en plus tenace au fur et à mesure qu'il s'éloigne de la mer.

Il ne passera pas.

Les flics communiquent par téléphone, en temps réel, ils disposent forcément de la description de sa Clio et doivent déjà être postés aux principaux axes de communication à la sortie de Saint-Gilles. Y compris la route des Hauts.

La Clio cède le passage à une Toyota. Martial baisse à nouveau la vitre. Il entend distinctement des sirènes de police, à quelques blocs à peine.

— Papa, on rentre à l'hôtel ?

Il se rend compte qu'il n'a aucune chance à ce jeu de cache-cache. Impossible de faire plus repérable que sa voiture de location. Les flics vont refermer tranquillement le filet sur lui.

— Non, Sofa, non. Pas l'hôtel. Je... je vais te faire une surprise.

Il dit n'importe quoi pour que Sofa se taise, pour qu'il dispose du calme suffisant pour trouver une solution.

Se garer ici ? Continuer à pied ? Ridicule, les flics repéreraient la voiture. Avec Sofa, il ne ferait pas cent mètres.

— J'ai pas envie d'une surprise, papa. Je veux retourner à l'hôtel.

Sofa trépigne à l'arrière, ses pieds tambourinent dans le siège de Martial.

— Je veux revoir maman ! Tu m'écoutes ? Maman !

89

Une nouvelle sirène traverse le lotissement. Brève et stridente comme la corne d'un bateau. Martial doit trouver une issue, pour rassurer Sofa, pour gagner du temps. Il ne peut pas se faire prendre, tout serait perdu alors.

Il n'a pas le droit d'échouer.

Pour cela, il ne doit pas hésiter à sacrifier ce qui le retarde.

— Je vais t'emmener voir quelque chose d'extraordinaire, Sofa. Le paradis, Sofa. Tu as déjà imaginé découvrir le paradis ?

11

La-loi-lé-là

Le parking de la brigade territoriale autonome de Saint-Gilles se résume d'ordinaire à un terrain vague noyé sous le soleil, parfois à un terrain de pétanque peu réglementaire sur lequel Christos, en doublette avec Jean-Jacques, est invaincu depuis une bonne dizaine d'années.

Réquisitionné, il s'est soudain transformé en quartier général de la traque de Martial Bellion. Autour de cinq fourgonnettes, des Jumper, toutes portières ouvertes, une vingtaine de flics s'agitent.

Aja marche d'un groupe à l'autre tel un metteur en scène stressé avant la générale. Depuis de longues minutes, elle insulte son téléphone.

— Il n'a pas eu le temps de passer ! hurle la capitaine. Oui, j'en suis persuadée ! Toutes les issues sont bloquées. Ce n'est qu'une question de minutes, faites-nous confiance, bordel, on connaît le coin, on va le coincer !

Aja est furieuse. Depuis maintenant plus d'une heure qu'ils quadrillent chaque rue de Saint-Gilles et des environs, ils n'ont découvert aucune trace de la Clio grise de location, encore moins de Martial Bellion et de sa fille. A croire que la voiture s'est envolée ! Aja a dû se résoudre à appeler le

91

ComGend[1] à Saint-Denis. Un sous-fifre affolé a pris moins d'une minute pour la mettre en relation avec le colonel Laroche. Un type courtois, patient, ne laissant pas transpirer le moindre signe de panique. Au contraire, ce con adopte un ton condescendant, comme s'il essayait de la rassurer.

— Restez calme, capitaine, nous sommes persuadés que vous et vos hommes avez fait le maximum de ce qui vous était possible. Le GIPN[2] et nos brigades vont prendre le relais... Nous restons en contact...

Le maximum de ce qui vous était possible ?

Ce type à l'accent de Zoreille débarqué sur l'île depuis moins de trois mois lui parle comme à une gamine. Aja retrouve difficilement son calme. Elle doit pourtant grappiller quelques heures. Le ComGend, ce sont des dizaines d'hommes surentraînés qui attendent le moindre prétexte pour se dégourdir les jambes ; des brigades motorisées, nautiques, aériennes, de haute montagne... Les hommes de sa BTA ne font pas le poids, mais elle espère que Laroche n'a pas plus envie que cela de lâcher toutes ses troupes dans la station la plus touristique de l'île. Lancer une chasse à l'homme grandeur nature reviendrait à faire fuir les vacanciers avec plus d'efficacité qu'un essaim de moustiques-tigres.

Aja parlemente de longues minutes.

— D'accord, capitaine Purvi, finit par concéder Laroche. Je vous laisse deux heures pour coincer votre touriste en cavale. Après tout, un meurtrier qui s'enfuit avec sa fille, on ne peut pas exactement considérer cela comme un enlèvement d'enfant...

Le colonel laisse un blanc, puis termine :

— Surtout que la mère n'est plus là pour porter plainte.

Silence.

— Je plaisante, capitaine Purvi.

---

1. Commandement de la gendarmerie d'un département d'outre-mer.
2. Groupe d'intervention de la police nationale.

Connard !

Aja résiste à l'envie de lui raccrocher au nez. Elle lui assure au contraire qu'elle le tiendra au courant tous les quarts d'heure. Elle le remercie encore, raccroche enfin.

Connard !

Elle a conscience que si elle ne retrouve pas rapidement Martial Bellion, les deux heures gagnées n'y changeront rien. L'enquête sera confiée au ComGend de Laroche et elle assistera à la fin de la partie dans les tribunes.

Christos, un peu en retrait, à l'ombre des deux filaos qui servent de tuteurs à un hamac vermoulu, observe avec étonnement la scène. Surréaliste. A quelques mètres du parking métamorphosé en centre névralgique d'une impitoyable chasse à l'homme, deux cases à peine, s'étend la plage de Saint-Gilles. Des touristes passent, observent l'agitation, s'inquiètent des radios qui grésillent comme des insectes. Les plus malins imaginent peut-être que le Piton s'est réveillé, ou qu'une vaste opération contre l'alcoolémie au volant est planifiée pour le week-end de Pâques. C'est d'ailleurs l'explication qu'Aja a demandé aux gendarmes de fournir aux passants pour justifier les barrages aux sorties de la ville.

Ça va exploser, pense Christos. Le cyclone va s'abattre sur la petite station... Profitez, les oisifs, profitez des poissons-clowns, des cocktails avec le parasol et la rondelle d'orange, du coucher de soleil, avant que l'état de siège ne soit décrété. Vous l'apprendrez bien assez tôt... Un tueur court dans les rues. Il a assassiné sa femme, peut-être même sa fille à l'heure qu'il est. Peut-être les a-t-il enterrées dans le sable que creusent vos enfants...

Aja, indifférente au décor balnéaire, tourne le dos à la plage et entre dans la pièce centrale de la gendarmerie. Toutes les portes et fenêtres sont ouvertes. Sur le mur principal, un vidéoprojecteur relié à un ordinateur portable projette une carte au 1/10 000 de Saint-Gilles. Quatre mètres sur deux. Un gendarme entre en temps réel sur l'ordinateur la localisation des barrages, des lieux fouillés ; un dégradé de couleurs représente le nombre de fois où les patrouilles ont circulé.

Aja observe quelques instants la carte se colorer. Jaune. Orange. Rouge. Il faudra plusieurs heures pour la peindre... Soudain, elle saisit un jeu de marqueurs et s'approche du mur opposé, blanc immaculé lui aussi. Elle se hisse sur la pointe des pieds et inscrit, le plus haut possible, en énormes caractères majuscules :

En noir
OÙ EST LA VOITURE ?
En rouge
OÙ EST LE CORPS DE LIANE BELLION ?
En bleu
OÙ EST SA FILLE ?
En vert
OÙ EST BELLION ?

Aja rebouche le dernier feutre. Christos s'avance douce-ment derrière elle.

— On n'aurait peut-être pas dû sortir la cavalerie pour aller cueillir Bellion à l'hôtel.

La capitaine se retourne, visiblement à bout de nerfs.

— Tu proposais quoi ? Venir en maillot de bain et encer-cler la piscine ?

Christos ne s'offusque pas. Il comprend. La petite Aja a de l'ambition, une certaine estime d'elle-même et elle a pourtant foiré la première opération criminelle digne de ce nom qu'elle avait à conduire.

— Tu n'as rien à te reprocher, Aja. Tu as mobilisé toutes les brigades disponibles.

Il pose la main sur l'épaule de la capitaine, regarde les flics sur le parking s'agiter comme des fourmis paniquées, puis continue :

— Souviens-toi, ma belle, la dernière fois que les gendarmeries de Saint-Paul, de Saint-Gilles et de Saint-Leu sont intervenues ensemble, c'était pour traquer les nudistes de Souris-Chaude... Application de la loi de septembre 2005. Pourtant, la moitié des clients se sont faufilés à poil jusqu'à Trois-Bassins...

Aja esquisse à peine un sourire.

— Bellion n'est pas passé, Christos ! On a bloqué tout de suite la ville, j'ai même envoyé Gavrama et Larose contrôler la sortie de bateaux sur le port.

La capitaine prend le temps de détailler l'immense carte murale tachée de cercles orange.

— Il est encore là, quelque part, tout près. Je le sens.

Christos scrute à son tour la carte et grimace.

— Alors, faut croire que Bellion est magicien. Planquer une voiture de location et une petite fille de six ans dans un village de trois mille cinq cents habitants, alors que des dizaines de flics sillonnent les rues...

Aja n'a pas écouté. Elle pivote, sort de la pièce, avance à nouveau sur le parking, puis élève la voix.

Tous les gendarmes se retournent.

— Le ComGend va nous envoyer des renforts de Saint-Denis, les garçons. Parce qu'à leurs yeux nous ne sommes pas assez compétents. Des « la-loi-lé-là », rien de plus... Alors on va se remuer ! On sait tous que Martial Bellion n'a pas pu sortir de la ville. Vous allez non seulement me fouiller tous les coffres de toutes les voitures qui quittent Saint-Gilles, mais aussi tous les garages des cases, dans les lotissements privés, les villas, les résidences fermées. Riches ou pauvres, créoles ou Zoreilles, je m'en tape. Toutes les cases ! On y passera la nuit s'il le faut. Il roule dans une voiture de location, bordel, avec écrit en énorme « ITC Tropicar » ! On va le serrer, les garçons. Et on va le faire nous-mêmes !

Un silence dubitatif ponctue la tirade de la capitaine.

— Impressionnant, murmure Christos à son oreille. On dirait John Wayne. Reste à savoir si ta cavalerie est prête à charger...

Aja se retourne vers le sous-lieutenant et continue sur le même ton.

— Toi, le messie, laisse tomber les prophéties. Tu vas aller enquêter du côté de l'hôtel Alamanda. Tu me cuisines le couple Jourdain, le personnel de l'hôtel, les gosses sur le parking... Tout le monde ! Tu me reconstitues à la seconde près l'emploi du temps de la famille Bellion avant le crime.

12

Sofa au paradis

Chaque fois que Sofa approche un doigt, les feuilles de la sensitive se referment. Incroyable ! On jurerait un petit animal. Quelques secondes plus tard, la feuille se déplie à nouveau, timide et méfiante.

Sofa est captivée par la plante. Une simple caresse, un simple souffle, une simple goutte suffit à faire se recroqueviller la fleur comme un escargot. Au début, Sofa avait peur, mais maintenant, elle se prend au jeu. Et ce n'est qu'un début. Il y en a bien d'autres, des plantes extraordinaires, à découvrir dans le jardin d'Eden.

Le paradis, Martial n'avait pas menti.

Il observe sa fille. Rassuré. Pour quelques instants, Sofa oublie. Il se doute qu'à l'extérieur du parc, par contre, c'est le chaos. Toute la police doit être à sa recherche. Furieuse de l'avoir laissé filer. A se poser des milliers de questions.

Logique !

Qui pourrait penser que le criminel le plus recherché de l'île, au lieu de fuir ou de se terrer dans une case, visite tranquillement avec sa fille le jardin d'Eden, le plus prestigieux parc botanique de La Réunion ? Quel flic aurait l'idée de venir perquisitionner ici ?

Les gendarmes recherchent une Clio grise.

Où peut-on cacher une voiture de location ?

Il y a moins d'une heure, Martial, cerné par le hurlement des sirènes et coincé entre les barrages aux quatre coins de la ville, n'a eu que quelques secondes pour prendre sa décision. Elle lui est apparue comme une évidence : la plus géniale des cachettes est toujours celle qui consiste... à ne pas se cacher.

— Beurk ! crie Sofa en éclatant de rire.

Elle s'est arrêtée en face du sterculier fétide et déchiffre le nom sur le panneau en bois. *Arbre caca.* Elle sent les fleurs sur les branches, se bouche le nez, rit encore, puis continue sur le chemin en sautillant.

Martial la suit, silencieux.

Ne pas se cacher...

Plus facile à imaginer qu'à exécuter ! Martial a dû une nouvelle fois remonter l'avenue de Bourbon, passer à quelques centaines de mètres de l'hôtel Alamanda, au nez et à la barbe des flics. A n'importe quel moment il aurait pu tomber sur une fourgonnette. Il a brusquement pilé devant la grille de la petite cour bitumée d'un bâtiment de béton mauve.

Agence de location ITC Tropicar.

Cinq voitures de location étaient garées dans le parking, dont deux Clio grises. Visiblement, les affaires ne marchent pas fort pour le loueur... D'ailleurs, l'agence est fermée le week-end de Pâques, les éventuels clients, qui tous possèdent le code du portail, doivent remettre les clés dans une boîte aux lettres ou téléphoner au gérant pour qu'il se déplace, il y a son numéro peint en noir sur le mur mauve. Martial a garé la Clio tout au bout du parking, sous les filaos, pour qu'on ne la repère pas directement de la rue.

Cinq ou six voitures ? Une de trop ? Qui pourrait le savoir à part le loueur ? Il s'en apercevra au plus tôt mardi matin, lorsqu'il ouvrira sa boutique ! Quant aux flics, il y a peu de chances qu'ils vérifient. Un fugitif traqué par la police prend rarement le temps d'aller rendre sa voiture de location sur le parking de l'agence, surtout s'il se situe à trois cents mètres de l'hôtel dont il a fui.

Cela lui laisse deux jours...

Sofa entre dans le jardin de cactus. Elle se penche, amusée, vers le gros ballon poilu. Encore une plante qui ressemble à un animal ! Une sorte de hérisson du désert roulé en boule.

— Coussin de belle-mère, ânonne Sofa en suivant du doigt l'écriteau.

Elle éclate encore de rire et court vers le pont de bois au milieu de la bambouseraie.

Martial marche derrière elle, perdu dans ses pensées. L'agence d'ITC Tropicar possède un autre avantage, son parking donne sur un petit bois qui permet de longer la périphérie de Saint-Gilles à couvert, sur un kilomètre, jusqu'à l'entrée du jardin d'Eden. Le parc botanique est presque désert en ce week-end sans école : les familles créoles pique-niquent dans les Hauts. On n'y croise guère que quelques touristes, pas les plus jeunes, Guide bleu à la main. Visiblement, aucun n'est encore au courant de la traque qui se joue à l'extérieur.

Pour l'instant, le jardin d'Eden est un paradis inviolable, l'asile idéal pour patienter.

Pour l'instant...

Sofa lève les yeux en direction de l'arbre des voyageurs, subjuguée par les feuilles en forme de soleil qui explosent dans le ciel en des centaines de rayons verts. Depuis qu'elle est entrée dans le jardin, elle passe un temps infini à essayer de lire les explications inscrites sur les petits panneaux devant les fleurs. Des mots savants en latin, des termes compliqués de botanique, autant d'expressions qu'elle ne peut pas comprendre.

Ravinala.

Sofa prend la pose pourtant, plisse le front, passe sa main dans ses longs cheveux. Singeant sa mère, remarque Martial, lorsqu'elle se rend au musée ou dans une exposition. Il s'étonne de respirer plus calmement depuis quelques minutes, d'apprécier l'instant malgré les flics à ses trousses. De prendre le temps de regarder sa fille. Sofa est une peste, mais une adorable peste. Douée. Passionnée. Volontaire.

Liane l'a trop gâtée, bien entendu. Quelle place avait-il pour s'y opposer ? Quelle place aura-t-il désormais ? Liane a arrêté ses études de sociolinguistique pour élever Sofa. Liane devait soutenir sa thèse pendant sa grossesse, c'était prévu ainsi, neuf mois pour rédiger quatre cents pages sur le passage de l'oralité à l'écrit à travers les traductions les plus exotiques et confidentielles du *Petit Prince*. C'était théoriquement jouable, même en travaillant comme bibliothécaire trois demi-journées par semaine à la fondation Saint-Exupéry pour la jeunesse d'Issy-les-Moulineaux.

Liane ne rédigea même pas l'introduction. Abandonna son travail au quatrième mois de grossesse alors qu'une titularisation à la fondation lui tendait les bras après sa soutenance.

Une grossesse peut transformer une femme. Comment Martial avait-il pu à ce point l'oublier ? Liane mit subitement de côté toute ambition personnelle pour s'occuper à temps plein du petit bout de bonne femme de 3,512 kilos. « Toute ambition personnelle »... Liane aurait hurlé s'il avait employé ces termes devant elle. Il ne comprenait rien ! Depuis Sofa, jamais Liane ne s'était sentie autant en harmonie avec elle-même...

Il n'avait plus rien compris à Liane...

Rien à eux non plus...

La grossesse puis la naissance avaient également dévoré la Liane qui s'enroulait entour de lui, la Liane qui raffolait de leurs jeux érotiques les plus imaginatifs. Non pas qu'ils n'aient plus eu depuis Sofa de vie sexuelle... mais leurs ébats étaient devenus grappillés, au mieux planifiés, presque glissés dans la liste des tâches hebdomadaires. Nécessaires, bien entendu, mais plus prioritaires... Lui non plus d'ailleurs. Martial était toujours là, important pour Liane, mais plus prioritaire.

Pas facile à accepter.

Sofa court toujours, les arbres défilent. Parfois elle s'attarde, parfois elle regarde le ciel, parfois elle ouvre des yeux de hibou devant le cortège d'arbres déguisés comme pour un carnaval. Baobabs. Arbres à pain. Palmiers à huile. Vacoas.

Elle baisse soudain la tête et fonce sous le pont rouge couvert de bougainvilliers.

Martial la perd de vue un instant.

« C'est la vie ! minaudait Liane en berçant Sofa. C'est la vie, Martial ! Le quotidien. Ce qui nous lie, à jamais... Tous les couples qui durent vivent cela. »

Non, Liane ! Martial avait eu tant de fois envie de hurler. *Non, Liane, pas tous les couples !*

Liane ne lui adressait jamais aucun reproche, mais le silence était tellement pesant, les sous-entendus si évidents. Martial était-il capable de s'occuper de Sofa ? De l'aimer, seulement ? Etait-il possible de lui faire confiance ? Liane ne lui parlait jamais d'avant. Jamais elle n'avait prononcé le nom d'Alex. Liane était une fille fine, délicate, mais Martial pouvait lire le doute dans ses yeux et, chaque fois, il se perdait dans la spirale de cette interrogation qui devait torturer Liane. Sofa, ton papa est-il un monstre ?

— Attention !

Instinctivement, Martial a lancé son bras en avant et attrapé le poignet de Sofa. Sa fille lâche un regard noir. Vexée plus que fâchée.

— Des queues de poisson, explique Martial en montrant les grappes de fruits verts qui pendent au bord du chemin.

Un poison si tu le manges et le plus efficace de tous les poils à gratter si tu le touches.

Sofa, sceptique, observe avec méfiance la plante étrange, puis avance à nouveau sur le sentier sans dire un mot à son père.

Sofa, ton papa est-il un monstre ?
Il n'a pas de réponse.
Il ne doit plus se laisser déconcentrer. Le jardin ferme à 18 heures. Il leur reste quelques minutes avant de se retrouver dehors. Il n'a aucun plan. Le quartier doit être truffé de flics, qui convergent de toute l'île rien que pour lui et sa fille. La chaîne de télé Réunion 1ère ne devrait pas tarder à diffuser son visage. Celui de Sofa.
Un père seul avec sa fille…
Quelqu'un va forcément les reconnaître, les dénoncer. Un touriste, un passant.

Sofa s'est arrêtée au bord du chemin. Un minuscule endormi paresse sur une tige au milieu d'un bosquet de roses de porcelaine. Selon le balancement de la fleur, les pigments de sa peau passent du rouge au vert.
Avec un peu d'imagination…
Sofa n'en manque pas.
— Tu restes là, ma puce ? Je suis à l'entrée du jardin.
Sofa ne répond pas, fascinée par les deux yeux du bébé caméléon qui tournent chacun dans un sens différent, comme deux Beyblades. Martial jette un dernier regard à Sofa puis s'engage sous la pergola de lianes. Il a conscience qu'ils n'ont plus de voiture, pas de vêtements autres que ceux qu'ils portent sur le dos, pas de toit pour dormir, rien à manger.
Il ne connaît plus personne sur cette île, encore moins dans cette station. Seul contre tous. Il n'a rien entre les mains, aucun atout.

L'entrée du jardin oblige à passer dans un gigantesque tonneau, un foudre de chêne de 1847 qui contenait 57 000 litres de rhum, précise une pancarte. Martial avance et observe la fille à l'accueil derrière ses cartes postales. Elle pianote sur son iPhone. Ongles peints, tresses africaines, piercing dans la narine. Statistiquement, il y a plus de chance que la belle surfe sur Facebook que sur un site d'actualités qui diffuse la photo d'un fugitif...

Martial chausse ses lunettes de soleil. Il n'a pas le choix, il doit tenter sa chance. Il n'y a pas grand-chose dans le hall d'accueil, des dépliants sur un présentoir qui égrènent les principales animations de l'île, le magazine mensuel qui vante les charmes de la station de Saint-Gilles, des prospectus divers...

Rien d'utile, a priori.

A priori.

Une idée germe dans l'esprit de Martial.

Elle suppose simplement de la chance. Un peu. Et beaucoup de culot.

13

Avocat à table

17 h 16

— Allô, Aja ?

La capitaine Purvi s'isole dans la pièce principale de la brigade, passe devant le rayon de lumière du vidéoprojecteur et recouvre la ville de Saint-Gilles d'une ombre noire aussi soudaine qu'un nuage de tornade.

— Oui ?

— Gildas, le capitaine de la brigade de Saint-Benoît. Tu me remets, les flics avec les bottes et les cirés...

Aja le remet. Gildas Yacou est capitaine depuis vingt-cinq ans de la BTA de Saint-Benoît. Vingt-cinq ans à cultiver son aigreur sur pied comme d'autres le zamal, à demander des mutations qui ne viennent pas. Saint-Benoît, c'est cent jours de pluie par an, près de 50 % d'habitants au chômage et le record de violence à la personne sur l'île...

— Tu me veux quoi, Gildas ? Ici, on est un peu à cran. Si c'est pour me proposer ton aide...

Gildas tousse, comme si là-bas, c'était l'hiver.

— J'ai du neuf sur l'affaire Bellion, Aja.

Aja sent ses jambes faiblir. Martial Bellion est passé à travers les mailles du filet. Il est déjà de l'autre côté de l'île. Il va disparaître dans Mafate ou Salazie.

— Tu... tu as repéré Martial Bellion ?

— Non... J'aurais bien aimé, remarque. Je n'aurais pas craché sur mes cinq minutes de gloire après quelques décennies de bons et loyaux services dont tout le monde se fout. Non, tiens-toi bien, c'est mon élève officier, Flora, celle qui tient l'accueil à la brigade cette semaine... Elle a vu Liane Bellion.

Aja s'effondre sur la première chaise qu'elle parvient à attraper.

— Vivante ?

Gildas tousse encore dans le téléphone. Pour un peu, on l'imaginerait avec l'écharpe et le bonnet.

— Ouais, tout ce qu'il y a de plus vivante.

Nouvelle quinte de toux. Gildas prend son temps.

— Mais c'était il y a cinq jours...

Aja aimerait être en face de Gildas et l'étrangler de ses propres mains.

— Arrête de jouer, Gildas. On bosse, ici.

Le capitaine de la brigade de Saint-Benoît ne relève pas.

— Liane Bellion est venue se présenter elle-même à la brigade, mardi, le 26.

Trois jours avant sa disparition, calcule Aja.

— Qu'est-ce qu'elle voulait ? demande-t-elle d'une voix fiévreuse.

— Difficile à dire. D'après ce que je sais, elle a tenu des propos plutôt surréalistes, mais pour les détails, il faut demander à Flora, c'est elle qui a pris sa déposition.

— OK, Gildas. Tu fonces jusqu'ici avec ta Flora. On t'attend...

La toux de Gildas se mêle d'un rire gras.

— Tu ne changes pas, Aja. Une vraie petite chef. On a du boulot ici aussi, figure-toi. Si tu veux rencontrer Flora, tu prends ta camionnette et tu fais le tour de l'île. T'as de la chance, y a pas de cyclone annoncé dans l'heure qui vient...

— On a un tueur en liberté, ici, Gildas.

— Ouais… j'ai cru comprendre… Moi, des meurtres à élucider, j'en ai un par semaine. Sans compter les viols et les agressions…

— Fais pas chier, Gildas. Le ComGend va te tomber dessus si tu ne collabores pas.

Gildas explose d'une voix que n'adoucit plus aucun cynisme.

— Joue pas à ça avec moi, hein, Aja ! Qu'est-ce que j'en ai à foutre des Zoreilles de Saint-Denis ? On va juste dire que je n'ai pas les mêmes priorités et on va rester bons zamis. On coupe en deux, ça te va ? Je pousse jusqu'au Tampon. Tu fais l'autre moitié du chemin et on se retrouve dans l'Entre-Deux, devant le cimetière de Bras de Pontho ?

Sur le mur, Aja observe la carte géante se colorer lentement, très lentement, du jaune qui indique que des patrouilles ont ratissé la zone.

— Je n'ai pas que ça à foutre, Gildas, ils ont besoin de moi ici.

— Faut déléguer, Aja, faut déléguer…

17 h 21

Christos fait signe aux époux Jourdain de prendre place, tout en s'installant avec gourmandise dans l'épais fauteuil en cuir du directeur de l'hôtel Alamanda.

Il a viré Armand Zuttor avec jubilation.

Allez, ouste, mon gros, réquisitionné, ton bureau. Cas de force majeure !

Christos a adoré la figure épouvantée du Gros Blanc. Encore heureux que les fesses du sous-lieutenant qui le délogeait pour cuisiner ses clients ne soient pas noires… Christos s'enfonce dans le fauteuil, impeccablement positionné pour que l'air frais du ventilateur accroché au plafond lui chatouille la nuque. Il comprend Zuttor, au fond.

On prend vite goût à ce genre de marques dérisoires de pouvoir...

Le couple n'en mène pas large en face. L'avocat et sa femme. Jacques et Margaux Jourdain.

Christos a posé le couteau Maisons du Monde sur le bureau.

— Madame et monsieur Jourdain, je vous le redemande, est-ce le couteau de Martial Bellion ?

— Eh bien...

Pas loquace, l'avocat.

Christos n'est pas dupe. Jacques Jourdain a reconnu l'arme, bien entendu, mais il résiste. Question d'honneur, de solidarité de classe, de pacte tacite. Après tout, il partageait encore la table de Martial Bellion hier soir...

Christos replace une agaçante mèche de cheveux blancs fouettée par la ventilation.

— Madame et monsieur Jourdain, soyons clairs. Pendant qu'on se la coule douce tous les trois dans le bureau du chef, tous les flics de l'île sont mobilisés pour la chasse à courre. Une meute, un gros gibier, et entre les deux la vie d'une petite fille de six ans. Alors réfléchissez vite...

Christos fait tourner le couteau comme la flèche d'une roue de loterie.

— Cette arme a été retrouvée dans le ventre d'un pauvre type, avec les empreintes de Bellion sur le manche. Vous n'allez dénoncer personne... Je vous demande juste une confirmation.

Jacques Jourdain adopte un air digne et responsable.

— C'est... c'est difficile à dire...

C'est ça, prends-moi pour un con...

Christos soupire. Il lève les yeux, exaspéré, et détaille la pièce. Les murs sont couverts de gravures noir et blanc à destination explicite du petit personnel reçu dans le bureau. Des lithographies qui racontent l'histoire de l'île, mais une histoire qui se serait arrêtée en 1946, à la départementalisation. Créoles alignés comme des bagnards dans les champs de canne à sucre, robes à crinoline des maîtresses devant les imposantes villas coloniales à lambrequins ouvragés, jeunes Cafrines torse nu, dents blanches et peau d'ébène, gros plans de Gros Blancs oubliés, la morgue fière sous la moustache triste…

Le bon vieux temps…

Christos dégaine.

— Je vous comprends. Solidaire, hein ? Quand le vent souffle, il faut savoir se serrer les coudes.

Comme s'il avait placé un oursin sous les fesses de l'avocat. Jacques Jourdain décolle au quart de tour.

— Pourquoi dites-vous ça ?

Pour te faire réagir, banane.

— Parce qu'un tueur se balade en liberté sur l'île ! Qu'il a tué, qu'il va tuer à nouveau, qu'il nous faut des certitudes. Il n'y a pas de secret professionnel qui tienne, monsieur Jourdain. Vous n'êtes pas l'avocat de Bellion. Vous ne lui devez rien. On ne vous demande pas de collaborer avec une police étrangère en dénonçant un compatriote. Ici, vous êtes en France…

Christos se demande s'il n'a pas trop chargé la charrette.

— C'est le sien, murmure soudain Margaux Jourdain.

Le cuir du fauteuil amortit son sursaut.

— Vous êtes certaine ?

— Oui. Nous sommes montés à Cilaos, il y a trois jours. Un pique-nique dans la grande tradition créole. Nous avons utilisé un des barbecues le long de la route aux 400 virages. Nous nous sommes tous servis du couteau.

Margaux l'observe de plus près, détaille chaque imperfection de la lame, du manche, puis confirme.

— C'est le sien.

Jacques lance un regard courroucé à Margaux. Pour la forme ! Il est plutôt content que sa femme s'y soit collée. Christos range le couteau dans un sac plastique transparent.

— Merci, on progresse… Et hier après-midi ? Vous barbotiez dans la piscine avec les Bellion, je crois.

En professionnel de l'hypocrisie, Jacques reprend la main.

— Exact. Martial nous a demandé de garder Sofa avant de monter rejoindre Liane dans sa chambre.

Christos avance sur le bureau la pendule en bronze qui doit dater d'avant l'abolition de l'esclavage. Autour du cadran, quatre petits créoles nus portent une corbeille débordant de fruits exotiques.

— Je suis désolé, mais va falloir être plus précis. Liane Bellion est montée dans sa chambre à 15 h 01. Naivo Randrianasoloarimino a ouvert la chambre 38, vide, avec Martial Bellion à 16 h 06. La question est on ne peut plus simple : Martial Bellion a-t-il quitté le jardin de l'hôtel entre 15 et 16 heures ?

Jacques Jourdain répond un soupçon trop vite.

— Difficile à dire. Vous savez ce que c'est. Sieste, lecture, farniente. On ne s'épie pas. On vit sans montre...

Ben voyons.

— Monsieur et madame Jourdain, je ne vais pas vous dérouler à nouveau tout l'argumentaire, le tueur en cavale, la petite Sofa, l'importance de votre témoignage...

Jacques n'abdique pas et tente d'ouvrir toutes les issues de secours.

— Lieutenant, je suppose que Martial Bellion lui-même a dû vous confirmer ce point précis. On raconte également dans l'hôtel que vous avez recueilli les témoignages d'employés. De trois enfants dans la rue aussi. Cela ne vous suffit pas ?

Christos lève les yeux vers les lithographies coloniales, puis les repose sur Jacques Jourdain.

— A moi si... A d'autres... Pour tout vous dire, la version de Martial Bellion a beaucoup changé au fil des heures.

C'est à nouveau Margaux qui craque :

— Martial a quitté le jardin de l'hôtel quinze minutes après Liane. Discrètement. Tout le monde dormait sur les transats, j'étais la seule à faire des longueurs dans la piscine. Il a pu croire que personne ne s'en apercevrait. Il est revenu

109

une demi-heure plus tard, est resté environ vingt minutes avec nous, avant de remonter à nouveau, ostensiblement cette fois, en nous demandant de garder Sofa.

— Vous êtes sûre ?

— Certaine. J'ai d'abord pensé qu'il rejoignait sa femme pour une sieste crapuleuse... et je me suis dit qu'elle avait de la chance.

Prends ça, l'avocat. Une bonne droite...

— Puis le temps a passé, et je me suis dit qu'elle avait vraiment beaucoup de chance.

Une bonne gauche...

Christos sourit. Si l'on gratte un peu, l'insignifiante Margaux Jourdain ne manque pas de chien. Jacques Jourdain ne s'est pas départi de son sourire d'assises.

— Mais tu vois, elle n'en avait pas vraiment, en fait, de la chance, ma chérie.

Esquive et uppercut de l'avocat.

Le regard de la bourgeoise se brouille brusquement, presque sincère :

— Lieutenant ? Vous pensez vraiment que Martial a tué sa femme et cet... heu... indigène ?

Attention, ma belle, terrain glissant. Ne jamais, jamais, utiliser ce mot sur l'île. Ton avocat de mari pourra te l'expliquer mieux que moi. Sous la couette, tu l'as bien mérité.

— Il y a des chances, madame Jourdain. Et j'espère qu'il ne va pas semer d'autres cadavres sur son chemin.

14

Particulier à particulier

Martial s'est assis sur la chaise et dissimule son visage derrière la lettre d'information de Saint-Gilles, un petit journal de quatre pages en papier glacé, au cas où la fille à l'accueil relèverait les yeux de son iPhone. Il y a peu de chances, elle pianote sur son téléphone avec la passion d'un prodige interprétant Mozart au Royal Albert Hall.

Le titre qui barre la une du journal municipal a retenu l'attention de Martial.

Suppression de l'ITR. Immobilier en apnée à Saint-Gilles-les-Bains.

De ce simple titre a germé une ébauche de stratégie, mais Martial a besoin d'en savoir plus. Comme tout le monde sur l'île, il a entendu parler du débat sur l'indemnité temporaire de retraite, mais il ne peut prendre aucun risque, il lui faut emmagasiner le plus d'informations possible.

Il baisse un instant le journal et s'assure que Sofa est toujours dans le jardin d'Eden. Elle a délaissé l'endormi sur sa tige pour se concentrer sur les papillons. Ses yeux tentent de suivre la cape orange et noir d'un monarque qui voltige entre deux orchidées.

Rassuré, Martial se plonge dans la lecture de l'article. Depuis 1952, tout fonctionnaire français qui prend sa retraite à La Réunion, sans autre condition que de ne pas quitter l'île plus de quarante jours par an, touche une pension majorée de 35 %. Plus de trente mille bénéficiaires, dont quelques centaines qui n'habitent jamais, ou presque, sur l'île. La réforme Jégo de 2008 ne supprime ces privilèges qu'à l'horizon de vingt ans... Pas question de décapiter trop brutalement la poule aux œufs d'or : les retraités, ce sont des centaines de millions d'euros injectés dans l'économie réunionnaise... et plus particulièrement dans l'immobilier de Saint-Gilles.

Martial jette encore un regard à Sofa. Tout va bien. Elle torture à nouveau le caméléon, un bras passé derrière lui pour observer s'il vire au rose.

Il se reconcentre sur l'article. A vrai dire, il se fout des détails et de l'avenir des retraités de l'île. Un seul élément compte : Saint-Gilles est truffé d'appartements vides, théoriquement occupés plus de trois cents jours par an par des métropolitains qui en réalité n'y mettent presque jamais les pieds. Martial se doute qu'un certain nombre d'entre eux cherchent à doubler la mise. Non seulement ils touchent la retraite majorée en se domiciliant dans un appartement qu'ils n'occupent pas, ou peu, mais en prime louent cet appartement. Comment résister à la tentation ? Un logement vide sous les tropiques face au lagon. Si on peut rendre service...

Martial lâche le journal. Les doigts de la fille à l'accueil continuent de patiner à une vitesse olympique sur l'écran tactile, double axel et triple lutz. Même si les flics viennent l'interroger, il y a peu de risques qu'ils parviennent à lui faire cracher le moindre portrait-robot des visiteurs.

Martial repasse sous la pergola et s'enfonce à nouveau dans le jardin d'Eden. Sofa, dix mètres devant lui, le supplie du regard.

— Papa, je peux retourner voir les sensitives ?

— Oui, Sofa. Fais vite. On ne va pas tarder.

L'espace d'un instant, il se demande s'il ne devrait pas laisser Sofa ici et fuir seul. Est-il seulement capable de prévoir quelle tournure prendront les heures qui vont suivre ? Est-il seulement capable de connaître ses propres réactions ? Jamais Liane ne l'aurait laissé partir avec Sofa. Depuis la naissance de leur fille, elle s'y était toujours opposée, pour une raison simple.

La peur...

Mais Liane n'est plus là.

Des gouttes de sueur perlent le long des tempes de Martial. Il ne doit pas céder à la panique. Ses hésitations sont ridicules, il n'a pas le choix, Sofa doit rester avec lui. Sa fille est son otage. Un otage commode, docile et consentant.

Une monnaie d'échange, quand le moment sera venu.

Martial sort de sa poche son téléphone portable, un BlackBerry Curve 9300. Il l'a acheté à un Chinois, il y a trois jours à Saint-Denis, au black, rue de l'Abattoir, il n'a même pas fourni de nom, aucun risque que les flics le localisent grâce à lui. La connexion Internet est bonne. Il clique rapidement.

www.papvacances.fr

Le site est une porte ouverte sur cinquante mille annonces de locations de particulier à particulier. Un menu déroulant propose de prospecter dans le monde entier.

Région ou ville ?

Son pouce glisse sur le clavier.

SAINT-GILLES-LES-BAINS

Le tri dure à peine quatre secondes. Quarante-sept annonces. Martial les consulte rapidement. La plupart des offres concernent des appartements. Il soupire. Trop risqué. Il retourne au menu déroulant précédent.

Type de bien ?

Martial ajoute un critère.

Trois secondes cette fois. Il reste dix-huit annonces.

Avec fébrilité, Martial clique sur l'icône *Voir les détails*. Grâce au géoréférencement Google Earth intégré au site, il vérifie la localisation de chaque maison, puis se concentre sur l'adresse mail des propriétaires. Cela lui prend moins d'une minute. A la douzième annonce, il a trouvé ce qu'il cherche. La case se situe à moins de trois cents mètres du jardin d'Eden, rue des Maldives. Les quatre photographies qui complètent l'offre donnent une idée plus précise de la location : un petit jardinet discret ceint d'un mur de béton, une varangue qui donne sur une grande baie vitrée.

L'idéal...

Contacter Chantal95@yahoo.fr

Il y a même une adresse en métropole.

Chantal Letellier

13 rue de Clairvaux

Montmorency

Martial s'assure une nouvelle fois de la disponibilité de la case. Elle semble ouverte et libre à la location cinq semaines dans l'année... Précisément les cinq qui viennent... Tout paraît presque trop parfait, Martial ne doit rien laisser au hasard. Il retourne en arrière.

www.google.fr

Images

Il pianote en prenant soin de vérifier l'orthographe.

Chantal Letellier Montmorency

Dans la seconde qui suit, quinze photographies miniatures d'une sexagénaire souriante aux cheveux bleus apparaissent.

Martial clique sur la première.

copainsdavant.linternaute.com

Martial déroule toute la biographie de Chantal Letellier. Elle est brève. Infirmière pendant trente-huit ans à l'hôpital Bichat. Il clique sur une seconde photo et se cogne à un mur

Facebook. Chantal-aux-cheveux-bleus a tapissé son profil de photos de ses petits-enfants. Pas de papy, visiblement.

Martial peine à retenir son excitation. La cible rêvée ! Chantal Letellier loue cinq semaines dans l'année son appartement réunionnais... Si l'infirmière est honnête, il s'agit de la période légale pendant laquelle elle rentre en métropole voir ses petits-enfants... Si elle fraude, elle ne met jamais les pieds sous les tropiques et loue sa maison pendant cinq semaines qui glissent sur son site tout au long de l'année.

Dans tous les cas, la maison est vide, proche, isolée...

Parfait.

Il mémorise une dernière fois l'adresse de la case. 3, rue des Maldives, puis relève enfin les yeux.

Sofa ? Où est Sofa ?

Aucune trace de la fillette près des sensitives !

Sofa ?

Martial panique. Il est trop risqué d'interroger un visiteur, encore davantage de crier le nom de sa fille. Il range son téléphone dans sa poche et se met à courir.

Une allée, deux allées. Il bouscule des plantes. Il n'aurait pas dû la laisser sans surveillance. Liane avait raison. Il est inconscient. Il y a une mare au fond du jardin d'Eden. Un étang peuplé d'anguilles, de guppys et d'autres poissons de toutes les couleurs. Elle pourrait avoir...

Sofa est là.

Elle contemple avec étonnement le curieux jardin zen.

L'impressionnant silence du lieu contraste avec le chant entêtant des oiseaux partout ailleurs dans le jardin. Terre ocre. Graviers gris ratissés. Serpents de galets blancs entre des monticules arrondis de sable noir. Martial pose doucement sa main sur l'épaule de Sofa, sans un mot.

Les yeux de la fillette implorent.

— Papa, on peut rester encore ?

— Non, on y va, Sofa.

Elle lui sourit. Un instant, elle a presque oublié le drame. Les sirènes des gendarmes. La poursuite en voiture.

Sa maman.

Un instant.

15

Rendez-vous au Tampon

18 h 12

Aja se gare juste devant le cimetière de Bras de Pontho.
Les tombes sont posées en pente douce, sagement décalées,
comme si chacune devait bénéficier pour l'éternité du panorama sur le Bras de la Plaine, la ravine des citrons et sa chapelle naturelle de colonnes basaltiques.

Il fait doux ; l'ombre imposante du piton des Neiges offre
l'illusion d'un crépuscule qui tomberait ici moins brutalement qu'ailleurs.

Aja regarde sa montre et peste. Dans moins d'une heure,
le ComGend va prendre l'affaire en main, chaque minute
compte et elle se retrouve coincée à attendre dans ce bout
du monde un connard de flic en retard qui à tous les coups
la dérange pour rien.

18 h 25

Gildas Yacou se pointe enfin. Il sort d'une Jeep bâchée
jaune. Chemise ouverte. Cravate à fleurs. Genre *Hawaii
Police d'Etat* version Bollywood.

Le gros flic tient par la taille une gendarmette tremblante, jeune, créole, pas très jolie à l'exception de longs cils qui battent comme des ailes de papillon. Heureusement, on ne voit qu'eux. Flora réserve son regard aux cailloux.

— Flora, je te présente Aja. Je l'ai connue toute petite, comme toi. Elle a fait son premier terrain chez moi. Une battante.

Gildas adresse à Aja un sourire qu'il voudrait complice, puis continue.

— Un peu chiante, plus énervée encore qu'un Zoreille qui vient d'atterrir, mais c'est une fille intègre.

Le pied d'Aja balaye la poussière.

— T'as fini ton numéro, là ?

— Ouais...

— On y va alors. Avec tes conneries, je devrais être à Saint-Gilles.

— Doucement, Aja, doucement. Elle y peut rien, la petite...

— Ce n'est pas après la petite que j'en ai. C'est après toi...

Les yeux de Gildas pétillent comme ceux d'un pêcheur que la tempête n'effraie plus.

— Faut que tu te calmes, Aja... La petite est là depuis deux mois. Elle vient des Hauts, de Hell-Bourg. Elle en a bavé pour arriver là, tu peux comprendre ça... Alors tu l'interroges, mais tu t'acharnes pas.

Le flic passe un bras paternel autour des épaules de Flora. Elle tremble un peu. Difficile pour Aja de deviner si c'est à cause des attouchements de son chef, de la réputation de tortionnaire qu'il lui a collée... ou de ce que la petite va lui dire.

Aja se tourne vers Flora.

— Donc, tu as vu Liane Bellion ?

L'élève officier hésite, se tortille.

— Oui... Mardi. Il y a cinq jours...

Gildas colle son gros bide contre le ventre de Flora et lui souffle dans l'oreille :

— Vas-y, ma doudou, elle va pas te manger.

Aja se concentre. Ces deux-là lui cachent quelque chose. La petite a fait une boulette et ce porc de Gildas cherche à la couvrir.

Dans tous les sens du terme...

Flora murmure plus qu'elle ne parle.

— Elle... elle est venue à la brigade de Saint-Benoît.

— Pardon ?

Le pitbull en Aja se réveille. Se calmer. Laisser parler la gamine.

Flora prend de l'élan et enchaîne les mots mécaniquement. Ils prennent de la vitesse, comme lancés sur une pente.

— C'est moi qui étais à l'accueil. Seule. Elle est venue le matin, à l'ouverture, vers neuf heures. Elle m'a demandé un truc bizarre. C'était assez confus, mais j'ai fini par comprendre qu'elle voulait qu'on la protège.

Aja peine à serrer la laisse du molosse prêt à bondir. Elle se retient de hurler.

— Venir demander la protection de la gendarmerie. C'est ce que tu appelles un truc bizarre ?

Les doigts de Gildas accrochent la taille de la gendarmette, caressent le dos sous la chemise, comme s'il lui soufflait les répliques en braille. Flora se trouble.

— Non, capitaine Purvi. Non... Ce n'est pas ce que je veux dire. Liane Bellion ne l'a pas formulé comme ça. Elle m'a plutôt demandé si la gendarmerie pouvait assurer la protection des individus... des individus en général...

— Mais elle parlait d'elle ?

— Oui... Cela paraissait assez évident.

Aja tente de contrôler l'adrénaline qui monte en elle.

— Tu n'es pas idiote. Tu as dû chercher à lui tirer les vers du nez ?

119

— Bien entendu, capitaine Purvi, j'ai essayé de la faire parler. Je lui ai demandé, en y mettant les formes, « une protection pour qui ? contre quoi ? ». C'est à ce moment-là que Liane Bellion a coincé. Elle m'a répondu quelque chose comme « protéger des individus qui ne peuvent pas révéler ce qui les menace ».

— Quoi ?

Flora prend encore de l'assurance. Elle a avancé d'un mètre et les bras de Gildas sont maintenant trop courts pour la peloter.

— Exactement, capitaine... « *Quoi ?* » C'est aussi ce que j'ai répondu à Liane Bellion. A partir de là, elle s'est emmê-lée dans ses explications, elle s'est mise à parler pour la première fois à la première personne. Son raisonnement tournait en boucle. « J'ai peur, madame, me disait-elle. C'est justement parce que j'ai peur que je ne peux rien vous dire. » Puis elle m'a demandé ce que la gendarmerie allait faire si elle se confiait davantage.

— Et tu as répondu ?

— Qu'on allait vérifier les faits ! Qu'est-ce que je pouvais dire d'autre ? Alors, elle s'est énervée. « Ce sera pire ! a-t-elle hurlé. Vous ne comprenez pas ? Il faut me faire confiance. Si vous ne me croyez pas sur parole, si vous lan-cez une enquête, alors la menace, ce n'en sera plus seule-ment une. »

Aja s'agite pour poser une question. Gildas tente d'avan-cer pour rattraper un bras de Flora, un pan de chemise, un morceau de peau nue. Flora lève une main autoritaire pour qu'on ne l'interrompe pas.

— J'ai insisté, capitaine Purvi. Croyez-moi, j'ai insisté. « Il faut m'en dire plus, ai-je demandé à Liane Bellion. Comment voulez-vous que nous intervenions si vous ne me donnez aucun détail ? » Alors, Liane Bellion a craqué. C'était une très belle femme, elle avait l'air assez sûre d'elle, mais à ce moment-là, elle a perdu le contrôle. Elle a presque crié : « Vous ne m'avez pas comprise ? Vous m'écoutez au moins ? Je ne peux rien dire ! Je veux simplement que vous me protégiez ! »

Flora se tait soudain, les deux papillons noirs qui donnent des ailes à ses paupières timides se tournent vers le piton des Neiges puis s'envolent vers les cimes. Aja essaie de donner au timbre de sa voix toute la douceur possible.

— Après cela, Flora, comment as-tu géré l'entretien ?

— J'ai essayé de continuer à demander des précisions, au moins un début de piste, quelque chose de tangible. Progressivement, Liane Bellion s'est calmée. Elle ne voulait rien lâcher de plus, si ce n'est cette idée surréaliste que l'on mette à sa disposition un garde du corps, ou une discrète brigade rapprochée, sans qu'elle n'ait rien à nous révéler du danger qui la menaçait. Après quelques minutes à parlementer, c'est elle qui a souhaité écourter l'entretien, comme si au bout du compte elle regrettait d'être venue. Elle a fini par sortir en disant un truc comme : « Ce n'est pas grave, je dois paniquer pour rien, ce n'est pas si important. »

Rien de plus ?

Aja peste intérieurement contre cette sotte de fliquette. Elle parvient avec difficulté à dissimuler sa colère.

— Flora, tu l'as laissée repartir ? Tu l'as crue ?

— Non... Non, capitaine... Pas vraiment, mais... Qu'est-ce que je pouvais faire d'autre ? Elle ne voulait pas porter plainte, elle ne voulait pas parler, elle s'excusait de m'avoir dérangée pour si peu...

L'élève officier s'effondre soudain en larmes. Gildas ne rate pas l'occasion. Il se recolle à elle en roulant vers Aja des yeux de père courroucé. Il a au moins le tact de ne rien ajouter.

Flora suffoque.

— Capitaine Purvi... Vous... vous croyez que c'est à cause de moi ? Qu'elle n'a pas osé dire qu'elle se sentait menacée par son mari parce qu'elle avait trop peur pour elle ?

La réponse d'Aja tombe, froide et tranchante.

— Pas pour elle. Elle avait peur pour sa fille.

Les larmes redoublent. Des mots presque inaudibles traversent les gouttes.

— Si... si j'avais...

Gildas s'improvise psychologue.

— Mais non, ma doudou, mais non...

Aja ne se sent pas le cœur à en rajouter. A quoi bon ? Le drame aurait-il pu être évité si Flora n'avait pas pris Liane Bellion pour une mythomane ? La réponse n'a aucune importance... Le témoignage de Flora apporte simplement une ligne de plus à la liste des faits accablants à la charge de Martial Bellion.

C'est déjà ça...

Aja laisse son regard se perdre vers le cimetière. La plupart des tombes ne possèdent ni stèle ni plaque de marbre. Les morts se contentent d'une cage rectangulaire posée dans l'herbe, aux barreaux parfois décorés, souvent rouillés. La capitaine se tourne à nouveau vers les deux gendarmes.

— A votre avis, pourquoi Liane Bellion est-elle allée porter plainte à Saint-Benoît, à l'autre bout de l'île ?

C'est Gildas qui répond. Sa chemise est trempée d'un mélange de sueur et de larmes de Flora.

— L'anonymat, Aja. Les femmes battues portent rarement plainte dans le commissariat de leur kartié...

Exact, Gildas.

Gildas est un sale con aux mains baladeuses, elle en a fait l'expérience à l'âge de Flora, mais il n'est pas un mauvais flic.

Flora pleurniche encore. Le puits de sa honte n'a pas fini de déborder.

— Je... je ne pouvais pas prévoir, capitaine...

Aja ne répond plus rien. Derrière son masque d'intégrité, elle-même n'est au fond qu'une hypocrite. Elle se sent tout autant responsable que Flora. Elle a laissé Martial Bellion lui filer entre les doigts. Elle patauge. L'enquête aussi.

L'erreur de cette stagiaire, ce n'est rien à côté de son incompétence...

Elle regarde sa montre, puis son téléphone. Rien de neuf. Elle a échoué. Le ComGend et ce connard de Laroche vont prendre la direction de l'enquête d'une minute à l'autre.

C'est pourtant une évidence, Liane Bellion avait peur pour elle. Peur pour sa fille.

Ses yeux ne parviennent plus à se détacher des petites cages fleuries dispersées dans le cimetière, des fins barreaux rectangulaires, des décorations de fer forgé blanc. Aja ne voit plus aucune tombe, juste des dizaines de lits d'enfants ; une chambre à ciel ouvert où les nourrissons dorment enterrés vivants.

16
La maison de la vieille dame

19 h 50

A travers les mailles du rideau de la fenêtre, Martial observe discrètement les cases de la rue des Maldives. L'halogène réglé sur l'intensité minimum se contente de diffuser dans la pièce une lumière tamisée impossible à percevoir de l'extérieur.

Entrer dans la case de Chantal Letellier s'est avéré presque plus simple que prévu. La maison était décrite jusque dans ses moindres détails sur le site *www.papvacances.fr*. D'après le plan et les photos, la fenêtre de la salle de bains était à la fois la plus discrète et la plus facile à briser. Le plus difficile, au fond, fut d'expliquer l'effraction à Sofa.

C'est une vieille dame qui nous prête sa maison, ma puce... mais elle a oublié de nous laisser les clés.

Elle n'a rien dit. Elle s'est juste contentée d'attendre qu'il lui ouvre la baie vitrée de la véranda, puis de laisser traîner son regard sur les murs, d'examiner avec curiosité les photos de cette mamie aux cheveux bleus qu'elle ne connaît pas, entourée de petits enfants blonds et bronzés, un garçon d'une dizaine d'années et un autre presque de son âge. Des clichés joyeux des gosses posant au milieu du

Croc Parc, la ferme des crocodiles de L'Etang-Salé, devant les fils d'argent de la cascade du Voile de la Mariée, dans un champ de canne à sucre trois fois plus haute qu'eux.

Martial continue de guetter la moindre trace de vie dans le lotissement désert. Une ombre sous les filaos, un souffle à la surface d'une piscine, un bruit de pas sur le trottoir. Dans ce quartier de retraités presque inhabité, les rares résidents permanents passent sans doute leur temps à épier chaque détail inhabituel. Le genre à téléphoner aux flics pour un rideau qui a bougé, une lumière oubliée...

Une porte de garage ouverte...

Martial a préféré prendre le risque, il a laissé entrouverte la grille de fer du garage, juste assez pour que, de la rue, on puisse constater qu'il est vide. Il a repéré les flics il y a deux heures, à l'autre bout du lotissement. Ils semblaient ouvrir des garages de cases, plus ou moins au hasard, sans doute à la recherche d'une Clio grise de location. Si les gendarmes passent devant la case de Chantal Letellier et n'observent qu'une maison fermée, silencieuse, noire, garage vide, ils ne s'arrêteront pas.

Du moins c'est probable...

Martial se recule et attrape la télécommande du petit téléviseur. Il règle le son au minimum et allume l'écran. Il s'effondre dans le canapé.

Sofa dort à côté, dans la chambre du petit-fils de Chantal Letellier, une jolie chambrette de huit mètres carrés décorée de marionnettes créoles, de coquillages et d'étoiles de mer, de cerfs-volants et de petits voiliers.

Sofa s'est montrée obéissante. Trop obéissante. Presque silencieuse. A vrai dire, Martial n'a aucun repère, c'est la première fois qu'il se retrouve seul avec elle. Quelles idées peuvent traverser la tête de cette gamine protégée depuis sa naissance comme une poupée de verre ? De quelles forces dispose-t-elle pour résister à cette avalanche d'événements ? Bien sûr, elle l'a embrassé, elle lui a souri, elle a répondu par « Oui, papa » à son maladroit « Bonne nuit, ma puce ».

Mais au fond d'elle, que peut-elle penser de lui ?

20 h 45

Sur Réunion 1ère, le journal télévisé passe en boucle depuis près d'une heure. Pour la troisième fois, Martial observe la photo de Liane s'afficher sur l'écran, puis sur l'image suivante l'annonce du déclenchement du plan Papangue[1]. Le numéro du ComGend défile sur un bandeau en bas de l'écran, pendant que sa propre photographie apparaît, puis celle de Sofa. La voix off d'un autre commentateur égrène des arguments définitifs. Double meurtre. Preuves édifiantes... Dangereux et peut-être armé... Appel à témoins...

Les portraits de Martial et de Sofa disparaissent enfin pour laisser place au journaliste affligé qui en rajoute à chaque nouveau flash : urgence, vigilance, prudence...

Martial se cale dans le canapé, pose ses pieds sur la table basse devant lui. Il se sent étrangement calme, presque étranger à cette agitation qu'il a engendrée, dont il connaît pourtant les effroyables conséquences. Comme un gamin inconscient qui a craqué une allumette dans un champ de paille, qui a jeté une pierre sur l'autoroute un jour de grand départ... Et qui constate les dégâts sans aucun moyen de modifier le cours des événements.

---

1. Équivalent réunionnais du plan Epervier. Le papangue est le dernier rapace réunionnais et le seul prédateur de l'île.

Papa a tué maman !

Je m'en doutais bien depuis les enfants de la piscine, mais j'en suis sûre maintenant. Ils l'ont dit aux informations, plusieurs fois. Papa a mis la télé tout bas, mais j'ai tout de même entendu.

Il y a nos photos aussi.

Papa a tué maman.

J'ai l'impression que cela fait des heures que je me tiens debout derrière la porte ouverte du salon. J'ai essayé de dormir, vraiment, longtemps, mais je n'y suis pas arrivée.

Impossible.

Je suis descendue de mon lit et je suis venue doucement, sans bruit. Papa m'avait dit de ne pas parler fort, de ne rien renverser, de ne pas allumer la lumière.

Papa est dans le canapé mais, d'où je suis, je ne vois que le bout de ses chaussures sur la petite table. Sauf quand il se lève, qu'il va vers la fenêtre, qu'il regarde dehors à travers le rideau.

Comme là. Le bruit de voiture dans la rue est d'un coup plus fort que les paroles de la télévision. Il y a comme un éclair de phares qui traverse la pièce, puis plus rien, la voiture est passée.

Papa guette toujours.

Je ne vais pas parler fort, juste assez pour que papa m'entende plus que les journalistes dans la télévision.

— Papa, est-ce qu'elle a eu mal, maman, quand tu l'as tuée ?

Martial se retourne brusquement, comme électrocuté. La seule chose qu'il trouve à répondre à Sofa est de mettre un doigt devant sa bouche. Des lampes s'allument dans la maison la plus proche. Des voisins qui rentrent, sans doute. Martial a gardé la télécommande en main, il coupe le son.

— Tais-toi, Sofa.

Il se retourne. Tout se bouscule.

Ses pieds ne le soutiennent plus.

Sofa gît sur le carrelage de la salle. Une petite flaque de sang coule sous son front.

17

Orgueil et paresse

21 h 02

Aja s'est installée dans la varangue derrière la gendarmerie. La nuit noire recouvre la cour intérieure, à l'exception de la table, éclairée par une ampoule faiblarde qui pend à un fil enroulé autour de la poutre de charpente. Il fait incroyablement doux. Aja adore conclure ainsi ses journées, poser l'ordinateur portable sur le salon de jardin, se connecter au Wi-Fi. Se contenter d'un éclairage minimal et de la lumière bleue de l'écran. Ecouter les oiseaux, leurs chants inquiets, comme si c'était la première fois qu'ils affrontaient le crépuscule. Son père lui a appris à reconnaître les cris des tuit-tuit, des tec-tec, des oiseaux-la-vierge, mais surtout de ses préférées, les salanganes, qui ne sortent que la nuit et se repèrent grâce à l'écho de leurs piaillements.

Les mots défilent sur l'écran. Aja tape au kilomètre, sans même corriger, le colonel Laroche attend son rapport avant minuit, il a précisé qu'il se chargerait de le transmettre aux différents services du ComGend.

La décision de l'état-major est tombée avec une précision suisse, à 20 heures : lancement officiel du plan Papangue. Le ComGend prend en charge la coordination de la traque de Martial Bellion, le plan média avec avis de recherche sur toutes les télévisions et radios, les relations avec la métropole, les liens entre les différentes brigades insulaires, la mobilisation du GIPN.

Le grand jeu...

Aja n'a même pas eu à négocier, Laroche lui laisse jusqu'au matin la direction de l'enquête sur le périmètre de la commune de Saint-Gilles, aussi bien les barrages à la sortie de la ville que la fouille des maisons. Jusqu'à nouvel ordre, il gère tout le reste.

Aja entend derrière elle, à l'intérieur de la gendarmerie, les différentes fréquences radio grésiller. Des ordres sourds. Quelques rires, le plus souvent des jurons lâchés par des flics exténués. A la sortie de Saint-Gilles, au dernier pointage, les bouchons provoqués par la fouille systématique de chaque véhicule atteignent plusieurs kilomètres. Les malheureux flics qui jouent aux douaniers essuient des cascades d'insultes. Quinze autres gendarmes fouillent systématiquement les cases qui possèdent des garages, plus ou moins au hasard. Sans le moindre indice pour l'instant.

Pas le plus petit début de piste.

Aja ferme les yeux et distingue, au loin, vers les falaises, le cri des paille-en-queue qui défendent leur nid. Elle a forcément dû rater quelque chose.

Trop jeune, trop femme, trop créole. Triple handicap. On le lui fera comprendre demain matin.

Alors, elle chiade le rapport.

Edifiant.

Mardi 26 mars. Fait avéré. Liane Bellion se rend à Saint-Benoît pour demander la protection de la gendarmerie. Elle se sent menacée.

Vendredi 29 mars, 15 heures. Fait avéré. Liane Bellion quitte le jardin de l'hôtel Alamanda et entre dans sa chambre. Tous les clients et le personnel de l'hôtel le confirment. Eve-Marie Nativel est formelle, Liane Bellion n'est pas ressortie de sa chambre.

15 h 15. Fait désormais avéré. Martial Bellion va rejoindre sa femme dans sa chambre. Les témoignages des époux Jourdain et des employés de l'hôtel le confirment.

15 h 25. Fait quasiment avéré. Martial Bellion sort de sa chambre d'hôtel en poussant un chariot de linge pouvant contenir un corps. Il se rend jusqu'au parking derrière l'hôtel. Témoignages convergents d'Eve-Marie Nativel, du jardinier de l'hôtel, Tanguy Dijoux, et d'enfants jouant sur le parking. Fait également confirmé par les aveux de Martial Bellion.

15 h 45. Fait avéré. Martial Bellion est de retour à la piscine de l'hôtel.

16 heures. Fait avéré. Martial Bellion se rend à nouveau dans sa chambre d'hôtel. Témoignages convergents du personnel de l'hôtel. On découvre dans la chambre des traces de lutte, ainsi que du sang appartenant à Liane Bellion.

Entre 15 et 16 heures, Amaury Hoarau, dit Rodin, est assassiné sur le port de Saint-Gilles, à environ un kilomètre de l'hôtel. L'arme du crime, un couteau, appartient à Martial Bellion. Les analyses ne laissent aucun doute : la lame du couteau est souillée de taches de sang appartenant à Liane Bellion. Les seules empreintes digitales retrouvées sur le manche de l'arme sont celles de Martial Bellion.

Dimanche 31 mars, 16 heures, juste avant son interpellation, Martial Bellion s'enfuit de l'hôtel Alamanda à bord d'une Clio grise de location, en emmenant sa fille Josapha avec lui.

Il reste introuvable depuis.

Doutes sur la culpabilité de Martial Bellion : nuls.

Faits ignorés : pas de mobiles apparents. Pas de cadavre de Liane Bellion.

Hypothèse la plus vraisemblable : une altercation qui tourne mal entre Martial Bellion et sa femme. Mort accidentelle. Martial Bellion panique, puis se laisse entraîner dans une spirale meurtrière qui le dépasse.

Question subsidiaire : jusqu'où est-il capable de péter les plombs ?

Aja relève les yeux. Elle bute sur cette dernière phrase. « Péter les plombs ». Elle aimerait trouver une autre formule pour le ComGend, mais elle ne trouve rien de mieux.

Les premiers résultats de l'enquête lancée en métropole font apparaître un couple sans histoire. Martial Bellion travaille comme gardien du gymnase de la commune de Deuil-la-Barre. Il est marié avec Liane depuis huit ans. Elle a très vite arrêté ses études de sociolinguistique pour élever leur fille Josapha.

Sur la poutre de la varangue, près du fil de l'ampoule, un margouillat joue les funambules pour s'approcher davantage de la lumière. Un Icare sans les plumes.

Aja se force à sourire.

On ne devient pas assassin par hasard. Il existe forcément une faille dans le passé de Martial Bellion. Le commissariat de Deuil-la-Barre doit envoyer dans la nuit toutes les informations qu'ils auront dénichées sur le couple Bellion. Ils s'activent là-bas, paraît-il, même s'il est près de 19 heures en métropole et que, pour l'instant, le ComGend ne croit guère à cette dimension psychologique de l'affaire. Ou plutôt il s'en fiche. L'explication de la scène de ménage qui tourne au drame lui suffit. Coincer d'abord ce type avant qu'il ne tue encore. On lui trouvera ensuite d'éventuelles circonstances atténuantes...

Sauf qu'il ne s'agit pas de cela. Aja a rencontré deux fois Martial Bellion. Quelque chose ne colle pas. Un type qui aurait tué sa femme par accident puis cédé à la panique se serait déjà fait prendre. Pourquoi prévenir les flics, se rendre de son plein gré à la gendarmerie, avouer, puis fuir ? Tout ce jeu ressemble à une mise en scène montée dans un but précis.

Lequel ?

Difficile de mentionner son intuition dans un rapport, on lui renverra immédiatement qu'elle ouvre le parapluie, qu'elle s'invente un ennemi machiavélique pour ne pas avouer qu'elle s'est laissé berner par un amateur.

Elle s'en fout.

Les mots sur son écran sont tous soulignés de rouge et de vert. Elle lâche un soupir. Il y a sans doute plus urgent que de corriger des fautes d'orthographe pour faire plaisir à l'administration zoreille... Et pourtant, même si toute cette bureaucratie l'emmerde, elle va s'y coller avec méticulosité.

Question d'orgueil.

21 h 05

— Bonne nuit, Gabin !

Le barman se retourne et hésite à tendre sa main noir charbon. Déjà près de quinze minutes qu'il s'acharne à nettoyer l'immense barbecue en schiste de l'Alamanda. C'est Armand Zuttor qui décide des menus du Grain de sable, le restaurant de l'hôtel. Les soirs de grillades, en plus des punchs, Gabin a pour obligation de se coller au ramonage. Les ordres sont les ordres...

Il fixe Eve-Marie Nativel. La femme de ménage se tient devant lui, les mains crispées sur son sac de toile. Visiblement, elle rentre chez elle.

— Je te serre pas la main, Eve-Marie ! A demain.

La vieille créole sourit sous son foulard bleu. Elle n'a pas bougé. Lentement, elle tourne la tête et vérifie qu'aucun touriste ne peut les entendre. La plupart se sont éloignés de la piscine pour fuir les moustiques.

— Non, répond Eve-Marie. Demain, je bosse chez un Gros Blanc. Un con, pire encore que Zuttor, mais il me paye quatre fois plus...

— Joyeuses Pâques alors...

Le barman baisse les yeux vers ses bras de suie, résigné. Vider l'âtre anthracite va lui prendre encore de longues minutes. Lui, l'artiste des cocktails, obligé de s'esquinter la peau et la gorge dans des nuages de cendres... Il ressent le blues du trompettiste employé à faire briller les cuivres.

Eve-Marie n'a pas bougé d'un pouce. Elle semble tourner un mot dans sa bouche comme on mastiquerait à l'infini une tige de canne.

— Tu leur as dit quoi aux flics ?

Gabin manque de poser les fesses dans le charbon.

— Aux flics ?

— Ouais, à la petite Aja et au prophète, tu leur as dit quoi exactement ?

Gabin se force à répondre sans réfléchir.

— Ce qui s'est passé. Ce que j'ai vu de derrière mon bar. Tu voulais que je raconte quoi d'autre ?

La vieille créole ferme les yeux. Difficile d'évaluer si c'est la fatigue ou l'exaspération. Lorsqu'elle les ouvre, ses deux pupilles bleues fusillent le barman.

— Parler du passé par exemple. Du passé de Martial Bellion.

Gabin prend le temps de sortir une Marlboro de sa poche.

— Rien, Eve-Marie. Les flics ne m'ont rien demandé là-dessus. Je suis un garçon discipliné, je ne réponds qu'aux questions qu'on me pose.

— Baratin, Gabin ! Ce n'est qu'une question d'heures. Les flics vont forcément tout vérifier.

Le barman se penche vers le barbecue et souffle sur les dernières braises pour y allumer sa cigarette.

— On verra. On improvisera. J'ai l'habitude.

— Pas moi.

Eve-Marie s'est encore courbée, comme si la croix de bois qu'elle portait autour de son cou pesait une tonne, puis elle ajoute d'une voix faible :

— J'ai... j'ai plus à perdre encore que vous.

Le barman inspire une longue bouffée. La fumée de la Marlboro s'enroule dans le ciel autour de la Croix du Sud.

— Tu en veux encore à Bellion ?

Eve-Marie Nativel ferme à nouveau les yeux, puis fixe le barbecue, telle une voyante qui saurait lire l'avenir dans la graisse de bœuf.

— Je compte sur toi, Gabin. Les flics vont remuer les cendres. Souffler sur les braises. Je... je ne voudrais pas que le nom d'Aloé soit mêlé à tout ça. J'ai mis des années à la protéger. Tu vois ce que je veux dire, Gabin. *Pis pa ka rété assi chyen mô*[1].

Gabin jette d'une pichenette son mégot dans l'âtre.

— Je vois. Sauf qu'Aja est tenace. Elle connaît bien les lieux, mieux que n'importe qui d'autre.

Les jambes d'Eve-Marie pivotent lentement vers la sortie.

— Je compte sur toi, Gabin. Fais passer le message à Tanguy, à Naivo, aux autres...

Le barman regarde la vieille créole s'éloigner lentement. Il cherche une parole quelconque pour prouver qu'il est dans son camp, pas dans celui des flics.

— Te bile pas, Eve-Marie. Après tout, l'hypothèse la plus vraisemblable, c'est que Bellion se prenne une balle et qu'on l'enterre comme ça, direct, sans avoir besoin de déterrer qui que ce soit à la place.

21 h 09

Christos entre sous la varangue de la gendarmerie, une Dodo à la main. Aja lève à peine les yeux de son ordinateur.

— Bon boulot, Chris, le témoignage des Jourdain.

Christos vide sa canette, indifférent au compliment.

— Du neuf, Aja ?

— Non, rien...

Elle clique sur son PC. La carte de Saint-Gilles où sont localisées les cases fouillées par la gendarmerie apparaît.

---

1. Proverbe réunionnais : les puces ne restent pas sur les chiens morts. Les malheurs éloignent les amis.

135

— Mais on progresse, Christos, on va le serrer. Quartier Carosse, ils ne sont que deux, des stagiaires, si tu pouvais aller les appuyer...

La canette de Christos roule dans la poubelle. Christos s'étire.

— Je me barre, Aja. Je rentre chez moi.

Aja laisse tomber ses bras sur ses cuisses. Elle ne cherche même pas à masquer sa stupeur.

— Tu me fais quoi, Chris ? On a jusqu'à demain matin pour dénicher ce type. Ensuite, les hommes de...

— Non, Aja... désolé. On doit travailler en relais. C'est comme ça que ça marche.

— Putain, Christos, on a un tueur en liberté...

— Et pas qu'un seul. Des vendeurs de drogue aussi. Des pédophiles. Des tarés de toutes sortes. Des veuves à protéger. Je connais mon job. Les collègues autant que moi.

Aja se redresse. Ses sourcils épais ne forment plus qu'une barre sombre et rectiligne.

— T'as pas le choix, Christos. T'es réquisitionné, Comme tout le monde. Le plan Papangue, ça te dit quelque chose ?

— Tu vas me faire quoi, Aja ? Me coller un blâme ? Je serai là demain matin. Tôt. Je vais dormir. D'ailleurs, tu devrais faire pareil.

Aja, décontenancée, écoute l'étrange mélange des sifflements d'oiseaux et du grésillement des radios de la police. Elle lâche un rire fatigué avant de répliquer :

— T'es complètement irresponsable...

Christos se contente d'un sourire cynique puis fait deux pas dans le jardin.

— T'as rien à prouver, Aja. A personne. Même si tu coinces Bellion, pour ce que tu vas en tirer comme reconnaissance...

La réponse fuse :

— Je veux coincer ce type avant qu'il ne tue quelqu'un d'autre. Point barre. Le reste, je m'en tape.

Christos applaudit silencieusement dans le noir.

— Respect, Aja. T'es une sainte… Oublie pas d'appeler ton mec et tes gosses.

Aja lève la tête et se brûle les pupilles à l'éclat de l'ampoule nue. Elle repense en un éclair blanc à Tom, à leurs filles, Jade et Lola. Lola âgée d'à peine trois mois de plus que Josapha Bellion. Tom lui a envoyé un texto juste après l'annonce du plan Papangue sur Réunion 1ère. Aja n'a pas eu le temps de lui répondre. Il a de toute façon compris qu'elle ne rentrerait pas de la nuit. Il l'a expliqué aux filles avant de leur raconter une histoire et de les border. Tom est un mec parfait.

Elle cligne des yeux vers l'ombre de Christos. Sa rétine vibre encore quelques instants de flashs verts.

— Tu me fais perdre mon temps, Christos. T'as raison, le mieux, c'est que tu te casses.

18

L'aire de Josapha

Le pansement couleur chair se distingue à peine sur le front de Sofa. Dès demain, il n'y aura plus aucune trace de la bosse et de l'égratignure. Martial est assis à côté de Sofa, sur le lit. Il a poussé les coussins brodés et les peluches. Sofa s'est laissé faire. Soignée. Déshabillée. Couchée. Martial a redécouvert ses gestes de père, presque irréels, comme s'il les exécutait pour s'entraîner sur une poupée sans vie.

Une poupée tétanisée.

Il a coupé la télévision. Sofa n'a pas prononcé d'autres mots. Les derniers cognent encore dans sa tête.

Est-ce qu'elle a eu mal, maman, quand tu l'as tuée ?

Martial serre le livre de Ti-Jean dans sa main, l'air idiot. Lire une histoire est-elle la bonne façon d'entrer en communication avec sa fille ? Presque depuis sa naissance, chaque soir, Liane a passé de longues minutes à raconter des histoires à Sofa.

Un rituel interminable.

Un calvaire.

Martial détestait ce moment intime du coucher dont il était exclu, il se sentait comme un espion s'il les écoutait et comme un étranger s'il s'éloignait. Il se lève pour reposer l'album de Ti-Jean sur l'étagère encombrée de coquillages. Il s'assoit à nouveau sur le lit avec une infinie précaution.

— Je vais te raconter une histoire, Sofa. Mieux que cela, je vais te révéler un secret.

Aucune réponse. Sofa se recroqueville sous la couette couleur pastel.

Martial insiste d'une voix calme et rassurante.

— Sais-tu pourquoi tu portes ce prénom bizarre, Josapha ?

Toujours aucune réponse, mais la respiration de Sofa s'est légèrement accélérée.

— Je suis sûr que maman ne t'en a jamais parlé...

Une tête émerge de sous la couette. La curiosité était trop forte, les paupières de Sofa l'expriment en morse. Martial sourit.

— Vois-tu, Sofa, papa et maman voulaient un bébé. Le voulaient très fort. Pour faire un bébé, un papa et une maman doivent s'embrasser, se serrer l'un contre l'autre, aussi fort qu'ils désirent le bébé. Tu comprends ?

Les yeux de Sofa s'ouvrent grands comme des billes. Dans les cadres accrochés aux murs de la chambre, le petit garçon de son âge caresse l'immense carapace d'une tortue, une casquette « ferme Corail » vissée sur sa tête blonde ; sur une autre photo, sa grand-mère l'installe sur une luge d'été au parc du Maïdo. Vacances de rêves. Bonheur tranquille.

La voix de Martial tremble un peu.

— Ce jour-là, maman et papa avaient décidé de partir en vacances, pas loin, pas longtemps, au bord de la mer la plus près de chez nous. A Deauville, en Normandie. Nous y sommes retournés l'année dernière, tu te souviens, la plage aux parasols de toutes les couleurs, celle où tu trouvais l'eau trop froide ?

Sofa grimace à ce souvenir. Ses lèvres s'entrouvrent mais aucun son ne sort.

— Mais je te parle d'un jour bien avant que tu naisses. Ce jour-là, papa avait réservé une chambre d'hôtel avec maman. On voyait la mer de la fenêtre. C'était une surprise pour l'anniversaire de maman. Nous sommes partis dans la Picasso, il n'y avait pas encore ton siège à l'arrière. Pour aller en Normandie, il faut prendre une autoroute, elle n'est pas très longue mais il y a souvent beaucoup de monde. Ce soir-là, papa et maman étaient partis tard, presque la nuit, pour éviter la foule. Maman était très pressée d'arriver à l'hôtel, nous étions tous les deux très pressés de nous embrasser, de nous serrer fort l'un contre l'autre, pour que le bébé arrive plus vite...

Sofa rampe sous la couette. Son bras touche maintenant l'épaule de son père.

— Sur l'autoroute, après les péages, il y a une aire de repos, la seule avant la mer. Papa et maman étaient tellement pressés pour le bébé qu'ils n'ont pas pu attendre l'hôtel, ils se sont arrêtés là, sur le parking au bord de l'autoroute... Tu sais comment s'appelle cet endroit, Sofa ?

Les lèvres bougent, comme engourdies.

— N... non, murmure enfin Sofa.

Une immense bouffée de chaleur envahit Martial.

— Elle s'appelle l'aire de Josapha, ma puce. J'ignore pourquoi elle porte ce joli nom. Il n'y a rien autour, pas de village, pas de maisons, juste un parking noir et quelques arbres. C'est là que maman et papa t'ont fait venir du ciel, ma puce. Quand nous sommes repartis en voiture, ta maman m'a serré la main très fort et m'a dit d'une voix douce : « Tu ne trouves pas que Josapha est un joli prénom ? »

La petite main de Sofa glisse dans celle de son père. Elle est humide. Chaude. Martial se penche, sa voix devient à peine audible.

— Tu es la seule au monde à porter ce prénom, Sofa. C'est un trésor. Un trésor dont seuls papa, maman, et toi maintenant connaissent le secret. Tu comprends, ma puce, tous les jours, des millions de voitures et de camions passent devant ce panneau, « Aire de Josapha », et aucun ne se doute que c'est le prénom de la plus jolie petite fille du monde.

Une larme coule sur la joue de Sofa.

Elle n'ose toujours pas parler, mais elle regarde fixement son père.

Martial comprend sans qu'aucun mot ne soit échangé. Sofa est perdue.

Pourquoi alors as-tu tué maman ? lui demandent ses yeux mouillés. *Pourquoi, si tu l'aimais tant ?*

Martial observe aux murs une autre photo du bonheur. Mamie gâteau en visite avec son petit-fils à la Maison de la Vanille. La main de Sofa est molle. Son bras nu tremble un peu, piqueté de chair de poule. Martial souffle, détourne le regard, puis plonge.

— Il faut me faire confiance, Sofa. Il faut me croire.

Il tousse pour s'éclaircir la voix.

— Je… je n'ai pas tué ta maman. Je n'ai tué personne, ma puce. Personne !

La main de Sofa n'est plus qu'un savon qui fond entre ses doigts. Martial fixe le mur, les photos, incapable de toute autre intimité, de serrer sa fille dans ses bras, l'écraser contre son torse, passer ses doigts dans ses longs cheveux.

Il évite même le regard de Sofa. Trois courtes phrases, obsédantes, dansent devant ses yeux.

Rendez-vous demain.

Anse des Cascades.

Avec la fille.

Il se lance. Il est conscient que consoler Sofa n'est qu'une première étape. Il devra ensuite la convaincre. Il a besoin d'elle.

— Il va falloir être courageuse, Sofa. Tu… tu te rappelles le mot sur la vitre de la voiture, hier, sur le parking de l'hôtel. Ce message, c'était un rendez-vous, à l'autre bout de

141

l'île, sous le grand volcan, dans un endroit qui s'appelle l'anse des Cascades.

Martial presse dans sa paume cinq minuscules doigts trempés ; une éponge de larmes.

— Il faut que nous parvenions là-bas, Sofa. Demain. Ce sera difficile, très difficile, il y a des policiers partout dehors, qui nous cherchent, mais il faut qu'on y arrive...

Sofa renifle. Entre trois hoquets, elle parvient à enchaîner quatre mots :

— Pour retrouver maman vivante ?

Une très longue hésitation, presque une éternité.

— J'aimerais bien, Sofa, j'aimerais bien...

21 h 34

Martial a ouvert la fenêtre de la salle de bains, celle qui donne sur la petite cour intérieure invisible de la rue. Il l'a seulement poussée quelques centimètres, juste assez pour laisser filer la fumée qui s'envole dans le ciel étoilé.

Martial serre la cigarette improvisée entre ses doigts. Des années qu'il n'avait pas fumé de zamal. Il a acheté l'herbe au Chinois rue de l'Abattoir, celui qui lui a fourni le BlackBerry.

Acheter du zamal...

Il en rirait. Il s'est senti comme un boulanger en retraite qui irait acheter son pain chaque matin. Presque à donner des conseils à ce Chinois sur son petit commerce.

Il tire une nouvelle bouffée. Les étoiles du ciel se troublent un instant, pour se multiplier à nouveau en kaléidoscope à travers le carreau cassé de la vitre.

Dans la cour, quelques oiseaux de la nuit chantent. Martial a oublié leurs noms, il ne connaît plus que ceux des moineaux gris de la banlieue parisienne.

Il a presque tout oublié.

Quand il s'est rendu rue de l'Abattoir, il y a trois jours, il est passé devant l'ancienne gare routière. Une dizaine de putes attendaient sous les réverbères, devant l'immense fresque taguée. Par réflexe, Martial a ralenti.

Parmi les métisses, il a cherché du regard Aloé. Elle n'était pas là. Son regard a glissé sur des gamines presque mineures, des créoles blond platine, des obèses boudinées, mais aucune fille ne lui ressemblait. Ou alors, il ne l'a pas reconnue. Les dernières nouvelles d'elle remontaient à plus de cinq ans. Il sait qu'elle a changé de nom. Peut-être de couleur de cheveux. Peut-être même a-t-elle des gosses.

Une nouvelle bouffée.

Quelle vie aurait connue Aloé si elle n'avait pas croisé sa route ? Si elle ne s'était pas attachée à Alex ?

Il y a trois jours, il en a parlé à Liane. Ils se sont disputés, comme à chaque fois qu'il évoque cette partie de sa vie. Du moins ce que Martial lui en révèle.

Une dispute...

Tout cela lui paraît si futile aujourd'hui...

C'était avant le point de non-retour.

Martial écrase le mégot contre la fenêtre.

Il a tellement pris l'habitude de mentir. A Aloé, dans une autre vie. A Liane cette semaine. Aux flics depuis trois jours. A sa fille maintenant.

Se cacher. Mentir. Fuir. Tuer.

A-t-il un autre choix ?

19

La grotte des Premiers Français

21 h 26

La vieille Renault 5 de Christos roule lentement dans les Hauts de Saint-Louis. Il ralentit encore dans le virage serré de la rue des Combavas. Empiétant sur la moitié de la route, une dizaine de Cafres, bières à la main, attendent devant un camion-bar qu'une table en plastique blanc se libère sous la toile de tente arc-en-ciel tendue entre deux palmiers.

Rainbow nation, mon cul, philosophe Christos.

Trois lacets encore.

Aux quelques constructions en hauteur succèdent les cases, de minuscules carrés de tôle cernés de jardins-dépotoirs. Vélos rouillés. Fleurs dépotées. Gravats et ferrailles.

Bidons-villages. Et encore, les filaos masquent le pire.

Christos coupe au plus court le virage suivant. Il n'a vraiment compris La Réunion que le jour où il l'a vue du ciel ; pas d'un hélico, pas besoin, juste à partir d'une connexion Internet sur Google Maps. Il a découvert l'île aplatie par la vue satellite, couverte de milliers de petits carrés blancs, des cases, toutes pareilles, entourées de la même nature tropicale, dorées du même soleil, différenciables par un seul détail : parfois un petit ovale bleu touche les carrés blancs ; parfois non… Vue du ciel, l'équation est simple : plus on se

144

rapproche de la plage, plus on est près du lagon, celui où on peut se baigner sans rochers, sans requins, sans courants, et plus les cases jouxtent un rond bleu. Le déterminisme ne souffre d'aucune exception : la densité de piscines sur l'île est strictement inverse au besoin théorique...

A la BTA, Christos avait montré la carte à Aja qui avait haussé les épaules. Lui avait trouvé la métaphore incroyablement signifiante. « Une île, un monde », proclame le slogan touristique de La Réunion. Pas faux, au fond. Sur quarante kilomètres carrés est rassemblé un échantillon représentatif des inégalités entre les peuples des cinq continents.

Un laboratoire de l'humanité.

Cette île est une terrasse posée sur le rebord du monde pour observer l'avenir du genre humain. A l'ombre, en tongs, un verre de punch à la main.

Christos se gare rue Michou-Fontaine, une ruelle en pente douce bordée de voitures rouillées. On dirait une casse, c'est juste un parking. La case d'Imelda est la quatrième du kartié. Trois jeunes fument devant, assis sur les trois planches vermoulues qui servent de marches.

Nazir est le plus âgé des fils d'Imelda. Quinze ans. De longues jambes d'échassier qui aurait enfilé un short. Il crache sa fumée et lève les yeux vers Christos.

— Tiens, t'es là, Derrick ? T'es pas en train d'arrêter l'ennemi public n° 1 ?

Une radio posée sur un bidon de plastique braille cinq mètres plus loin. La traque de Martial Bellion, c'est le feuilleton du soir.

Nazir tire sur son mégot et insiste :

— Moi qui te prenais pour James Bond...

Christos pose le pied sur une marche.

— Je me repose, gamin. Tu vois, Derrick aussi, il dort, il bouffe, il chie. James Bond pareil.

Les deux copains de Nazir se marrent. Pas Nazir. Il joue déjà les blasés.

145

— Je sais pas ce qu'elle te trouve, ma mère. Zoreille, flic. Et con.

Christos monte deux marches, baisse les yeux vers l'adolescent.

— Mais romantique. Retiens la leçon, gamin. Dormir, bouffer, chier, mais avec romantisme. C'est le secret. Tiens, allez, file-moi une taffe...

Nazir attrape le mégot entre ses deux doigts et le dissimule derrière son dos.

— Pas touche, mec, substance interdite...

— Raison de plus. Oublie pas que tu parles à un fonctionnaire assermenté.

Les yeux de l'adolescent pétillent de défi.

— Ah ouais ?

— Ouais ! Pour la peine, oublie la tige et file le sachet de zamal planqué dans ta poche. Confisqué !

Sans se démonter, Nazir extirpe de son short une boule de feuilles empaquetée. Il l'agite devant le gendarme.

— Tu parles de ça, mec ? Je te le laisse pour 150 euros. Ça en vaut le double, mais t'es presque de la famille, non ?

Christos tend la main.

— Vendu. Je laisserai le fric à ta mère.

— Mon cul...

Le sachet de plastique retourne au fond de la poche. Nazir a juste coincé une feuille entre son pouce et son index.

— Allez, tiens, Derrick. Cadeau de la maison ! Zamal du potager, cueilli de ce matin...

Lorsque Christos entre dans la case, cigarette à la main, Imelda lui tourne le dos, penchée sur l'évier. Les trois gosses, Dorian, Joly et Amic, sont assis au bord de la table.

— Christos, bordel ! crie Imelda sans même se retourner. Ta cigarette !

Le flic soupire.

— Pas devant les enfants ! Pareil pour Nazir, j'ai tout entendu. Tu devrais pas l'encourager, il a que quinze ans. T'es un modèle pour lui...

Christos tousse.

— Un modèle, rien que ça ! Son père adoptif pendant que tu y es. Pas de chantage psychologique à deux balles avec moi, Imelda.

La vaisselle cogne sur la faïence ébréchée. Les couverts tombent dans le bac en une cascade de fer.

— En attendant, éteins ta clope. Et demain, tu lui confisques son paquet de zamal puis t'arraches les plants dans le jardin. Si tu veux pas jouer au père, joue au moins au flic.

Christos écrase son mégot par terre. Il a juste le temps d'attraper la bouteille de rhum Charrette avant de s'effondrer sur le tabouret de bois.

— Putain, c'est ma soirée...

Imelda se retourne et ramasse d'un mouvement précis les verres et les assiettes devant les trois enfants.

— J'ai écouté les infos. Ça chauffe à Saint-Gilles. Je t'attendais pas si tôt.

Le rhum blanc brûle le palais du sous-lieutenant.

— Un con de plus ou de moins pour jouer à cache-cache, ça ne change pas grand-chose...

Imelda hausse les épaules. Elle gratte une allumette et allume le gaz sous le fait-tout d'aluminium.

— T'as pas mangé, je parie ?

Christos se contente de secouer la tête. Il adore cette déesse cafre. Il adore son cari. Il adore venir poser son cul dans cette case pourrie.

Il a à peine vidé son verre que la petite Joly saute sur ses genoux. Ses longs cheveux crépus sentent le shampooing au lait de coco.

— Tu me racontes une histoire de méchant ?

Christos pousse la bouteille hors de portée de la petite.

— Un vrai méchant ?

— Ouaiiis.

— Une histoire de méchant qui tue les créoles avec un grand couteau. Qui tue sa femme pour avoir sa petite fille pour lui tout seul ?

Joly éclate de rire.

— Ouiiiiii !

Imelda range la vaisselle dans un buffet de formica. A travers le verre déformant de la bouteille de rhum, Christos ne voit plus rien d'autre que son cul de reine. Il a une folle d'envie d'elle, là, maintenant. Imelda possède un corps dessiné pour la levrette.

Joly le tire par la manche.

— Oh, Jésus, tu regardes les fesses de maman ou tu me racontes mon histoire ?

Chipie !

Christos s'amuse à faire basculer la fillette. Elle se tord de rire. Dorian et Amic en profitent pour rappliquer sur le ring et avoir leur quota de catch.

— Attention, c'est chaud, prévient Imelda en posant l'assiette de cari devant Christos. Allez, ouste, au lit la marmaille !

La Cafrine fait taire les protestations d'un geste de torchon menaçant. Elle se tourne à nouveau vers Christos.

— Tout à l'heure, quand on sera tous les deux, il faudra que je te parle. Sérieusement...

— Laisse tomber, alors.

Imelda continue sur le même ton, peut-être avec une pointe d'excitation supplémentaire :

— Te parler de ton affaire de tueur en cavale, idiot ! Y a quelque chose qui me tracasse dans cette histoire qu'ils nous racontent en boucle à la télé. Quelque chose d'étrange auquel, bizarrement, absolument personne ne semble avoir pensé...

Vingt minutes de pause. C'est le répit qu'Aja s'est autorisé.

Montre en main.

Elle a préféré quitter Saint-Gilles. Comme souvent, lorsqu'elle a besoin de faire le point, elle a poussé sa 206 jusqu'à Saint-Paul, pour y marcher, à la nuit tombante, au bord du cimetière marin désert, de la place vide du marché, de la grotte des Premiers Français enfouie sous les filaos.

Aja vient d'appeler chez elle. Tout va bien. Tom s'occupe de Jade et Lola. Aja déteste téléphoner ainsi, résumer une journée en trois phrases, raccrocher presque aussitôt pour ne pas occuper la ligne, remettre ensuite dans l'ordre les mots jetés dans le combiné par un mari compatissant et deux fillettes excitées.

Prends soin de toi, ma chérie ! On t'a vue à la télé, maman... Ne t'en fais pas, ma chérie, je gère. Tu rentres quand, maman ? Les filles attendaient ton coup de fil pour éteindre. Papa nous a lu *Ti-Jean,* maman, et puis il a retrouvé l'endormi, il était caché sous les pierres derrière la maison... Embrassez votre maman, les filles, elle est pressée...

Tom est parfait.

Tom est prof des écoles depuis six ans dans les Hauts de Saint-Gilles. Il s'occupe des grands en maternelle. Calme. Raisonnable. Mignon. Souvent, elle lui demande pourquoi un type aussi parfait supporte une fille aussi chiante qu'elle.

Pas chiante, lui répond-il immanquablement. Entière.

Entière...

Aja a parfois l'impression d'être en couple avec un punching-ball, bien stable sur son socle : plus elle cogne, plus il revient à sa place. Intact. Un joli punching-ball en velours noir. Un papa génial. Un amant tendre.

Aja n'aime pas dormir sans Tom.

Sauf lorsqu'un tueur se promène dans l'île avec une fille de l'âge de Lola.

Elle consulte l'horloge de son téléphone portable. Il lui reste sept minutes. Elle n'a aucune raison de stresser, Morez a pour ordre express de l'appeler en urgence s'il y a le moindre élément nouveau. Pour l'instant, silence radio.

Aja avance en direction de la grotte des Premiers Français. Au loin, on aperçoit le port de la Pointe-des-Galets... C'est ici, selon la légende, qu'accostèrent les premiers habitants de l'île. L'île Bourbon, comme on l'appelait à l'époque, était inhabitée. Pas d'indigènes à massacrer pour les colons. L'île était juste un caillou trouvé au milieu de l'océan, n'appartenant à personne. Ou à tous...

Aja longe le cimetière marin. Sa voiture est garée au bout. Elle a appris il y a peu de temps que son arrière-arrière-grand-père était enterré là, dans une petite tombe au milieu de celles des pirates. Abhi Purvi, son aïeul, arriva sur l'île en 1861, pendant l'engagisme, le terme local politiquement correct pour désigner l'esclavage à la suite de son interdiction par la République française. Après les Africains et les Tamouls, on fit venir des milliers de Zarabes pour travailler dans les champs de canne... Juste avant que soit inventé en métropole le sucre de betterave et que la ruine soit presque immédiate pour toute l'économie de l'île. Ironie de la mondialisation économique naissante, des milliers d'esclaves se retrouvèrent au chômage. L'arrière-arrière-grand-père d'Aja tenta, comme d'autres Zarabes, de faire fortune dans le commerce de tissu. Solidarité ethnique. Lui s'engouffra dans le créneau de la paille de chouchou tressée pour faire des chapeaux. Cela lui permit de survivre, mieux au moins que la plupart des créoles, qui crevaient de faim.

Jalad, le fils d'Abhi Purvi, reprit le flambeau paternel. Chouchous, paille, chapeaux, on en vendrait tant que le soleil des tropiques taperait sur les crânes. Il se maria en 1906 à la mosquée Noor-al-Islam de Saint-Denis, la plus vieille mosquée de France. Il acheta un lopin de terre à Saint-Gilles, sans prévoir que juste en face de ce terrain à cailloux longeant une ravine crasseuse, les Zoreilles allaient construire la gare de Saint-Denis. Sa première idée fut de déménager, à cause du bruit, du monde et de la fumée. Puis il s'habitua. Pour finir, il loua sa case aux habitants de Saint-Denis qui passaient le week-end en villégiature au lagon. Cinq ans plus tard, en 1912, il abandonnait le tissage de chouchous et construisait une pension de sept chambres.

Faris, le grand-père d'Aja, naquit en 1915 dans une grande maison de style colonial dans les Hauts de Saint-Gilles. Les affaires des Purvi brillaient au zénith. Le chemin de fer, mais aussi désormais les paquebots accostés au port de la Pointe des Galets, continuaient d'amener des flux choisis de touristes, de chefs d'entreprise, de familles bourgeoises en mal d'exotisme. En 1937, Faris posa la première pierre d'un hôtel réunionnais digne de ce nom, qui ouvrit deux ans plus tard. Ses premiers clients restèrent plus longtemps que prévu : il s'agissait de riches Européens fuyant le nazisme, juifs pour la plupart. La seule religion qui manquait sur l'île !

Le père d'Aja, Rahim, vit le jour en même temps que l'hôtel du Lagon, en 1939. Fils unique, il se trouva une sœur de son âge, Sarah Abramoff, la fille d'un entrepreneur juif réfugié dans l'hôtel pendant la guerre, qui renonça après 1945 à quitter les tropiques pour rejoindre le jeune Etat d'Israël. Entre les couloirs du palace et le lagon, ils grandirent ensemble, inséparables. Pour Faris, le grand-père d'Aja, leur mariage était déjà arrangé. Son sens des affaires associé au compte en banque de son beau-père permettrait d'écrire une success-story entre juifs et musulmans comme seule l'île de La Réunion peut en produire. Une promesse d'empire touristique régnant sur les Mascareignes. A leur majorité, ils envoyèrent de concert Rahim et Sarah aux Etats-Unis suivre des études de commerce international. Même école, même promotion. Rahim était timide et obéissant, mais moins passionné par l'entreprise familiale que par ses supposés dons artistiques qui s'exprimaient dans l'art du collage de faïences colorées. Sarah, de son côté, abandonna rapidement le zouk de son enfance pour le rock des Beach Boys. Elle ne revint jamais. Elle mit le grappin sur un Californien blond et s'installa à San Diego. Envolé, le rêve de complexe hôtelier dans l'océan Indien... Son père, Natane Abramoff, quitta La Réunion en 1967 et partit vivre à Tel-Aviv. Rahim revint seul des Etats-Unis, sans un dollar et pas même diplômé. Comble de tout, le fils indigne, sitôt rentré, se consola de ses échecs en tombant amoureux de la plus belle fille de l'hôtel, Laïla, une créole illettrée à peine majeure qui y nettoyait les toilettes. Désillusion paternelle, colère, menaces, rien n'y fit. Rahim, qui n'avait jamais espéré qu'une fille aussi belle lève les yeux sur lui, tint pour la première fois tête à son père. Afin de fuir les foudres familiales et les sarcasmes de la caste zarabe, il s'embarqua avec Laïla pour Madagascar. Pour faire fortune dans l'art de la céramique, espérait-il. Une fois de plus, il échoua. Il survécut en charriant des pierres pour construire le barrage du lac Alaotra. Il ne revint à La Réunion que six ans plus tard, à la mort de son père. Laïla était alors enceinte d'Aja. Sans argent. Sans travail.

Rahim fut accueilli comme un lépreux. Depuis son départ, l'hôtel du Lagon, au bord de la faillite, avait été racheté par un grand groupe international, Marriott Corporation, dont, ironie du sort, Natane Abramoff était l'un des actionnaires. Le gérant de l'hôtel du Lagon, rebaptisé Alamanda, un Belge bardé de diplômes, se fichait de l'héritage familial. Il embaucha la mère d'Aja parce qu'elle était jolie, et accessoirement parce qu'elle connaissait le métier et les lieux. Au coup par coup, lorsque Laïla le suppliait, il fit aussi travailler Rahim dans sa spécialité, la faïence : salles de bains, piscine, toilettes. Aja s'en souvenait, lorsqu'elle attendait ses parents, bien sage, dans le couloir de l'hôtel, les autres employés ne se gênaient pas pour humilier devant elle le fils de leur ancien patron. De bonne guerre ! Faris Purvi n'était pas du genre à faire du sentiment avec le petit personnel et rares sont les Zarabes qui échouent dans les affaires. Elle l'avait compris bien plus tard, tous considéraient Rahim comme un fin de race débile accouplé à la plus belle fille de l'île pour tenter de régénérer la dynastie... Ses parents habitèrent jusqu'à ses dix ans à Plateau Caillou, une zone de quelques immeubles ratatinés, isolés de Saint-Paul et de Saint-Gilles par une falaise de quatre-vingts mètres, puis ils déménagèrent pour une case, un peu plus loin, à Fleurimont. Rahim mourut à cinquante-deux ans. Aja en avait dix-sept. Il laissa derrière lui une famille pauvre et une étonnante case entièrement carrelée. Une curiosité locale. Sa mère y vit encore.

Aja y passe moins d'une fois par mois. Ce soir, sa mère n'a rien dû rater du journal télévisé, fière que la gendarmerie de sa fille soit en première ligne ; et étonnée, sans doute, par cette troublante coïncidence, l'hôtel Alamanda comme décor d'une scène de crime.

Aja marche sur le parking. Dans quelques heures, comme chaque matin, le plus beau marché de l'île va s'y installer. Il subsiste dans l'air, ou dans son imagination, une odeur d'épices, de cardamome, de noix de muscade, de curcuma...

Le téléphone sonne au moment où elle monte dans sa voiture.

Morez.

Du nouveau ?

— Aja ?

— Ouais, Morez ?

— On a du neuf !

— Putain, vous avez coincé Bellion ?

— Non... Non. T'emballe pas. Mais on a des infos sur son passé. Figure-toi que Bellion a un autre cadavre sur la conscience... Et nom de Dieu, question poids sur la cervelle, je crois qu'on ne peut pas imaginer plus lourd.

153

Christos, sous les draps, va et vient en souplesse. Le corps d'Imelda est chaud, les plis de sa peau sont comme un matelas de plumes, de feuilles, de crème ; il nage dans une mer épaisse, agitée de vagues qui débordent et se répandent sur les draps ; il baigne dans un océan de liquide amniotique. En elle, il redevient à la fois amant et fœtus. Il pourrait rester ainsi des heures, en érection, la pénétrant au rythme d'une berceuse.

Le paradis originel.

— Je peux mettre la télé ?

Christos n'a pas le temps de répondre : Imelda, sans bouger son corps bloqué sous le torse du gendarme, allonge le bras et saisit la télécommande.

— Ça te concerne un peu aussi, souffle la Cafrine. Sur toutes les chaînes de l'île, ce soir, la brigade de Saint-Gilles remplace *Les Experts : Miami...*

Décidément.

— Tu te rends compte, tu baises avec Horatio Caine ?

Elle monte le son.

— Tu devrais pas y être ?

— Non... On se relaye, tu vois. J'y retourne demain matin, tôt. En forme. Aja exige que ses hommes se reposent...

Horatio Caine s'offre un long et puissant coup de reins.

— T'as super l'air de te reposer...

Christos prend appui sur ses deux coudes et continue de se glisser avec douceur dans le corps voluptueux. La télévision est une concurrente déloyale, mais il n'abdique pas...

— Y a une gamine en danger, Christos.

— Ouais, et aussi des vendeurs de drogue, des pédophiles, des gosses qui crèvent de faim dans les Hauts, des esclavagistes, et s'il me reste un peu de temps, des motards ivres et des maquereaux qui font la sortie des lycées. Ça ne s'arrête jamais. Comment je fais pour dormir, hein ?

Imelda gémit un peu. Sa main lâche la télécommande, ses yeux se perdent au plafond. Christos accélère la cadence. Le sous-lieutenant connaît chaque râle de sa partenaire, encore quelques secondes avant l'explosion. Il adore quand le corps d'Imelda entre en éruption.

— Il... il est dangereux, souffle Imelda entre deux soupirs. Dangereux pour sa petite fille. Il... il a déjà tué un autre gosse... Il... il y a...

La tête de Christos surgit soudainement de sous les draps.

— Quoi ? Quel autre gosse ?

Imelda inspire profondément. La pression redescend.

— Le gosse de Boucan Canot. Il y a un paquet d'années. Tu ne te souviens pas ?

Non, Christos ne se souvient pas. Il n'y a que les Réunionnaises pour archiver dans un coin de leur cerveau des faits divers qui remplissent les journaux et qui s'accumulent en pile semaine après semaine.

— Précise, ma belle...

— Je te raconte de mémoire. C'était il y a au moins huit ans. Un soir, je crois. Le père surveillait son gamin sur la plage de Boucan Canot. Du moins, était censé le surveiller. On a retrouvé le gosse de six ans le lendemain matin, noyé dans l'océan. On n'a jamais vraiment su ce qui s'était passé, en fait.

Christos sent son érection fondre comme bâton d'esquimau oublié sur une terrasse au soleil.

— Nom de Dieu. T'es sûre que ce père, c'était Martial Bellion ?

— Certaine. Même nom, même tête.

Le flic grimace comme s'il n'y croyait pas. Imelda enchaîne :

— Personne dans la police n'a fait le rapprochement ?

— On prenait Bellion pour un touriste...

L'excuse semble presque irréelle. Ils se taisent un moment, laissant les cris d'une page de publicité à la télévision meubler le silence dans la case. La main de Christos emprisonne un sein noir, ses lèvres agacent un mamelon rose.

Imelda proteste mollement :

— Bordel, Christos, t'appelles pas tes collègues ?

Christos sent le sang affluer à nouveau dans sa verge. Cette femme est une sorcière, rien que le toucher de sa peau provoque chez lui une rigidité de jeune homme. Elle doit dissimuler des coqs noirs égorgés sous le lit, faire fondre des bougies dans des noix de coco éventrées, brûler des cubes de camphre avant qu'il arrive, toute la gamme des sorcelleries blanche, malbar et comorienne.

— Demain. Demain à la première heure. Promis.

Il se coule en elle.

— T'es fou, murmure-t-elle. T'es la honte de la police de l'île.

— Au contraire, j'ai des principes. Pause syndicale ! Ça change quoi, balancer cette histoire cette nuit ou demain matin. Ce type cavale dans la nature...

Il pose sa tête contre la confortable épaule, comme un enfant qui câline, pendant que son bassin rampe et que son sexe s'aventure dans le labyrinthe des secrets du corps d'Imelda. Grotte humide et sauvage où nul Zoreille ne s'est jamais enfoncé.

22 h 32

Imelda caresse les cheveux de Christos. Il s'est endormi juste après avoir joui, comme à chaque fois. Elle continue de masser son crâne du bout des doigts, et de sa main gauche attrape un livre sur sa table de nuit. Jauni et sale. *Némésis*. Agatha Christie. Elle tourne les pages sans vraiment se concentrer. Elle repense à cette affaire. Ce qu'ils en disent à la télé, ce que Christos lui a raconté, la disparition de cette femme, la mort de Rodin, la fuite de ce type, le témoignage des employés de l'hôtel. Tout converge.

Les pages usées du livre peinent à se détacher. Quelque chose ne colle pas dans ces témoignages. Déjà, à l'époque de la noyade du gamin dans l'océan, certains détails l'avaient chiffonnée. Il faudrait qu'elle essaie de se souvenir. De retrouver les journaux de l'époque peut-être. La vieille Marie-Colette, rue Jean-XXIII, conserve tous les quotidiens de La Réunion depuis plus de trente ans.

Comment s'appelait-il, déjà, ce gosse noyé ?

Elle tourne les pages de *Némésis*. C'est un livre que Nazir lui a trouvé sur une foire à tout, à Saint-Joseph. Christos aime l'appeler sa Miss Cafrine Marple. Il ne croit pas si bien dire, elle dévore plus de cent romans par an. Tout le kartié lui en apporte, des vieux livres auxquels il manque le dernier chapitre une fois sur deux. Cette affaire lui rappelle un roman qu'elle a lu il y a une dizaine d'années, *Kahului Bay*, la même histoire que celle de Bellion même si elle se déroulait à Hawaii. Tous les faits semblaient accuser ce type... Sauf qu'il existait un autre personnage, un témoin qui n'arrivait que bien plus tard dans l'histoire et qui modifiait tout l'engrenage. Comme toujours, malgré les efforts de l'auteur pour la rouler dans la farine, Imelda avait deviné l'astuce bien avant la fin.

Christos ronfle comme un chaton.

Imelda doit faire fonctionner son cerveau. Commencer par le plus simple d'abord. Puiser dans sa mémoire d'éléphant.

Comment il s'appelait, ce gosse de six ans ?

Lundi 1ᵉʳ avril 2013

20

Petit frère

7 h 21

Dans la glace, j'aperçois la lame brillante dans la main de papa.

Aiguisée. Pointue.

Il l'approche de ma nuque, je la sens coupante et froide.

Je me pince les lèvres jusqu'au sang.

Je tremble de peur mais je n'ose pas prononcer un mot. Papa se tient debout derrière moi. Il doit deviner ma frousse, sentir les frissons, la chair de poule sur toute ma peau.

Papa approche encore la lame. La pointe touche mon cou cette fois. Elle est glacée. La lame remonte jusqu'à mon oreille gauche.

Je me retiens de faire le moindre geste, je dois juste attendre sans bouger. Sans hurler. Sans paniquer.

Papa pourrait me faire mal.

Me blesser, sans le faire exprès.

Mon papa n'est pas très doué.

De nouvelles touffes de cheveux tombent dans le lavabo.

Des larmes commencent à couler au coin de mes yeux. J'ai promis à mon papa de ne pas pleurer, mais c'est difficile.

Papa m'a expliqué, pourtant ; pour retrouver maman, nous devons nous lever très tôt, partir le plus vite possible, nous avons une sorte de rendez-vous, à l'autre bout de l'île. Il m'a dit aussi qu'il fallait que je sois la plus courageuse de toutes les petites filles.

Je le suis, je le serai, promis, pour retrouver maman. Mais tout de même, mes cheveux. Je rêvais qu'ils descendent jusqu'à mes fesses, qu'ils soient aussi beaux que ceux de maman, j'étais prête à attendre encore des années pour ça, à passer des heures à les démêler chaque matin.

Papa a tout coupé en cinq coups de ciseaux. Comme un cochon.

Quelle idée bizarre, me transformer en garçon ! Ça lui est venu en regardant les photos. C'est un petit garçon de presque mon âge qui dort là, de temps en temps, quand il vient en vacances chez sa mamie. Ça doit être bien d'avoir une mamie qui habite à La Réunion. Mieux que l'hôtel. Elle a l'air gentille, en plus ; un peu rigolote avec ses cheveux bleus ; sur les photos, elle porte toujours des gros colliers en coquillages ou en dents de crocodile.

« Tu pourras mettre les vêtements du garçon, m'a dit papa. Ce sera comme un déguisement. »

Il s'est forcé à rire. Pas moi. Quand papa cherche à être amusant, c'est pas souvent drôle.

La lame des ciseaux se faufile derrière mes oreilles, coupe encore plus court.

En vrai, je sais pourquoi papa veut me déguiser en garçon. Ce n'est pas pour qu'on ne me reconnaisse pas. Pas seulement.

J'ai décidé de prendre papa par surprise, je me retourne :

— Dis, papa, c'est vrai que j'avais un petit frère ? Avant. Que je ne le connais pas parce qu'il est mort ?

La main de papa a failli lâcher les ciseaux. Il les a rattrapés au dernier moment, mais il a quand même piqué un peu ma peau en haut de mon cou. Je n'ai presque rien senti, j'étais trop concentrée sur la réponse.

Sauf que papa n'a pas répondu.

7 h 24

Martial a attendu de longues minutes avant de parler à nouveau, comme s'il espérait que, lassée par le silence, Sofa oublie sa question.

— Tu es très jolie en garçon, ma puce.

Elle lui tire la langue dans la glace.

Quelques derniers coups de ciseaux. Egaliser comme il peut la frange. Se concentrer sur ce travail de coiffeur amateur alors qu'il ne pense qu'à une chose.

Envoyer sa fille dehors, seule, est une idée suicidaire. Il n'a pas d'autre solution, pourtant.

— Tu as bien compris, ma puce ? J'ai fait la liste, tu as juste à la montrer au monsieur.

— Je ne peux pas lui lire ? Je sais lire, tu sais, papa !

Il se penche sur le cou de sa fille comme un coiffeur obséquieux.

— Tu dois parler le moins possible, ma puce. Personne ne doit s'apercevoir que tu es une petite fille. Donc, tu lui montres la liste et tu te contentes de vérifier s'il y a tout. Une carte au 1/25 000.

— C'est compliqué...

— Une boussole.

— Le reste, je sais. Des fruits et des sandwichs.

— Et si on te demande, tu dis que tu t'appelles... ?

— Paul !

— OK.

Il se force à rire. Tout seul. Jamais il n'est parvenu à amuser Sofa.

161

— Je t'ai expliqué la route aussi, tu vas vers la mer, tout droit en descendant la grande allée piétonne. Tous les magasins sont là. Tu ne parles qu'aux vendeurs. A personne d'autre, compris ?

— Compris. Je suis plus un bébé

Martial libère les épaules de sa fille de la serviette couverte de cheveux. Sofa s'observe dans la glace, incrédule devant sa coupe au bol. Ebréché.

— Sur la liste des courses, maman ajoute toujours deux lignes à la fin. Une surprise pour sa fille d'amour et une surprise pour son chéri d'amour.

Exact. Liane avait cette grâce quotidienne de faire de chaque corvée un jeu. Il tarde à répondre :

— La meilleure surprise, ma puce, c'est de revenir très, très vite.

Il avance vers la porte, l'entrouvre, scrute la rue déserte.

— Attends, Sofa, un dernier détail.

Il se penche vers sa fille et chausse sur son nez des lunettes de soleil qu'il a trouvées dans le meuble de l'entrée.

— Ecoute-moi bien, Sofa, quand tu vas revenir, tu auras peut-être du mal à me reconnaître. Moi aussi je vais me déguiser, me couper les cheveux, raser ma barbe. Tu comprends ?

— Oui...

Difficile de déceler quoi que ce soit dans le regard de Sofa.

De la peur ? De la surprise ? De l'excitation face à ce qu'elle prend pour un jeu ?

Martial passe sa main dans les mèches courtes de sa fille. Des dizaines de minuscules cheveux morts lui collent aux doigts.

— Allez, fonce, ma grande.

21

Circonstances atténuantes

7 h 51

— Un thé, ma chérie ?

Les narines d'Aja remuent d'abord, hument la fumée chaude. Puis les yeux s'ouvrent. Un plateau. Un service à thé. Trois croissants dans une corbeille.

Christos en a un quatrième dans la bouche et des miettes plein la barbe.

— T'as dormi, Aja ? T'as une tronche de gramoune[1] insomniaque.

— Merci, Chris. J'adore les compliments au réveil. Ouais, j'ai dû dormir une petite heure, par tranches de dix minutes.

— J'ai écouté Radio Flic en venant. Rien de neuf, alors ?

— Rien. A croire que Bellion s'est volatilisé. J'ai eu Laroche, le chef d'orchestre du plan Papangue, au téléphone. Six hélicos ont tourné un peu partout au-dessus de l'île dès que le soleil s'est levé. Aucune trace de la Clio grise, de Bellion ou de sa fille. Laroche est à La Réunion depuis six mois. Il doit me rappeler dès qu'il a fait le point avec le préfet. Il... il a l'air compétent.

---

1. Personne âgée.

— Mets-y le ton, Aja.

— Quoi ?

— Mets-y le ton quand tu dis « compétent ».

Aja soupire. Elle s'étire et plaque ses mains sur la tasse brûlante. Christos pose ses fesses sur le rebord de la fenêtre.

— Moi, par contre, j'ai du neuf, Aja. Du lourd...

Le regard d'Aja pétille. Dernières étoiles de la nuit, entre rêve et réveil.

— Vrai ? Tu bosses même au plumard ?

— Tu crois pas si bien dire. Je tiens l'info d'une amie. Un cerveau genre processeur Intel Core relié à une mémoire d'éléphant genre disque dur de trois téraoctets, uniquement partitionnée pour trier les faits divers réunionnais depuis les origines. Bref, ma copine de plumard m'a certifié que Martial Bellion a trempé il y a quelques années dans une histoire glauque, un gamin mort noyé à Boucan Canot.

Le regard d'Aja se ternit. La Croix du Sud vient de disparaître dans le soleil pâle du matin.

— T'y crois pas ? demande Christos, déçu.

— Si... On a eu juste sept coups de téléphone depuis hier soir pour nous raconter la même histoire. Les Réunionnais ont une sacrée mémoire des histoires locales les plus sordides... plus que nous en tous les cas. Pas un flic de l'île n'a fait le rapprochement entre ce touriste métropolitain en cavale et cette vieille histoire de noyade. Tu t'en doutes, on a lancé des recherches depuis, j'ai reçu des mails de métropole, il faut que je les lise dans le détail mais, pour faire court, Martial Bellion a perdu son premier enfant, de sa première femme, celle avant Liane. Alex. Six ans. Noyé dans l'océan. Défaut de surveillance de Bellion qui en avait la garde. Pour l'instant, je ne vois pas le lien avec le double meurtre de Saint-Gilles. Ce que je comprends surtout, c'est que notre touriste perdu dans un environnement hostile connaît en réalité l'île sur le bout des doigts.

— Faut voir le bon côté des choses, Aja, ironise Christos. Il nous a baisés jusqu'à l'os, mais on a des circonstances atténuantes.

— Bellion a vécu neuf ans sur l'île, enchaîne la capitaine sans relever, entre 1994 et 2003. Il bossait au club nautique de Bourbon. D'après ce que le ComGend a bien voulu me dire, Bellion possède encore quelques vagues potes dans l'île. Un copain de plongée à Langevin, un planteur de canne à la rivière du Mât, une ex à Ravine à Malheur. Tous affirment avoir perdu tout contact depuis son retour dans la métropole, ne même pas l'avoir rencontré depuis qu'il est revenu sur l'île. Tous sont quand même sous surveillance discrète, sur écoute et filature, tout le bordel... Mais Bellion n'a pas donné signe de vie.

Christos avale un second croissant.

— C'est un malin. Désolé pour le tuyau crevé, ma chérie...

— Pas de quoi. Désolée de t'avoir envoyé chier hier soir...

— Je l'avais cherché. Et puis t'étais crevée. Tu l'es encore plus maintenant... Tu devrais redormir une heure ou deux...

Aja souffle sur son thé trop chaud.

— Surtout pas, mon grand. Ça va se jouer dans les heures qui viennent, je le sens. Bellion s'est terré dans une planque toute la nuit, mais il va sortir, c'est obligatoire. Comme un rongeur qui doit aller chercher sa nourriture... Il n'a pas fui au hasard, Christos, il possède un but. Un but précis.

— Si je te proposais une aide un peu, comment dire, borderline, tu accepterais, Aja ?

— Au point où j'en suis...

— Ma copine de plumard. Une Cafrine, l'Intel Core, elle a cogité toute la nuit sur l'affaire. Elle aussi trouve qu'il y a quelque chose de louche là-dessous. Une sorte de logique sous-jacente.

— C'est une qualité de savoir déléguer, Christos. Elle fait dans la divination comorienne, ta copine ? Marc de café Bourbon ou entrailles de bouc ?

— Plutôt dans l'Harlan Coben. Genre divination à trois chapitres de la fin...

Aja se brûle la gorge au thé brûlant, grimace et tranche :

— Ouais, pourquoi pas, après tout ? Dis-lui de passer, ça coûte rien...

Christos sourit.

— Sympa, chef. Tu seras pas déçue. Imelda est un monument.

Il sort un sac d'herbe de sa poche, roule une cigarette. Aja tique.

— Christos, rassure-moi, tu vas pas fumer du zamal ici ? C'est une gendarmerie, bordel. Surtout aujourd'hui, le ComGend au grand complet va débarquer...

— Du calme, Aja. On est sous la varangue. Au bord de la mer, les alizés pour tout disperser... Et puis, c'est pour la bonne cause, j'ai confisqué le paquet à un môme avant de partir !

Aja soupire, résignée.

— Tu me fatigues ! J'ai pas envie d'encore m'engueuler avec toi ce matin.

Christos tire une bouffée.

— Sinon, rien d'autre de neuf, ma chérie ?

— Si, ça tombe toutes les minutes... Tu penses, le plan Papangue, ce sont des dizaines d'hommes sur le coup ici et en métropole.

— Fais le tri, alors. Donne-moi uniquement les détails croustillants.

— Tu crois pas si bien dire. Parmi les dernières infos, les informaticiens du ComGend ont creusé un peu du côté des Jourdain. Ils confirment qu'ils ne connaissaient pas les Bellion avant de les rencontrer sur l'île il y a quelques jours. Mais par contre...

Le sous-lieutenant pince ses lèvres sur la cigarette. Il devine qu'il va apprécier la suite.

— Par contre ?

— ... par contre, ils ont eu l'idée de vérifier les comptes Internet des Jourdain. De Jacques Jourdain en particulier. Devine ce que ce petit cachottier cache sur sa boîte Picasa ?

— C'est un truc de stockage de photos, non ?

— Bingo, Chris. Jacques Jourdain collectionne les photos volées de jeunes et jolies touristes en monokini, cela va du cliché flou pris à bout portant sur la plage avec son téléphone portable à d'autres, genre paparazzi, réalisés au zoom avec un Konica Minolta.

— Waouh ! Il m'épate, l'avocat. On peut le coffrer pour ça ?

— Pas simple. Sauf que parmi la galerie de filles exposées sur son compte, on trouve une bonne dizaine de clichés de Liane Bellion. Visiblement, la belle semblait aimer bronzer sans la marque du maillot...

Christos ouvre une face réjouie, le cône tient par un équilibre miraculeux entre deux dents.

— Je suis sur le coup ! On peut voir les photos ?

Aja éclate de rire.

— Le ComGend a déjà quelques agents aussi obsédés que toi qui se sont portés volontaires. Fallait pas déserter, mon grand...

Christos laisse tomber sa cigarette.

— Je hais autant que toi ces types du ComGend ! Tu crois que Jacques Jourdain en pinçait pour la blonde de Bellion ?

— Va savoir...

La capitaine prend le temps de vider sa tasse de thé puis lève à nouveau les yeux vers Christos.

— J'ai autre chose pour toi. Puisque t'es matinal, tu veux te rendre utile ?

— Je me suis levé pour ça, ma chérie ! J'ai même fait sauter ma levrette du matin pour être ponctuel...

Aja pose sa tasse en soupirant.

— Une autre piste à vérifier ! Un coup de fil cette nuit suite aux flashs télé. Une fille, Charline Tai-Leung, qui bosse comme hôtesse d'accueil à l'aéroport de Saint-Denis. D'après ce qu'elle nous a dit au téléphone, Martial Bellion est passé la voir il y a cinq jours, quarante-huit heures avant le double meurtre, pour changer son billet d'avion. Si cela se confirme, Bellion pourrait bien ajouter la préméditation à toutes les charges qui pèsent contre lui. La fille est en congé aujourd'hui. Elle habite Roquefeuil[1]. Elle attend chez elle qu'un flic passe prendre sa déposition.

Aja tend un carton avec une adresse griffonnée. Le sous-lieutenant écrase du pied son mégot.

— Si tu me prends par les sentiments, ma jolie... J'adooore les hôtesses de l'air.

Il ajoute, devant l'air las de sa supérieure :

— Allez, Aja. L'étau se resserre. On va l'avoir, on va forcément l'avoir.

---

1. Quartier des Hauts de Saint-Gilles.

22

Eperviers, sortez

8 h 04

J'avance sur la grande avenue piétonne qui descend à la mer. Des deux côtés, il y a des cases en cubes peintes avec des couleurs pastel, comme des maisons de poupée toutes neuves dont le toit ou les murs peuvent se démonter. Je déchiffre le nom de la rue sur un panneau accroché sous la croix verte de la pharmacie. « Mail de Rodrigues ».

Depuis que papa a fermé la porte derrière moi, j'ai obéi à toutes les consignes. Bien sagement. Ne pas courir. Marcher sur le trottoir. Descendre l'escalier. Traverser la route. Me retrouver sur la grande allée sans voitures mais ne toujours pas courir.

J'ai bien enregistré ce qu'il faut faire après. A chaque magasin, montrer au vendeur la liste des courses.

Attendre. Payer.

Facile, même si à cause des grosses lunettes de soleil, dès que je marche à l'ombre, je ne vois plus rien.

Papa a été strict pourtant. Pas le droit de les retirer !

Là-bas, au bout de la rue, près de la plage, il y a un gendarme en uniforme. Il est tout seul. Il se tient droit, avec juste les yeux qui bougent dans tous les sens, comme un chat paresseux qui surveille des moineaux.

169

Il me regarde maintenant. J'ai sans doute fait un mouvement qui l'a étonné. Heureusement, je n'ai pas crié, ni rien du tout, je me suis retenue autant que j'ai pu. Alors que dans ma tête, tout a chaviré.

C'est moi dans le journal !

En immense, sur la première page, avec papa et maman. Il y a des piles de journaux devant presque tous les magasins. Je dois pourtant continuer à marcher normalement, comme me l'a dit papa. Etre maligne. Sur la photo du journal, j'ai ma robe jaune, les cheveux longs, on voit mes yeux aussi. Personne ne peut me reconnaître. Sûrement pas ce gros matou de gendarme, en tout cas.

J'entre direct dans l'épicerie.

— Qu'est-ce que tu veux, mon petit ?

Je joue les muettes et tends la liste à la dame derrière ses cageots. Du pain, du jambon, des gâteaux et des bananes. La dame met une heure à tout ranger dans les sacs. Quand elle a fini, qu'elle a mis une heure de plus à me rendre la monnaie, je me contente de répondre tout bas, presque un murmure :

— Merci, madame.

Papa m'a dit de ne pas changer ma voix, juste de parler le moins fort possible, comme si je faisais ma timide.

Je ressors. Le gros chat de gendarme est toujours là, il ne bouge pas mais on dirait qu'il s'est rapproché, comme à Un, deux, trois, soleil.

J'avance comme si de rien n'était.

Quatre magasins. Deux de vêtements, un de fleurs, une crêperie.

Je passe devant. Je me force à marcher doucement.

Une librairie.

J'entre.

— Tu cherches quoi, mon petit bonhomme ?

Je lève les yeux. Tout de suite, il me colle la frousse.

Un Chinois.

J'ai peur des Chinois, c'est eux qui me font le plus peur, après les ogres et les pirates des Caraïbes. Même à Paris, j'ai peur d'eux, dans les restaurants. Maman aime bien y manger quand on fait des courses, mais pas moi. A l'école, Timéo raconte qu'ils mangent des trucs bizarres, des chiens abandonnés, des araignées, des poissons sans yeux. Ici, c'est les concombres gluants. Je déplie lentement la feuille de papa tout en me traitant d'idiote dans ma tête.

Je sais bien que Timéo raconte n'importe quoi. Et puis ce Chinois-là vend des livres...

Et des journaux.

Il y a encore ma photo, juste devant mon nez, pile à la hauteur de mes yeux. Je déchiffre dans ma tête les grandes lettres bâtons.

TU-EUR EN CA-VA-LE.

— Tu veux un journal, mon petit bonhomme ? Tu sais déjà lire à ton âge ?

Je baisse la tête, je plisse le front, je regarde mes sandalettes de garçon. Je n'ai qu'une chose à acheter, mais il faut que je lise pour la demander, et le magasin est trop sombre, pire qu'une caverne de trolls. Tant pis, je ne peux pas faire autrement, je retire mes lunettes noires et je déchiffre sans bafouiller :

— Une carte au 1/25 000. La 4406 RT.

Le Chinois hésite un quart de seconde, puis tend une carte bleue pliée en rectangle.

— Tu vas pique-niquer avec tes parents dans la montagne, mon petit bonhomme ?

Je ne réponds pas, je tends un billet, je baisse la tête, mes sandalettes sont moches. Après tout, c'est mieux que je sois tombée sur un Chinois. Il doit croire que j'ai peur. Il doit avoir l'habitude.

J'ai tout. Je sors.

Le gendarme a encore bougé. Il triche, il marche dans la rue piétonne, il est au-dessus de moi maintenant. Je vais forcément le croiser pour remonter vers la maison de la dame aux cheveux bleus où m'attend papa.

Pas grave. Pas grave. Pas grave.

Il ne peut pas me reconnaître !

Vingt mètres encore.

Allez, on change de jeu, fini Un, deux, trois, soleil on passe à Eperviers, sortez. Je suis trop forte à Eperviers, sortez. La ruse, pour passer d'un bord à l'autre sans se faire attraper, c'est de se faire oublier. Ne pas courir bêtement comme font les garçons qui se croient trop forts et se font toujours prendre avant moi.

Je passe devant le gendarme sans changer de rythme, sans même tourner la tête. Peut-être qu'il me regarde, peut-être que ses yeux se posent sur moi, peut-être même qu'ils s'attardent sur mon dos. Je m'en fiche, je m'en fiche, je m'en fiche, il ne peut pas me reconnaître, ce gros nul d'épervier.

Trente mètres encore.

Je n'ai plus que la route à traverser. Je peux me retourner maintenant.

Le flic est loin, il marche vers la plage, à l'autre bout de la rue.

Je suis trop forte !

Une fois la route passée, il y a juste un escalier de vingt marches à monter et après, je vais pouvoir courir, courir, vite, très vite, j'en ai trop envie. Je dois juste laisser passer les voitures avant.

Il n'y en a qu'une. Grosse et noire avec des roues très hautes pour rouler dans les chemins de montagne. Elle ralentit. Elle s'arrête pour me laisser passer.

Je mets un pied sur le passage piéton, je tourne la tête par réflexe.

L'homme au volant est trop bizarre ! Il a la peau foncée, presque orange, avec une chemise indienne et sur la tête une casquette verte avec un gros tigre rouge cousu dessus. Un Malbar, c'est comme cela que papa les appelle, il y en avait un qui tondait la pelouse à l'hôtel. Il a des lunettes de soleil lui aussi.

La tête de l'homme orange se tourne vers moi au fur et à mesure que je traverse la route, je grimpe les marches en évitant le palmier au milieu. J'ai une impression terrible, j'en ai des frissons partout, des fourmis folles qui courent sur mes jambes, je ne vois pas les yeux de cet homme, mais, mais j'en suis presque sûre… il a deviné mon déguisement.

Il sait que je suis une fille ! Il ne s'est pas laissé piéger comme cet idiot de gendarme ou cet ogre de libraire chinois.

A y réfléchir comme ça à toute vitesse, les Malbars me font encore plus peur que les Chinois.

Mes jambes tremblent, comme si la rue avec ses trois palmiers était plus longue à traverser qu'une forêt hantée.

Je suis idiote. J'y suis presque. Papa m'attend là-bas, après le tournant, je vois presque notre maison. Je cours maintenant sur le trottoir sans me retourner vers la grosse voiture noire qui a sans doute démarré maintenant.

Papa !

La porte de la maison s'ouvre, je reconnais papa même s'il a une drôle de tête avec ses cheveux coupés super court et de toutes petites lèvres sans la moustache et la barbe. Je fonce dans le couloir, papa referme la porte, il m'embrasse.

J'adore quand mon papa m'embrasse. Ce n'est pas souvent. J'aime bien aussi, finalement, rester seule avec papa. On fait des choses plus bizarres qu'avec maman. Des jeux nouveaux.

Des jeux où je suis la plus forte ! Je donne mes sacs à papa, j'ai gagné ma chasse au trésor sans me faire prendre ! Et puis surtout, cet après-midi, on va retrouver maman.

Papa détaille ce qu'il y a dans le premier sac, il a l'air content, trop fier de moi, il passe sa main dans mes cheveux, comme pour les ébouriffer.

J'ai juste envie de pleurer pour mes cheveux. Je crois maintenant que c'était pas la peine de me les couper. Une casquette aurait suffi, une grande verte avec un tigre dessus comme celle du Malbar.

Papa a vérifié le contenu du dernier sac de courses, celui avec la carte.

— Tu es championne, ma puce.

— On va partir retrouver maman, alors ?

Il me prend dans ses bras.

— Ecoute-moi bien, Sofa. Je vais fermer à clé la porte de la maison. Je vais te mettre la télé. Tu laisses le son tout bas et surtout, tu n'ouvres à personne. Tu ne bouges pas du canapé. Maintenant que tu es revenue, je vais prendre une douche. J'en ai pour cinq minutes, et après, on se sauve...

8 h 21

Je regarde *Titeuf* depuis deux minutes, pas plus, lorsque j'entends la voiture dehors, juste devant la maison. J'hésite à me lever.

Je baisse encore le son de la télévision. Ça cloue net le bec à Titeuf !

Il y a du bruit dans le garage de la maison, celui que papa a laissé ouvert.

Comme si une voiture était entrée.

J'aimerais au moins aller à la fenêtre, pour vérifier. J'ai vraiment l'impression que la voiture ne se gare pas dans la rue. Elle est là, toute proche, j'entends le moteur.

Il y a une porte entre le garage et la maison. Si ça se trouve, elle est ouverte.

Quelqu'un peut entrer.

Sans savoir pourquoi, je repense au Malbar à la tête orange dans la voiture noire à grosses roues. Il faut que j'appelle papa, mais il m'a dit de faire le moins de bruit possible. Il faut pourtant que je crie fort pour qu'il m'entende sous la douche. Je ne peux pas entrer dans la salle de bains, je n'ai même pas le droit de bouger du canapé.

Sauf si...

Je me lève. Je marche doucement jusqu'à la porte de la salle de bains, la moquette épaisse avale mes pieds.

Rien. Plus rien. Je n'entends plus aucun bruit.

Ni Titeuf ni Nadia, muets dans la télévision.

Ni dans le garage.

Je n'entends même pas le bruit de l'eau dans la douche.

23

Cap Champagne

8 h 32

— Nom de Dieu, colonel, vous ne comprenez pas ?
Lever le barrage serait la dernière des conneries.

Aja s'accroche au téléphone. Laroche l'a rappelée juste à
la sortie de son entrevue avec le préfet. Dix minutes tout
au plus ; le même préfet qui avait dû s'entretenir juste
avant par visioconférence avec un ministre quelconque,
celui de l'Intérieur ou de l'Outre-mer. Deux minutes tout
au plus. Visiblement, cela a chauffé... en cascade. Un tor-
rent bureaucratique qui s'est amplifié à chaque échelon
administratif pour se déverser sur elle par la bouche du
colonel Laroche.

— Vos fichus barrages m'immobilisent une trentaine
d'hommes depuis hier soir, capitaine Purvi... Avec pour
seul résultat un bordel comme l'île de La Réunion n'en a
pas connu depuis les éboulements de la route du littoral en
février 2006.

— Colonel, faites-moi confiance ! Bellion va sortir de
son trou, il s'est terré la nuit pour faire dormir sa fille, il
n'avait pas le choix, mais il va devoir tenter quelque
chose maintenant... C'est seulement une question de
patience.

Aja observe la carte de Saint-Gilles projetée sur le mur de la gendarmerie. Un bon tiers des cases de la commune ont été fouillées.

— Sauf si Bellion est déjà de l'autre côté de l'île...

Laroche a balancé cela calmement. Froidement. Sans agressivité.

Aja explose.

— Impossible ! Bellion est pris dans le lasso. Il suffit juste de tirer doucement le nœud coulant. Je connais le terrain, colonel...

— Je me doute, capitaine Purvi. Plus que moi, si c'est ce que vous sous-entendez. Mais ça ne m'empêche pas de connaître mon boulot et d'avoir des collaborateurs compétents. Nous sommes le lundi de Pâques, le jour de la tradition du pique-nique créole dans les Hauts. Toutes les villes de l'île se vident. Vos barrages vont coller un foutoir historique dans la tradition gastronomique insulaire.

— Justement, colonel, Bellion le sait. Il va essayer d'en profiter pour passer à travers les mailles.

Laroche marque un silence, comme s'il réfléchissait. En toute logique, Aja aurait dû lui parler de l'hôtesse qui a reçu la visite de Martial Bellion à l'aéroport Roland-Garros. Garder pour elle ce type d'informations relève de la faute professionnelle, elle en est consciente. Sauf que ce n'est pas vraiment de la rétention, juste un bref délai qu'elle s'octroie. Dès que Christos lui aura fait son rapport, elle le transmettra. Si c'est important...

Laroche soupire à l'autre bout du fil.

— OK, capitaine Purvi. On maintient les barrages autour de Saint-Gilles quelques heures encore. Ça va gueuler jusqu'à la place Beauvau mais on n'a aucune autre piste pour l'instant.

Aja colle son dos contre le mur blanc de la gendarmerie. Elle a gagné.

— Merci, colonel. Les hommes ici sont épuisés. Ils ont veillé toute la nuit mais ils ne vont pas lâcher, pas si je leur demande de tenir...

— N'en faites pas trop, capitaine Purvi...

— Comment cela, pas trop ?

Laroche ne s'énerve pas. Aja se doute qu'il dispose de fiches sur tous les gradés de l'île, les traits de caractère de la capitaine Aja Purvi doivent y être mentionnés. Soulignés en rouge.

— Comment vous expliquer, capitaine ? Pour faire simple, je vais revenir à votre métaphore de tout à l'heure, le lasso et le nœud coulant, vous vous souvenez ? Votre métaphore est intéressante, mais elle est erronée. Incomplète, pour être précis. Le plan Papangue est une opération redoutablement compliquée, même sur une île comme La Réunion. Ce n'est pas un lasso que nous tendons, mais un filet, composé de multiples cordes reliées entre elles. C'est cela le plus important, capitaine, la façon de nouer les cordes. Il ne s'agit pas d'un simple canevas, mais plutôt de plusieurs cercles insérés les uns dans les autres, du premier, le plus simple, tracé quelques centaines de mètres autour du lieu où Bellion s'est évaporé, aux autres cercles, plus complexes, qui font intervenir une multitude d'acteurs, de modes de transport, de réseaux de surveillance, de brigades d'intervention spécialisées...

Où veut-il en venir, ce con ?

— Soyez-en assurée, capitaine Purvi, nous vous faisons entièrement confiance...

Un silence. Calculé cette fois.

— ... pour tenir la corde du premier cercle...

Aja imagine le sourire de faux cul de Laroche. Pas sûr que lui devine le doigt d'honneur qu'elle lui tend.

8 h 36

Aja s'est installée dans le hamac entre les deux filaos, l'ordinateur portable sur les genoux. Elle a toujours trouvé ridicule ce hamac accroché sur le parking de la gendarmerie, encore une idée de Christos, mais elle n'allait pas se mettre à dos tous les collègues de la BTA pour si peu... Aujourd'hui, après une nuit quasiment sans sommeil, elle trouve finalement agréable de se laisser bercer tout en consultant ses mails.

Un soleil rasant, le vent de l'océan à travers les cases, l'ombre des palmiers fournissent autant de conditions idéales pour s'offrir une petite parenthèse dans la traque et se concentrer sur la psychologie de Martial Bellion, même si elle ne croit pas trop à ces théories fumeuses sur les tueurs récidivistes débitées à l'école de gendarmerie par des prétendus profileurs : modus operandi, signature, perversion narcissique, crise catathymique et autres conneries dans le genre. Elle a toujours considéré que ces flics masquent leur incompétence en brassant de l'air, un peu comme ces profs incapables de faire cours qu'on colle à l'IUFM.

Le ComGend s'est activé, il a envoyé à toutes les brigades chargées de tenir une des cordes du fameux filet de Laroche un mail sécurisé accompagné de quatre fichiers attachés. Aja ouvre le premier. Il a été rédigé en urgence par le commissariat de Deuil-la-Barre. Il contient un bref curriculum vitae de Martial Bellion.

Né à Palaiseau en 1973. Enfance à Orsay puis aux Ulis.

Après deux ans d'études en STAPS à Paris-11, il quitte la fac sans diplôme, à l'exception d'un brevet de surveillant de baignade et d'un autre d'accompagnateur kayak, puis s'embarque pour La Réunion. Il a vingt et un ans. Il devient animateur sportif pour le club nautique de Bourbon de Saint-Gilles. Il le restera pendant neuf ans. En septembre 1996, il se marie avec Graziella Doré, la responsable du bar-restaurant Cap Champagne sur la plage de Boucan Canot. Graziella était enceinte de trois mois. Le petit Alex naît le 11 mars. Ses parents divorceront dix-huit mois plus tard et se partageront sa garde. Un week-end sur deux...

Le dimanche 4 mai 2003, c'était le week-end de Martial, le corps d'Alex est retrouvé par des touristes, noyé dans l'océan. Le fait divers fera la une des journaux pendant quelques jours. Le juge d'instruction hésitera longtemps entre la qualification d'homicide involontaire et celle d'homicide accidentel. Après de longs palabres, l'homicide accidentel sera finalement retenu, ce qui évitera à Martial Bellion le tribunal correctionnel... et explique qu'aucune trace de l'affaire n'ait été conservée dans les fichiers de la gendarmerie.

Martial Bellion quitte La Réunion dans les mois qui suivent. Retour en France. Il rencontre Liane Armati en 2005. Josapha naît en janvier 2007. Ils se marient l'année suivante. Depuis 2009, Martial est gardien de gymnase en région parisienne, à Deuil-la-Barre. Liane Bellion a arrêté ses études pour élever leur fille.

C'est tout.

Aja bâille. Le soleil qui passe à travers les filaos lui chauffe la nuque. Le hamac tangue. Elle a l'impression de flotter sur un matelas pneumatique en plein océan.

Un océan où l'on capte le Wi-Fi.

Elle bâille à nouveau et clique sur le second fichier.

Elle découvre un bref compte rendu de l'accident d'Alex Bellion, rédigé par le juge Martin-Gaillard chargé de l'instruction.

Le soir du drame, Martial Bellion gardait Alex. Tout se joua entre 22 heures, heure à laquelle Martial Bellion récupéra son fils chez sa mère, sur la plage de Boucan Canot, et 6 heures du matin le lendemain, heure à laquelle le corps du petit Alex, six ans, fut retrouvé noyé au bord de la plage. L'enquête du juge apparaît accablante pour Bellion et établit avec certitude le défaut de surveillance du père. Tous les clients du Bambou Bar, à cent mètres de la plage de Boucan Canot, confirmèrent que Martial Bellion y buvait rhum sur rhum à l'heure de la noyade de son fils. Fait aggravant, Martial Bellion ne donna jamais l'alerte. Ce furent les gendarmes qui, le lendemain matin, vinrent lui annoncer la funeste nouvelle dans son appartement de Saint-Paul. Martial Bellion avait 1,2 gramme d'alcool dans le sang et 150 nanogrammes de zamal dans les urines.

Bordel...

Aja ferme les yeux. Bien entendu, elle pense à Jade et Lola.

Comment des parents peuvent-ils survivre à un tel drame ?

Que reste-t-il à reconstruire ensuite ?

Martial Bellion est-il devenu un monstre par négligence ? Presque par hasard ? Elle imagine l'engrenage, aussi stupide que sordide. « Tu ne bouges pas, Alex, papa va juste fumer et boire un coup là-bas, au bout de la plage, il revient tout de suite, ce n'est pas un endroit pour les enfants... »

Est-ce que tout peut basculer pour quelques verres de trop ? Une vie d'abord, puis d'autres...

Liane Bellion. Rodin. Sofa Bellion.

Aja clique sur le troisième fichier : la copie PDF d'un article du quotidien de l'île de La Réunion s'affiche, daté du 1er juillet 2003, soit deux mois après l'accident. L'entrefilet annonce la fermeture du bar-restaurant Cap Champagne, dirigé par Graziella Doré. Histoire de faire pleurer dans les cases, le journaliste ne se prive pas de rappeler le drame de la mort d'Alex. S'il comprend que Graziella Doré puisse difficilement continuer à vivre face aux vagues qui lui ramenèrent le corps sans vie de son fils, les conséquences de la fermeture de l'établissement sont dramatiques : sept créoles au chômage du jour au lendemain ! Barmen, serveurs, cuisiniers...

... Femmes de ménage...

Aja encaisse l'étrange coïncidence. Ses propres parents furent employés pendant des années à l'hôtel Alamanda. Un emploi précaire comme ceux des sept créoles dont parle l'article. Aja, troublée, pousse le raisonnement plus loin :

sans doute, parmi ces créoles qui se retrouvèrent brusquement sans emploi à cause de la mort d'Alex Bellion, certains ont cherché à retrouver un job à l'Alamanda. Pourtant, aucun employé de l'hôtel, parmi ceux qui furent interrogés à la suite de la disparition de Liane Bellion, n'a évoqué cette vieille affaire.

Gabin Payet.

Eve-Marie Nativel.

Naivo Randrianasoloarimino.

Tanguy Dijoux.

Pourquoi ?

Aja, dans un coin de sa tête, note qu'il faudra vérifier l'identité des sept employés du Cap Champagne. Toute son enquête, depuis le début, repose sur un postulat de base : Martial Bellion est le seul coupable possible. Cinq témoignages contre un, dont celui d'Eve-Marie Nativel qui affirme que Liane Bellion n'est jamais sortie de la chambre 38. Elle se souvient mot pour mot de sa conclusion testée sur Christos : « Difficile d'imaginer que tous les employés de l'hôtel montent une coalition pour se liguer contre un même homme. Pour quelle foutue raison agiraient-ils ainsi ? »

Cinq témoignages contre un.

Elle délire !

Elle devrait dormir.

Son corps le lui réclame. Avec insistance. A l'exception de ses doigts qui dansent sur le clavier, tous ses autres membres et organes semblent fonctionner au ralenti, presque déjà en veille. Ses pensées s'envolent vers la plage de Boucan Canot. Elle ne peut s'empêcher de penser au curieux destin de la plage emblématique de l'île. C'est sa dangerosité qui faisait tout son attrait, le dénivelé et la houle, pas de lagon à Boucan Canot, juste de belles vagues pour surfeurs de tous niveaux. Jusqu'à ce qu'en septembre 2011, le plus célèbre bodyboarder du coin se fasse dévorer par un requin à quinze mètres de la plage... Un traumatisme pour les touristes et une catastrophe pour les hôtels, les restaurants et les commerces, sans aucune commune mesure avec une noyade accidentelle, il y a dix ans, oubliée de tous...

Aja bâille. Elle lutte contre le sommeil en ouvrant le quatrième fichier.

Elle découvre un long entretien avec Agnès Sourisseau, l'institutrice d'Alex Bellion. C'est visiblement une autre pièce versée au dossier par le juge Martin-Gaillard.

Question du juge.

Quel père était Martial Bellion ?

Aja lit en diagonale la longue réponse de l'institutrice.

Martial Bellion était un père plutôt absent, volage, pas très concerné. Graziella Bellion, à l'inverse, avait les pieds sur terre. Elle assumait seule l'éducation d'Alex. Un rapport de couple somme toute assez classique, d'après l'institutrice. Martial Bellion n'était tout simplement pas prêt à être père. Pas prêt à sacrifier ses passions pour un enfant.

Ses passions ?

Le sport, les copains, l'alcool, le zamal... les femmes.

Les femmes ?

Martial Bellion était joli garçon. Sportif. Surfant d'une fête sur l'autre. Il n'avait qu'à claquer des doigts, même si je crois que quelques mois avant le décès d'Alex, il s'était assagi, qu'il était plus ou moins en couple avec une jeune créole.

Est-ce à dire que le drame ne vous a pas surprise ?

Non, non. Je n'ai pas dit cela. Martial Bellion n'était pas un père très raisonnable, mais de là à imaginer l'accident...

Justement. Qu'a-t-il pu se passer ?

Qui peut savoir ? Contrairement aux autres plages du lagon, Boucan Canot est dangereuse, à cause du tombant, on y perd pied tout de suite. Cela, le petit Alex ne le savait pas. C'était un petit garçon qui adorait nager comme les grands. C'est terrible de dire cela, mais il admirait beaucoup son père. C'était toujours lui qu'il dessinait, sur une planche à voile ou un surf, au milieu des poissons. De son côté, comme je vous l'ai dit, Martial Bellion préférait ses amis, les jolies filles qui passent, les nuits agitées... Il n'était pas méchant, juste plus grand frère que papa... Et encore... Tout ce que je vous raconte, c'est ce que l'on remet dans l'ordre après, pour expliquer. Vous m'auriez posé la question avant le drame, je vous aurais affirmé que le petit Alex était un gamin parfaitement équilibré, qui, malgré le divorce de ses parents, allait grandir sur cette île comme dans un conte de fées, en bénéficiant à la fois de la raison et de l'autorité de sa mère, et du grain de fantaisie de son père...

Comment les autres enfants de l'école ont-ils réagi, après la mort d'Alex ?

Aja ne lira pas la réponse.

Pas tout de suite du moins.

Elle s'est doucement endormie, bercée par les alizés et le roulis du hamac.

24

La porte du garage

8 h 47

J'ai peur.

Il n'y a plus aucun bruit, ni dans la maison, ni dans le garage. J'entends juste mes petits poings cogner à la porte de la salle de bains.

De plus en plus fort.

Papa sort enfin de la douche. Il a changé d'habits. Il me prend dans ses bras.

— Je suis là, ma puce. Je suis là.

C'est bizarre, il ne me demande pas pourquoi je tapais comme une folle à la porte. Du coup, je n'ose pas lui parler de la voiture que j'ai entendue s'arrêter dans le garage. Juste à côté, juste derrière la porte. Je pense à autre chose, de plus bizarre encore. Papa n'a pas les cheveux mouillés. Il a dû se les sécher, ou bien il n'a pas mis la tête sous l'eau. C'est ce que je préfère, moi, dans la douche, mettre la tête sous l'eau.

— On y va, ma puce ? Il ne faut plus traîner maintenant.

Papa entasse des habits dans un grand sac : des baskets, des pantalons, des pulls. Il paraît qu'il fait froid là où on va. J'ai du mal à le croire. Depuis que je suis ici, à La Réunion, je n'ai jamais eu aussi chaud de ma vie. En plus, le garçon qui habite la maison, celui dont je porte le short et la chemise, est un peu plus grand que moi et j'aurais bien aimé prendre le temps de choisir mes autres habits, de les essayer aussi.

— Ça ira, a dit papa.

Il a dit aussi que je ne dois pas faire ma difficile, que la vieille dame aux cheveux bleus est déjà bien gentille de nous prêter toutes ses affaires en plus de sa maison...

Papa vide le placard au-dessus de l'évier. Il attrape des paquets de gâteaux qu'il fourre dans le sac.

Je grimace encore.

— Pas ceux-là, papa, ils ont pas l'air bons...

Papa ne dit rien. Il ressort les gâteaux et les pose sur la table. Il est énervé. Il me regarde encore d'un air bizarre, le même que depuis tout à l'heure, depuis qu'il est sorti de la douche. C'est peut-être à cause de mon grand frère qui est mort. Sûrement que mon grand frère me ressemblait un peu et que c'est pour cela que papa m'a demandé de me déguiser en garçon.

J'aimerais trop avoir une photo de mon grand frère...

Papa attrape le sac. Je lève les yeux vers lui.

— On va loin, papa ?

La voix de papa est énervée elle aussi.

— Oui, je te l'ai dit... A l'autre bout de l'île, pour retrouver ta maman.

Il avance vers la porte du garage. J'hésite une seconde, puis je craque.

— Papa... J'ai entendu un bruit de voiture tout à l'heure, pendant que tu prenais ta douche. Comme si elle s'était arrêtée juste à côté... Dans... dans le garage.

Papa me jette un regard affolé comme si je lui avais annoncé que j'avais téléphoné aux gendarmes pour dire où on est.

— Tu... tu as vu quelque chose ?

— Non, papa. Rien du tout. La porte du garage est restée fermée. Personne n'est entré...

Papa traverse la maison à grandes enjambées. Je suis en trottinant derrière lui. Papa entrouvre la porte du garage et se retourne vers moi.

— Tu restes là, ma puce, je vais voir...

Il referme la porte derrière lui.

Je m'attends à ce que ça dure des heures, mais papa revient presque aussitôt. Il me sourit mais je vois bien qu'il se force.

— Alors ?

— Ce n'est rien, Sofa. Tu... tu as dû confondre... Il... il n'y a personne.

Papa ment. Mal en plus. Je le sais mais je fais la petite fille gentille.

— Tant mieux, papa, j'avais un peu peur...

— Reste là, Sofa, je vais juste jeter un coup d'œil dans le jardin pour m'assurer que la voie est libre. Dès que je t'appelle, tu me rejoins.

— Fais attention à ce que les gendarmes ne te reconnaissent pas...

— Tu es gentille, ma puce.

Il m'embrasse. Il s'éloigne.

Qu'est-ce qu'il y a dans le garage ?

Qu'est-ce que papa me cache encore ?

Il faut que je sache...

J'ouvre la porte.

Dans le garage, il y a une voiture jaune. Petite, ronde et brillante. Je ne connais pas la marque.

J'avance.

Il y a quelqu'un derrière le volant.

J'approche. Je la reconnais maintenant.

C'est la vieille dame aux cheveux bleus.

Elle se tient là, raide sur le fauteuil conducteur. Ses lunettes bleues sont tombées par terre. Je m'approche encore, sans un bruit. C'est comme si la mamie s'était endormie...

Je pose la main sur la portière jaune, je monte sur la pointe de mes pieds.

Je le regrette tout de suite.

Pendant un quart de seconde, mes yeux ne croient pas ce qu'ils voient.

Tout de suite après, je hurle !

La vieille dame aux cheveux bleus a un couteau planté dans le bas du cou !

Il y a du sang qui coule partout le long de son col, sur son menton aussi, sur sa poitrine, comme une personne qui mange salement. La robe bleue qu'elle porte est toute mouillée, presque violette, de la même couleur que les boucles de ses cheveux bleus qui trempent dans la bouillie de sang.

Je m'apprête à hurler encore, à en réveiller tout le quartier, mais une main se pose sur ma bouche.

Une grosse main d'homme poilue dont je ne vois que l'ombre.

25

Du miel pour l'inspecteur

8 h 49

Christos gare le pick-up Mazda sous une arcade de l'immeuble flambant neuf des Terrasses de Roquefeuil, le nouveau quartier de Saint-Gilles construit à deux pas du lagon. Roquefeuil, c'est le bon élève des plans d'urbanisme durable, un savant mélange de cases à piscine pour riches, murées et grillagées, et de logements très sociaux empilés sur quelques étages, tous ces gens étant censés fréquenter les mêmes écoles, les mêmes commerces et les mêmes jardins publics.

Mouais, pense Christos, pas vraiment convaincu par la mixité de façade. Sa religion personnelle, c'est qu'il n'existe qu'un seul lieu sur l'île où toutes les races se mélangent : la plage ! Tous à poil, tous égaux. Curieusement, plus les couleurs de peau s'exhibent et plus on les oublie.

Le sous-lieutenant grimpe trois marches, entre dans le hall de l'immeuble et consulte les noms gravés sur de petites plaques de cuivre.

Charline Tai-Leung. Escalier B. Deuxième étage. N° 11.

Moins de 1 % des Réunionnais acceptent de renoncer à leurs cases ou leurs villas pour s'entasser dans des immeubles, alors on les bichonne ; construire en hauteur est la seule

189

solution pour loger les dix mille Réunionnais supplémentaires par an et stopper l'urbanisation anarchique qui dévore les espaces naturels de l'île aussi sûrement qu'un feu de forêt.

Un ascenseur silencieux. Un paillasson rose. Une porte rouge. Une sonnette dorée.

La classe !

Entre deux coups de sonnette, Christos révise ses fantasmes sur les hôtesses de l'air asiatiques dérangées dans leur lit le matin.

La porte s'ouvre enfin, dévoilant une bombinette d'un mètre soixante qui fixe le gendarme avec de grands yeux de manga à peine réveillés. Son visage rond est bordé de cheveux noirs et raides, genre Dora l'exploratrice. Christos s'efforce de ne pas baisser davantage le regard, le tee-shirt qu'elle porte recouvre si peu ses cuisses qu'il a l'impression qu'à chaque respiration de la fille ses petits seins qui pointent soulèvent assez le tissu pour dévoiler son pubis.

Il montre sa carte. Elle frotte ses yeux et puise dans sa mémoire brumeuse.

— Ah oui, c'est vrai, le type de l'aéroport. Entrez.

Dora l'impudique lui propose le canapé d'abord, un café ensuite.

Christos apprécie. Il goûte la belle vue panoramique sur l'océan Indien ou, s'il pivote un peu, sur la raie des fesses rondes et bronzées de Charline, lorsqu'elle se penche pour approcher le plateau du petit déjeuner. Café, biscuits et miel.

— Vous êtes matinaux dans la gendarmerie !

Christos pose l'autorité.

— Cas de force majeure, mademoiselle. On a un meurtrier en cavale. Vous imaginez le topo. Chaque minute compte…

Elle imagine. Elle grimpe à son tour sur le canapé en croisant les jambes. Le tee-shirt remonte jusqu'au nombril. Dora joue les Sharon Stone. Christos se pince les lèvres pour éviter que sa langue pendante ne tombe dans le café bouillant. La belle sourit, pas gênée, plutôt amusée du trouble du flic.

— Vous attendez tout de même deux secondes ? Je vais enfiler un truc.

Dommage...

Elle disparaît dans la chambre. Christos a à peine eu le temps de débander qu'elle revient. Elle a fait tomber sur ses épaules une robe légère en popeline rose qui couvre d'un bon centimètre supplémentaire ses cuisses nues...

La pudeur selon Dora.

En compensation, le sage col rond du tee-shirt est remplacé par le décolleté acrobatique de la robe, deux fines bretelles qui luttent contre l'envie des mamelons sombres de profiter du jour naissant.

Christos détourne le regard vers la mer. Une planche de surf occupe tout le balcon.

Sportive, en plus...

Le sous-lieutenant tousse.

— Ainsi, vous avez rencontré Martial Bellion à l'aéroport Roland-Garros ? Il y a cinq jours ?

Charline glousse.

— Oui... l'ennemi public n° 1. Plutôt bel homme, d'ailleurs. S'il avait été violeur plutôt qu'assassin, j'aurais bien fait mon jogging du côté de Saint-Gilles...

Elle saute à nouveau sur le canapé, à un mètre de Christos, et adopte une pose de lolita. Genoux contre poitrine.

La garce l'allume ! A-t-il réellement affaire à une gamine qui fantasme sur les héroïques représentants des forces de l'ordre ? Il hésite sur le diagnostic et se contente pour l'instant de croiser les mains sur son bas-ventre pour masquer son érection.

— Que voulait Martial Bellion ?

— Rien d'extraordinaire. Il souhaitait seulement changer la date de son billet de retour.

— Il vous a dit pourquoi ?

— Respecter la vie privée de nos clients, c'est le premier article de notre charte sur Corsair.

Christos tique.

— Et au final, Bellion est-il parvenu à changer son billet ?

— Non, impossible ! Il voulait repartir sur Paris au plus tôt, mais tout était plein. Il fallait au moins attendre une semaine pour disposer d'une place sur un vol direct, soit presque le jour de son retour prévu, le 7 avril.

— Il a réagi comment ?

— Panique à bord. Il a insisté. On a tout essayé... C'était compliqué, il n'avait pas de passeport. La seule possibilité, c'était une escale, soit par Sydney, soit par Delhi. Trois fois plus cher.

— Et ?

— Il a dit non... Mais il a hésité.

— Ah...

Christos s'efforce de se concentrer sur les zones d'ombre de l'enquête plus que sur celles situées entre la robe de Charline Tai-Leung et son entrecuisse. Martial Bellion préparait en douce un départ anticipé ! Presque à n'importe quel prix. Du point de vue d'un procureur, cela pourrait signifier que le meurtre de sa femme n'était pas un simple accident mais un crime planifié... Pourquoi, par contre, fuir en France ? Parce qu'il est plus facile de se planquer en métropole que sur une île ? Mouais...

— Martial Bellion ne vous a rien dit d'autre ?

— Non. Il avait l'air plutôt sympa. Emmerdé mais sympa.

En position acrobatique sur le canapé, la fille, tout sourire, se penche pour attraper un biscuit. La robe glisse sur ses fesses et remonte jusqu'au coccyx pendant que ses petits seins se détachent du tissu et dansent sous le nez du sous-lieutenant. Rester de marbre sans rien tenter serait la pire des incorrections. Christos tend la main vers le plateau du déjeuner, frôle un téton.

— Vous désirez autre chose, inspecteur ?

La gamine n'a pas bougé d'un centimètre. Peau contre peau. Christos bredouille :

— Du... du miel...

Difficile de faire plus con.

Alors qu'il hésite entre lancer une allusion coquine plus directe et poser franchement sa paume sur la poitrine insolente, un bruit de chasse d'eau couvre ses pensées lubriques. Un robinet qu'on ouvre puis qu'on referme. Une porte qui couine.

Un type en sarouel rouge entre dans la salle. Torse nu, tout en muscles longs, les cheveux blonds façon Petit Prince ébouriffé. Le genre à baiser toute la nuit. A surfer le reste du temps.

— Du miel, inspecteur ? insiste Dora la garce.

— Merci...

Le goût de sucre fait passer l'amertume.

Le surfeur n'est pas bavard. Il s'avachit sur une chaise et descend un litre d'eau.

— Mademoiselle Tai-Leung, bafouille Christos, Martial Bellion avait-il l'air de vouloir fuir ?

— Vous entendez quoi exactement par « fuir », inspecteur ?

— Eh bien, il semblait vouloir quitter l'île à tout prix... Selon vous, est-ce qu'il avait peur de quelque chose ?

Le surfeur se lève et se gratte les couilles à l'intérieur du sarouel. Charline lui jette un regard amoureux puis tourne à nouveau ses grands yeux de poupée vers Christos.

— Oui, inspecteur. Il avait peur, c'est exactement ça.

26

La place du mort

9 h 03

La main poilue qui s'est posée sur ma bouche m'étouffe. Je n'arrive plus à respirer.

Je suffoque. De larmes. De peur. Je voudrais mordre la main, la dévorer avec mes dents comme un animal sauvage, la déchirer et cracher un à un chaque doigt.

Le monstre respire dans mon dos, souffle sur mon cou un courant d'air qui brûle.

— Chut, Sofa. Il ne faut pas crier. Surtout pas...

Papa ?

La main relâche la pression. Je me retourne, sans comprendre.

Papa ?

Papa se tient devant moi. Il s'accroupit pour descendre à ma hauteur. Ses yeux dans les miens.

— Calme-toi, ma puce, j'ai accouru dès que je t'ai entendue hurler. Il ne faut pas recommencer. Jamais. J'ai fermé la porte du garage mais les voisins peuvent nous entendre. Ils peuvent prévenir les gendarmes. Ils peuvent...

Je ne veux plus écouter papa, je me bouche les oreilles avec mes mains et je crie quand même.

— Elle est morte, papa ! La vieille dame aux cheveux bleus est morte…

Papa passe la main dans mes cheveux, sa main froide et poilue comme une araignée.

— Chut, Sofa. Il ne faut plus penser à ça. Il faut partir. Vite.

Une araignée énorme et mortelle.

— La vieille dame a un couteau planté dans le cou, papa. Tu l'as tuée.

Mes yeux dans ses yeux.

— C'est toi, papa. C'est forcément toi qui l'as tuée !

Papa s'approche encore.

L'araignée se pose sur mon épaule, ses pattes rampent sur mon cou.

— Bien sûr que non, Sofa ! Comment peux-tu croire cela ? Il ne faut jamais redire de telles choses, Sofa. Tu m'entends ? Jamais. Tu dois me faire confiance, toujours, toujours, malgré tout ce qu'on te dira, malgré tout ce que tu pourras voir. Allez, il faut partir maintenant, nous allons chercher le sac et nous filons.

Je grelotte. Je m'en fiche. Je ne bougerai pas.

— Je sais que tu l'as tuée, papa. Il n'y a que nous dans la maison.

— Ne dis pas n'importe quoi, Sofa, j'étais avec toi tout le temps.

L'araignée descend sur mon cœur, pendant qu'une seconde vient se poser à nouveau sur mes cheveux. Je tremble. Je pleure. Je sais que j'ai raison.

— Tu n'as pas pris ta douche ! Tu as tué la dame pour lui prendre sa voiture. Pour lui prendre sa maison aussi. Et ses affaires. Et les habits de garçon que je porte.

Je me rends compte que je hurle de plus en plus fort. L'araignée s'envole soudain au-dessus de ma joue. Je ne comprends pas tout de suite.

La gifle me déchire la figure.

Je me recule, surprise, muette d'un coup.

— Ça suffit, maintenant, Sofa ! Nous n'avons pas de temps à perdre ! Retourne-toi !

— Non !

L'araignée se lève à nouveau, menaçante.

Je cède cette fois.

Papa ouvre la portière passager de la voiture jaune. Tout doucement, presque sans faire de bruit.

Même si je ne le vois pas, je sais ce que fait papa.

Il sort la vieille dame de la voiture. Il se fiche du sang qui coule sur le siège. Il se fiche que la mamie soit morte. Il se fiche qu'elle ne puisse plus jamais jouer avec le garçon dont je porte le short, la chemise et les baskets.

Il se fiche de tout.

Tout ce qu'il veut, c'est une voiture pour que les gendarmes ne l'attrapent pas. Parce qu'il a tué maman, j'en suis sûre maintenant.

Parce qu'il l'a tuée et qu'il ne veut pas aller en prison.

9 h 11

— Tu peux te retourner, Sofa.

Papa a du sang partout sur sa chemise bleue.

Je vois les pieds de la vieille dame qui dépassent de derrière deux vieux pneus et une tondeuse.

— Monte dans la voiture, Sofa. Je suis désolé pour la gifle, mais je n'avais pas d'autre choix. Même si tu es encore petite, il faut que tu comprennes. Nous devons continuer, coûte que coûte. Tu vas voir, Sofa, je vais te montrer des paysages extraordinaires, des paysages comme tu n'en as jamais vu...

Des jolis paysages ?

Je suis assise à l'arrière de la voiture. La voiture d'une morte.

Papa est fou.

196

— Je m'en fiche du paysage. C'est maman que je veux voir !

Papa est redevenu calme.

— Il faut me suivre alors, Sofa. Et me faire confiance. Si tu veux revoir maman, il faut qu'on soit à l'autre bout de l'île cet après-midi.

— Tu me le promets ?

Je ne sais pas pourquoi je demande ça. De toutes les façons, je ne le croirai pas...

— Oui, ma puce. Oui. Je te le promets.

9 h 17

Martial alterne de petits mouvements de tête rapides, dans le rétroviseur intérieur pour surveiller Sofa à l'arrière de la Nissan Micra jaune, et droit devant, pour détecter la moindre trace suspecte. Pour l'instant, les routes de l'Ermitage les Bains sont plutôt désertes.

Martial parcourt un kilomètre.

Pas plus.

Ses doigts se crispent sur le volant.

La route de Saint-Pierre est barrée devant eux. Une file de voitures de plusieurs centaines de mètres s'étire devant un barrage de flics, juste avant le rond-point du chemin Bruniquel. Martial se décale légèrement sur sa droite et observe la scène. Les flics arrêtent chaque véhicule, contrôlent les papiers du conducteur, dévisagent chaque passager, ouvrent le coffre. Il n'a aucune chance de passer, même si Sofa est déguisée en garçon, même s'il a tenté comme il a pu de changer de visage en rasant sa barbe et ses sourcils, en chaussant d'épaisses lunettes de vue et en enfonçant sur son crâne une casquette à large visière.

Un père et un gosse de six ans.

Sans papiers.

Forcément, ils se méfieront.

Foutu. Pris au piège...

Un 4 × 4 klaxonne derrière lui. Il se gare davantage encore sur le côté, écrasant les racines de veloutiers verts.

Martial regarde discrètement Sofa, prostrée sur la banquette arrière, tout en repassant en boucle dans sa tête l'équation insoluble.

Les flics recherchent un père et une gosse de six ans.

Il n'existe qu'une façon de résoudre l'équation. Une solution atroce pour Sofa, plus monstrueuse que tout ce qu'il vient d'imposer à sa fille, plus traumatisante encore qu'un tête-à-tête dans le garage avec le cadavre de cette vieille femme.

Pourtant, une fois de plus, il n'a pas d'autre choix.

Sofa roule des yeux étonnés pendant qu'il manœuvre avec le plus de discrétion possible.

— Papa, pourquoi on fait demi-tour ?

27

Boucles d'or

— Aja ! Aja !

La capitaine finit par se réveiller. Les visages de Christos et de Morez se balancent dans le ciel, comme des anges montés sur ressort. Il faut quelques secondes à Aja pour comprendre que c'est elle qui tangue, allongée dans le hamac, l'ordinateur portable glissé sous sa nuque en guise d'oreiller. Avec précaution, elle descend du hamac. Christos lui tend une main qu'elle accepte.

— Du neuf ? s'inquiète la capitaine tout en consultant sa montre pour estimer son temps de sommeil.

Deux heures dix-huit. C'est à la fois raisonnable et beaucoup trop.

Morez est le premier à répondre :

— Oui et non. On ne sait pas, c'est pour cela qu'on a préféré te réveiller. On nous a signalé la disparition de Chantal Letellier, soixante-huit ans, rue des Maldives, à l'Ermitage. D'après l'ami chez qui elle a dormi, elle devait juste faire un saut chez elle ce matin, vers 8 heures, puis le rejoindre à La Saline, avec d'autres retraités. Ils appartiennent tous au même club de jeu de go. Le *Go du Dodo*. Véridique ! Le club l'attend toujours... Ils télé-

199

phonent chez elle depuis trente minutes. Personne ne répond...

Aja s'étire, visiblement déçue. Elle passe ses doigts sur son visage, elle a l'impression qu'après sa sieste contre les cordes du hamac, son visage doit être couvert de rides en losange.

— Mouais... Mamie est sûrement bloquée dans les bouchons... Ou elle s'est endormie. Il y a un rapport avec Bellion ?

— Mince, précise Morez.

Les gros yeux sans sommeil du première classe sont injectés de sang. Morez cligne sans arrêt les paupières, comme si elles n'avaient pas plus de force pour résister au vent de l'océan que deux pétales de bougainvillier.

— Un lien tiré par les cheveux, Aja. Chantal Letellier habite tout près du jardin d'Eden. Or, tard hier soir, l'hôtesse du jardin nous a appelés pour nous signaler la présence dans l'après-midi d'un couple qui aurait pu ressembler à Bellion et sa fille.

Aja commence à faire tourner sa machine cérébrale à plein régime. Elle a dormi deux bonnes heures, elle doit maintenant rattraper le temps perdu. Le délai accordé par Laroche ne va pas tarder à expirer. Elle doit trouver une preuve que Bellion n'a pas pu franchir les barrages autour de Saint-Gilles avant que le ComGend n'ouvre les vannes.

— Morez, c'est toi qui as réceptionné l'appel de la secrétaire du jardin d'Eden ?

— Ouais, mais la fille n'était pas sûre d'elle. Un père avec sa fille, deux vagues silhouettes, c'est tout ce qu'a pu nous dire cette gourde. On en a eu cinquante, depuis hier soir, des signalements comme celui-là...

Aja se tapote les joues pour définitivement se réveiller. Les rides arlequin s'estompent. Morez et Christos attendent sa réaction. Aja explose d'un coup.

— Sauf, les garçons, que deux signes faibles réunis, ça devient un putain de signe fort. Rue des Maldives, c'est bien cela ? On fonce !

9 h 27

Aja tourne dans le salon vide. Elle en savoure l'ordre, l'aménagement un peu vieillot, amidonné, le calme éphémère, consciente que dans quelques minutes la case va devenir une scène de crime dont chaque mètre carré, chaque meuble, chaque bibelot sera démonté et disséqué par une armée d'experts de la police scientifique. Elle passe son doigt sur le papier peint et observe avec attention la photo de Chantal Letellier. La vieille femme possède d'étonnants cheveux bleus. Une originale sans doute. Une mamie que ses petits-enfants devaient adorer...

Morez entre en coup de vent. Ses yeux exorbités ont définitivement viré au jaune et clignent à la vitesse du battement d'ailes d'une libellule, comme deux phares jumeaux devenus fous.

— On a fouillé partout, Aja. On a trouvé des litres de sang dans le garage. Par terre. Sur la tondeuse, des pneus, des bâches. Mais aucune trace du corps...

— Bordel, qu'est-ce que ça veut dire ?

Aja se mord les lèvres.

Christos a passé quinze minutes au téléphone avec l'ami de Chantal Letellier. Il tient une ébauche d'explication. Chantal Letellier résidait toute l'année sur l'île, mais vivait le plus souvent chez son petit ami, un retraité lui aussi, médecin, rencontré au club de jeu de go de Saint-Paul. Il habite rue des Scalaires à La Saline, à trois kilomètres. Sa maison étant devenue fréquemment inoccupée, Chantal Letellier avait décidé de la mettre en location sur un site de particulier à particulier, sauf lors des périodes où elle recevait ses enfants et ses petits-enfants. Bellion a dû consulter un site de locations sur Internet ; à cause de l'annonce, il a dû croire que Chantal Letellier résidait en métropole et que sa maison était vide.

Elle l'était. Presque.

Avant de partir comme chaque matin au club de jeu de go, Chantal Letellier est repassée chez elle vers 8 heures. Ce n'était pas son habitude, mais un voisin l'avait appelée chez son ami : elle avait oublié de fermer la porte du garage ! Ça l'avait étonnée, elle ne perdait pas encore la boule, elle pensait l'avoir fermée, cette foutue porte... Mais à cause de toute cette histoire de tueur en cavale, elle avait voulu vérifier.

Aja décroche une photographie au mur, celle, un peu floue, où Chantal Letellier pose devant la cascade du Voile de la Mariée.

Le destin est sadique. Mauvaise pioche pour Chantal Letellier... Cette porte de garage laissée ouverte est l'indice qui aurait dû permettre de coincer Bellion. Il aurait suffi pour cela d'un coup de fil à la gendarmerie.

La capitaine pose la photographie sur la table de la salle. Elle va demander à Morez de la faxer à toutes les gendarmeries de l'île. Au cas où... Puisqu'on n'a pas retrouvé le cadavre de Chantal Letellier, il y a peut-être une petite chance que Bellion ne l'ait pas exécutée. Qu'il l'ait seulement prise en otage.

Des litres de sang dans le garage...

Une toute petite chance.

Aja n'a encore aucune analyse d'ADN, d'empreintes digitales, les experts vont s'occuper de cela, mais tous les indices convergent. Ils ont même retrouvé un mégot de zamal dans la salle de bains. Elle n'a aucun doute.

Martial Bellion et sa fille ont dormi cette nuit dans cette case.

Elle a contacté le colonel Laroche il y a quelques minutes. Tout le staff du ComGend se pointe d'urgence à Saint-Gilles, par hélicoptère.

La queue basse…

Aja avait raison depuis le début, le poisson était resté coincé dans la nasse. Pour marquer le coup, elle a presque raccroché au nez de Laroche, histoire de bien lui faire comprendre l'énergie et le temps perdus à déployer la traque sur tout le périmètre de l'île.

9 h 29

Christos entre à nouveau dans la pièce, un sourire de circonstance accroché aux lèvres, mi-cynique, mi-je-m'en-foutiste, exactement l'attitude qu'Aja déteste chez son adjoint. La capitaine l'interroge, anxieuse :

— Toujours aucune trace du cadavre de Chantal Letellier ?

— Non… mais j'ai trouvé autre chose.

Il tient du bout des doigts un sac plastique. Brusquement, sans un mot supplémentaire, il en vide le contenu sur la table basse, juste devant Aja. Une pluie de cheveux vole dans la pièce, quelques secondes, avant de retomber sur la table et autour, déguisant le carrelage en salon de coiffeur pour dames.

De longs fils blonds. Fins. Presque artificiels.

Comme si un fou avait tondu le crâne d'une centaine de poupées Barbie.

Ou seulement d'une. Une fillette aux boucles d'or.

Le regard d'Aja se dirige à nouveau vers les photos encadrées aux murs, elle ne s'attarde pas sur la grand-mère cette fois, mais sur le petit garçon de six ans à côté, casquette et chemise à carreaux, occupé à regarder les crocodiles.

Elle a compris.

— Bordel ! hurle-t-elle soudain. Il ne faut pas qu'ils passent !

28

Le rêve du pompier

9 h 29

— Tenez, monsieur l'agent, ce sont les papiers de ma mère.

Martial ouvre le portefeuille et tend la carte d'identité, la carte grise, l'assurance. Le flic sourit. La routine. Il a dû contrôler quelques centaines de voitures depuis ce matin. Il regarde à l'intérieur de la Nissan jaune. Sur le fauteuil passager, la vieille dort, son plaid sur les genoux et son écharpe autour du cou, comme si elle avait froid, même sous les 30 °C ; à l'arrière, le gamin fait la gueule, entre le hamac et les gamelles du pique-nique créole.

Voilà maintenant que les Zoreilles s'y mettent...

Le flic, consciencieux malgré la lassitude, examine avec attention les papiers du véhicule.

— Vous avez les vôtres ? finit-il par demander à Martial.

Martial baisse la tête d'un air désolé.

— Heu, non... On monte juste mamie respirer dans les Hauts, au frais. Vous voyez, si elle avait pu trouver un bonnet, je crois qu'elle l'aurait mis.

Le flic s'esclaffe, bon public. C'est un créole. Il compatit. Il tend les papiers à Martial.

204

— Moi c'est pareil, j'y ai droit un week-end sur deux... Mais j'ai moins de chance que vous. Moi, j'ai encore mes quatre vieux à monter.

Il scrute encore une fois l'arrière de la voiture. Le môme tire une gueule pas possible, on dirait même qu'il a chialé. Le flic cligne un œil compréhensif vers Martial.

— C'est surtout pour les petits que c'est le calvaire. Il préfère le lagon, hein ? Comme les miens ! Allez, bonne balade.

Martial appuie avec calme sur l'accélérateur.

Il est passé !

Il roule d'abord doucement sur la route de Saint-Pierre, jusqu'au Trou d'Eau. Le barrage a au moins l'avantage de filtrer la circulation, il n'y a personne sur la route et il va pouvoir s'éloigner rapidement.

Il longe l'océan avant d'arriver à Saint-Leu, franchissant successivement les embouchures des Trois-Bassins, de la Grande Ravine et de la Ravine Fontaine, jetant un bref coup d'œil aux immenses ponts funambules de la route des Tamarins, un kilomètre à l'intérieur. L'équivalent de trois viaducs de Millau en moins de dix kilomètres... Le trafic sur la voie express est fluide. Trop fluide. Trop facile à repérer.

Martial braque brusquement. Entre palmiers nains et cactus géants, le giratoire à l'entrée de Saint-Leu l'a surpris. Le cadavre de Chantal Letellier, malgré la ceinture de sécurité qui le harnache, glisse sur le fauteuil passager. Lentement, la tête exsangue se couche sur son bras.

Martial frissonne. Sa main se crispe au volant, pétrifiée ; le contact de la peau flasque l'écœure, fait exploser en lui des souvenirs insupportables. Lorsqu'il prenait la voiture avec Liane, même pour les plus petites distances, elle s'endormait, immanquablement, au bout de quelques kilomètres, et sa douce chevelure blonde venait se poser sur son épaule.

Dans la même position affectueuse que ce cadavre.

Ce cadavre qui se remet à pisser le sang.

Sa chemise est à nouveau trempée.

Sofa pleure à l'arrière.

A l'exception des quelques minutes au barrage, devant le flic, elle n'a pas cessé depuis le départ. Martial n'a pourtant pas d'autre choix que de continuer, de rouler, même s'il est conscient que le corps de cette vieille égorgée, maquillée en grand-mère fatiguée, assise à la place de sa mère, hantera sa fille. Toute sa vie.

Pendant des années... Ou quelques heures.

Qui peut savoir ?

Lui ne maîtrise plus rien.

9 h 37

Martial sort de L'Etang-Salé. Dans quelques kilomètres, après Saint-Louis, il va devoir choisir, continuer à suivre l'océan ou tourner vers le cœur de l'île, direction le Tampon. Sa décision dépend de questions dont il ne connaît pas la réponse. Combien de temps mettront les flics pour repérer la disparition de Chantal Letellier ? Pour identifier la voiture ? Pour que le gendarme qui l'a laissé passer fasse le rapprochement ? Pour qu'ils lancent un avis de recherche. Des minutes ? Des heures ?

Il hésite. Pour rejoindre l'anse des Cascades, la route du littoral est la plus courte. Saint-Pierre. Saint-Joseph. Saint-Philippe. Une enfilade presque continue de cases, de ronds-points, de passages piétons, de feux tricolores et de radars. C'est la route où il sera le plus vulnérable, une sorte d'entonnoir entre la montagne et la mer. Ce sera un jeu d'enfant pour les flics de le coincer dès qu'ils sauront par quelle route il est sorti de Saint-Gilles.

La direction du Tampon est indiquée sur la RN1. Tout droit. Instinctivement, il accélère. Il va suivre la route de l'Entre-Deux quelque temps, jusqu'à la Plaine des Cafres. Il existe ensuite au moins trois itinéraires différents pour rejoindre la route du Volcan qui serpente jusqu'au piton de la Fournaise.

Un cul-de-sac. C'est son pari !

Des centaines de touristes y montent chaque jour, photographient le Piton, puis redescendent par le même chemin. S'il y a bien une route où les flics ne vont pas le chercher, c'est celle-ci.

9 h 42

La Nissan Micra enchaîne les premiers lacets de la route du Volcan. Les champs d'herbe verte et grasse, aux pentes mollement ondulées, sont clos par des poteaux de bois. Des vaches blanc et beige tirent le cou au-dessus des barbelés pour mieux regarder passer les touristes. Les cases aux toits pointus prennent des allures de chalets bariolés.

L'un des paysages les plus originaux de l'île. On peine à imaginer que, quelques dizaines de mètres plus bas, on vient de laisser les cocotiers, les cactus et la canicule.

Martial jette un regard dans le rétroviseur. Sofa demeure toujours prostrée à l'arrière.

— Tu as vu, ma puce, comme le paysage change. On dirait la Suisse...

Silence.

Sofa renifle.

Martial repousse une nouvelle fois le corps de Chantal Letellier qui s'effondre sur lui à chaque lacet vers la droite. Le mannequin désarticulé s'est vidé de tout son sang, il n'est plus qu'une sorte de fantôme pâle, presque transparent, dont la chair vire progressivement au bleu, de la même couleur que les cheveux teints.

Un fantôme en train de pourrir.

A chaque virage, le cadavre passe devant les yeux de Sofa. Elle ne dit rien mais Martial la voit se mordre les lèvres, ses yeux se révulser.

Traumatisée !

Putain !

Il devrait s'arrêter et balancer le cadavre au bord de la route, ce serait la seule chose à faire pour que sa petite fille ne devienne pas complètement cinglée. Ou au moins se garer, porter le corps et le cacher dans le coffre.

Ce serait laisser un indice trop important aux flics... ou perdre un temps tout aussi précieux.

Prendre un sacré risque.

Risquer de tout gâcher.

Impossible. Il doit aller au bout de sa folie.

9 h 45

Sofa grelotte maintenant.

Chantal s'est calmée depuis quelques minutes. D'un mouvement d'épaule plus brusque, Martial l'a repoussée contre la portière passager. Sa bouche y est restée collée, comme si elle aussi admirait le paysage. Elle se contente de baver sur la vitre des glaires verdâtres striées de caillots de sang.

Encore un lacet.

Martial se souvient de la route, elle est encore longue, une heure au moins, des dizaines de virages. Sofa ne tiendra pas le coup. Il doit prendre une initiative. N'importe laquelle. Une énorme boule se bloque dans sa gorge. Il tousse plusieurs fois puis rompt le silence :

— Sofa, ma puce, tu m'as posé une question tout à l'heure. Tu m'as demandé si tu ressemblais à ton grand frère ? Tu te souviens ? Alex. Ton grand frère qui... qui est mort avant que tu naisses.

Regard dans le rétroviseur. Aucune réaction perceptible chez la fillette.

— J'ai le temps de te répondre, si tu veux. Oui, ma puce, tu lui ressembles. Tu ressembles beaucoup à ta maman, bien entendu. Mais tu ressembles aussi beaucoup à Alex.

Sofa a relevé la tête. Les yeux vides. Ailleurs.

— Je vais te faire une confidence, Sofa, c'est la deuxième fois que je prends cette route, La première fois, c'était il y a un peu plus de dix ans. Et... et Alex était assis exactement à ta place. A l'arrière. Il avait presque ton âge, juste deux mois de moins. Nous étions seuls tous les deux dans la voiture. Je voulais lui montrer le volcan...

Sofa l'écoute. Martial le devine. Il doit continuer de parler pour que son esprit ne vagabonde plus vers les limbes de la démence.

— Le grand volcan de l'île, le piton de la Fournaise, une fois de plus, était entré en éruption. Dans ce cas, tous les journaux et toutes les télés de l'île expliquent qu'il ne faut surtout pas s'approcher du volcan. Et pourtant, tous les habitants de l'île font exactement l'inverse, ils se précipitent pour profiter du spectacle. Le plus beau feu d'artifice qu'un homme puisse admirer...

La Nissan Micra jaune dépasse maintenant un kiosque à pique-nique tous les deux cents mètres. Le dernier, juste en contrebas du sommet du Nez de Bœuf, disparaît dans un nuage de fumée de barbecue, flouté encore par la bave de Chantal Letellier qui dégouline sur le carreau.

— Je voulais faire la surprise à Alex. Je ne lui avais rien dit. A sa mère non plus, bien entendu. Tu ne la connais pas, mais elle était sévère et sérieuse, elle n'aurait jamais voulu, elle m'aurait traité d'inconscient, tu penses bien, emmener un enfant de six ans regarder une éruption volcanique, alors que toutes les personnes sensées de l'île tentent de l'interdire... Tu... tu ne vas peut-être pas être d'accord avec moi, Sofa, mais il y a des choses que les mamans ne peuvent pas comprendre.

Rien. Pas un cil n'a bougé.

Martial continue, même si Sofa s'est murée, a fermé à double tour la porte de son intimité, écoute sa propre musique à travers les écouteurs d'un MP3 imaginaire. Il raconte autant pour lui-même que pour sa fille désormais.

— A l'époque, je lisais déjà à Alex les aventures de Ti-Jean. Les mêmes livres qu'à toi ! Tu le sais, grand-mère Kalle et son ami Grand Diable habitent quelque part sous la lave du volcan, c'est pour cela qu'Alex avait un peu peur sur cette route. Tu n'as pas peur, toi, ma puce ?

Martial peste intérieurement contre sa stupidité. Avait-il besoin d'ajouter cette histoire de diable à tout le reste ? Il enchaîne rapidement pour ne pas laisser le silence triompher.

— Je vais te raconter autre chose, Sofa. Depuis qu'il était tout petit, Alex avait un jouet préféré qu'il ne quittait jamais, un petit camion de pompiers qu'il avait trouvé sur la plage. Tu vois, Sofa, une petite voiture en métal qui tenait presque dans le creux de sa main ? Pas très belle. Un peu rouillée. Il la promenait partout, il l'avait transformée en véhicule tout-terrain. Plis des draps de son lit. Bac à sable. Herbe. Gravier. Chaise haute et rebord de table. Siège de voiture... Tu comprends, ma puce ? Alex n'avait que six ans mais son petit camion de pompiers avait déjà roulé des kilomètres. Lorsque nous sommes arrivés au pas de Bellecombe, là-haut, le parking au pied du volcan en furie, il était impossible d'aller plus loin. La route était bloquée. Tu sais ce qui a le plus fasciné Alex ?

Dans le rétroviseur, le visage de Sofa reste imperméable, mais sa main a bougé, comme si, à la description du jouet, elle aussi recherchait un ami quelconque, un doudou, une peluche... Le moindre objet sur lequel elle pourrait projeter ses démons.

— Tu ne vas pas me croire, Sofa ! Ce ne sont pas les incroyables jets de flammes du Piton qui ont intéressé Alex, ces étincelles qui explosaient dans un ciel noir comme du charbon. Non ! Ce sont les camions ! Un alignement de camions de pompiers qui barraient la route et des dizaines de pompiers qui couraient partout, comme des Martiens dans leurs tenues d'amiante ! Nous sommes vite sortis de la voiture. Il n'y avait aucun danger, nous étions à plusieurs kilomètres du cratère, même si la chaleur était infernale. Nous n'étions pas les seuls. Il y avait déjà des centaines de gens autour de nous, avec des appareils photo, des caméras, des jumelles. Il était presque impossible de s'approcher de la barrière pour voir mieux. Une grosse dame a fini par laisser passer Alex. C'était une créole avec une énorme croix autour du cou. « C'est le diable qui tousse, mon petit, a-t-elle dit à Alex. Il faut que tu te souviennes de cela. C'est le diable qui se fâche contre les hommes ! » Alex s'en fichait, il regardait la lave couler le long du volcan comme un interminable serpent de feu. Tu peux me croire, Sofa, jamais je n'avais vu ses yeux briller autant. Mais la vieille créole continuait avec ses histoires de bon Dieu. « Mon petit, tu sais comment il faut faire pour empêcher le diable de se mettre en colère ? Ton papa ne t'a pas dit ? Il faut prier, mon petit, prier tous les saints et les saintes de l'île. Le diable a peur d'eux. »

Martial marque un silence et jette un œil vers le sommet du piton de la Fournaise. Au-dessus du cratère Dolomieu, le ciel est immensément bleu, à l'exception d'une presque imperceptible brume de chaleur. Une vague idée se forme dans son esprit, le dessin flou d'une trappe au bout de cette impasse, étroite, mais suffisante peut-être pour s'y faufiler à deux. Pourquoi pas ? Il doit y réfléchir, y repenser, plus tard, il doit d'abord se concentrer sur son histoire, ne pas abandonner Sofa sur le chemin.

— Alex se fichait des saints, ma puce, au moins autant que toi qui n'es jamais entrée dans une église, mais il était poli, et la vieille dame continuait, comme si le bon Dieu sortait de sa bouche. « Je ne te mens pas, mon petit, écoute-moi bien, juste entre le volcan et la mer, il y a un petit village, Sainte-Rose, et une petite église appelée Notre-Dame.

211

Lors de l'éruption de 1977, le volcan a tout recouvert, les champs de canne à sucre, les maisons, les routes. Tous les habitants du village se sont réfugiés dans l'église et ils ont prié les saints avant de mourir brûlés. Tu sais ce qui s'est passé alors, mon petit ? » Alex avait hoché la tête. Non, il ne savait pas, il s'en fichait, il regardait les pompiers s'approcher du cratère dans leurs incroyables tenues de cosmonaute. La vieille dame, elle, ne s'arrêtait plus : « Eh bien, mon petit, les saints ont été plus forts que le diable. Le diable a eu peur. La lave s'est arrêtée juste devant l'église. Personne n'est mort ! L'église s'appelle Notre-Dame-des-Laves, depuis ! On peut encore voir la lave séchée grimper jusqu'aux premières marches de la chapelle et s'arrêter là, comme si elle n'avait pas osé entrer. Si tu ne me crois pas, mon petit, tu pourras demander à ton père de t'emmener là-bas. » Alex s'est retourné juste à ce moment-là et a demandé à la grosse dame : « Pour arrêter la lave, est-ce qu'ils avaient un camion rouge, les saints ? » Tu vois la scène, Sofa. La grosse créole a été surprise, elle a ri, un peu gênée : « Non, mon petit, bien entendu, les saints n'ont pas de camion. – Un casque brillant, alors ? a insisté Alex. – Non... – Une tenue de cosmonaute, alors ? Un grand fusil qui lance de l'eau ? – Non, mon petit, tu imagines un peu, des saints habillés en cosmonautes avec une carabine ? »... Au loin, des hommes en uniformes s'affairaient comme si chaque seconde comptait, alors qu'il n'y avait rien d'autre à faire que de surveiller la progression de la coulée de lave. Alex a haussé les épaules et tourné le dos à la créole. « Alors c'est nul d'être un saint ! » Il a fixé le volcan et a serré fort son petit camion rouge dans sa paume. « Moi quand je serai grand, c'est pompier que je veux être. »

Nouveau regard dans le rétroviseur.

Sofa n'a pas réagi. Ni rire ni sourire.

Chantal Letellier non plus. Elle semble avoir trouvé la position la plus confortable possible et s'être endormie. Un soubresaut a même fermé sa bouche.

Martial insiste :

— Il le serait devenu, Sofa, il faut me croire. A six ans, ton frère était déjà très courageux. Plus que cela même, intrépide. Il serait devenu le plus fort des pompiers du monde.

Dehors, les kiosques défilent, tous occupés par des familles créoles et déjà encombrés de gamelles de fer-blanc, de chaises pliantes, de serviettes accrochées pour protéger les plus petits et les plus vieux du soleil à l'heure de la sieste. Le paysage s'ouvre sur le volcan ; la mare de Scories, le piton Textor, la pente Zézé se diluent à leur tour à travers le pare-brise dans un flou humide.

Les glaires de Chantal Letellier ne sont plus les seules responsables. Martial ne retient plus les larmes qui pointaient au coin de ses yeux.

Il profite d'une courte ligne droite pour se retourner vers Sofa. Elle pleure elle aussi. Il garde une main sur le volant et penche l'autre vers l'arrière de la voiture. Il sent les petits doigts de Sofa la rejoindre. Cinq insectes fragiles qu'il capture avec une infinie délicatesse.

— C'est dommage qu'il soit mort si jeune, ton grand frère. Il aurait sauvé des vies, beaucoup de vies. Tu aurais été si fière de lui, ma puce.

Les cinq insectes vibrent doucement dans sa main chaude, comme s'il leur poussait des ailes. Martial aimerait que cet instant dure une éternité.

Au-dessus d'eux, un hélicoptère passe dans le ciel.

29

Imelda au frigo

Quentin Patché, debout sur le parking de la BTA de Saint-Gilles, regarde ses orteils comme un collégien surpris à fumer dans les toilettes. Il mesure pourtant un mètre quatre-vingts, possède un troisième dan d'aïkido et n'a aucune bavure sur la conscience en vingt et un ans de terrain dans la gendarmerie insulaire. La fille face à lui a dix ans, vingt centimètres et trente kilos de moins.

Pourtant, il ne fait pas le poids.

— Un type seul, nom de Dieu ! hurle Aja. Avec un gosse de six ans à l'arrière. Sans ses papiers ! Et vous l'avez laissé passer !

Quentin Patché va bredouiller des excuses. Aja ne lui en laisse pas le temps. Elle connaît le refrain, le cadavre de la mamie sur le fauteuil passager, Sofa travestie en garçon, un conducteur au physique banal qui ne ressemblait pas vraiment à la photo de Bellion... L'annonce radio envoyée à toutes les patrouilles est tombée quelques minutes trop tard, la plupart des flics se seraient laissé prendre, ce crétin de Patché comme un autre. Cela n'empêche pas la capitaine de continuer d'aboyer sur lui.

— On le tenait, lieutenant. Il suffisait d'ouvrir les yeux...

Patché est un flic bien dressé. A la gendarmerie comme au club d'aïkido, il a appris à encaisser sans broncher. Aja le mitraille de reproches pendant de longues secondes encore.

Besoin de se défouler.

Besoin d'impressionner le colonel Laroche, surtout.

Il se tient à côté d'eux, sous l'ombre du filao. Il est arrivé il y a dix minutes dans un Ecureuil AS350 B flambant neuf qui a provoqué une tempête de sable en se posant sur la plage évacuée par les gendarmes quelques minutes auparavant.

Christos assiste muet à la scène depuis le début. Il se décide enfin à intervenir, avec tact. Il se penche vers l'oreille de la capitaine et murmure :

— C'est bon, maintenant, Aja. Je crois que tu en as fait assez. Quentin est sur le front depuis près de treize heures. Il a eu sa dose, non ?

Aja opine de la tête.

Elle se retourne vers Laroche pendant que Quentin Patché s'éloigne. Par rapport à l'image qu'Aja s'en était faite au téléphone, le colonel est plutôt plus grand. Plus séduisant aussi. Une allure de quadra beau gosse, lisse et propre, avec juste ce qu'il faut d'humour dans le fond des yeux pour laisser deviner l'habile diplomate caché derrière le froid bureaucrate. Une gueule d'administrateur d'ONG, de banquier dans la microfinance, de conseiller général socialiste.

Intelligent. Energique. Inspirant confiance.

Enervant.

Laroche attend que Patché soit entré dans la gendarmerie pour s'exprimer.

— On ne va pas refaire l'histoire, capitaine Purvi. L'aspirant Patché ne nous a fait perdre que quelques minutes. L'avis de recherche est lancé : une Nissan Micra jaune dont Bellion n'a pas matériellement eu le temps de changer la plaque d'immatriculation. Il ne pourra pas aller loin, on a mobilisé tous les hélicos du ComGend, onze EC145 sillonnent le ciel de l'île. Vous avez fait du bon boulot, Purvi, je suis sincère. Le coincer d'abord, puis l'obliger à sortir de sa tanière. Il dispose d'à peine trente minutes d'avance. Il n'a aucune chance.

Tout en parlant, Laroche dessine avec sa semelle de petits cercles dans le gravier dispersé sur le goudron du parking. Malgré son assurance apparente, Aja y devine un signe discret de nervosité. Avant de grimper dans l'hélico, le colonel a enfilé un pantalon de treillis, un gilet pare-balles et des chaussures de sécurité. L'intégrale de la panoplie de Ken-part-en-commando. Sur le coup, le colonel a dû trouver dépaysant de laisser tomber la cravate et les galons pour un baptême de l'air en Ecureuil et la visite chez les indigènes... Mais sur le fond, il ne s'attendait sûrement pas au plan Papangue comme cadeau de bienvenue sur l'île.

Aja fronce les sourcils jusqu'à ce qu'ils se rejoignent, pour bien signifier qu'elle ne se laisse pas amadouer par quelques compliments de circonstance.

— Et pendant ce temps-là, colonel ? En attendant le retour des hélicos ? On meuble le silence, on sort les enceintes et on balance *La Chevauchée des Walkyries* ?

Laroche fait admirer à la capitaine son impeccable dentition. Un sourire qu'on jurerait franc et complice.

— On se tait et on prie saint Expédit[1], capitaine Purvi. C'est bien comme cela que l'on dit ici ?

9 h 57

— Aja, je peux te parler ? En particulier.

Christos tire Aja par la manche, un peu à l'écart des autres hommes.

— C'est important ?

— Oui.

---

1. Martyr romain vénéré à La Réunion.

216

Christos observe Laroche, trois mètres plus loin, occupé à chercher le meilleur endroit du parking pour capter du réseau sur son iPhone.

— En particulier, insiste Christos. Pas devant Laroche. Toi, tu peux comprendre. Pas lui... On se met au frigo ?

Le frigo est une petite pièce aveugle de dix mètres carrés où sont entreposées trente ans d'archives de la BTA autour de deux chaises de fer et d'une table en métal. Les gendarmes de Saint-Gilles l'ont baptisée ainsi parce qu'elle est la salle la plus fraîche du bâtiment, mais surtout parce que son absence de fenêtre sert à l'occasion pour y laisser refroidir quelques prévenus en garde à vue trop peu bavards.

Christos ferme la porte. Appuie sur l'interrupteur. C'est un frigo moderne qui s'allume de l'intérieur lorsqu'on s'enferme dedans...

Une femme attend déjà au frais. Une Cafrine. Grande. Forte. Maquillée créole avec goût, rouge à lèvres carmin et paupières indigo.

Christos se charge des présentations.

— Aja, Imelda. Une amie. Je t'ai parlé d'elle ce matin. Tu m'as répondu qu'elle pouvait passer, tu te souviens ? Tu devrais l'écouter, elle a beaucoup réfléchi sur l'affaire. Avec plus de recul que nous, si tu vois ce que je veux dire... Elle n'a...

— Je me souviens, coupe Aja en s'adressant directement à Imelda. Vous êtes donc la seule femme au monde qui parvienne à faire faire des heures supplémentaires au prophète libertaire Christos Konstantinov. Et si j'ai une bonne mémoire, une amatrice éclairée en déduction criminelle. Option Harlan Coben ? Excusez-moi, madame, excusez Christos surtout, il aurait dû me consulter avant, je vous aurais confirmé que ce n'était pas la peine de vous déplacer. Du moins pas tout de suite. Martial Bellion est actuellement pisté par plus d'une dizaine d'hélicoptères. Tout peut se déclencher d'une seconde à l'autre...

Christos insiste :

— Tu devrais vraiment l'écouter...

— Tu m'emmerdes, Christos.

Aja se déplace dans la pièce, replace machinalement le carton mal rangé d'une boîte archives. Elle jette un regard compatissant à la Cafrine.

— Je suis désolée, Imelda, je ne vous en veux pas. Mais...

— Ce n'est rien, sourit Imelda. Vous fatiguez pas, madame. Je comprends, j'ai passé l'âge de me vexer.

Elle se lève et se retourne vers Christos.

— Ta boss a raison, je vais repartir. Je te l'avais dit que je n'avais rien à faire ici. Ma marmaille m'attend à la maison, j'ai trois tonnes de linge, les légumes pour le cari à acheter à Saint-Paul et la...

Christos, les yeux levés au plafond cloqué, frappe soudain du poing sur la table. Un nuage de poussière s'envole dans la pièce.

— Enfin, merde, Aja, ça te coûte quoi de l'écouter cinq minutes ? Imelda est un témoin, juste un putain de témoin. Elle observait et archivait dans sa mémoire le moindre fait divers de l'île bien avant qu'on invente les disques durs et les moteurs de recherche...

Aja soupire, regarde sa montre.

— OK, cinq minutes, pas une de plus.

Christos tire une chaise, l'essuie d'un revers de main. La poussière se disperse à nouveau en un éphémère nuage, presque invisible faute de soleil. Aja tousse. Christos se racle la gorge. Il y a de tout dans le frigo sauf des bières et des glaçons.

— Vas-y, Imelda...

Imelda s'avance. Debout sous l'unique ampoule, sa large silhouette écrase Aja dans la pénombre.

— Depuis le début de cette affaire, madame, je trouve que l'attitude de Martial Bellion n'est pas logique.

Selon les déplacements d'Imelda, le visage d'Aja passe de l'ombre à la lumière, comme si c'était elle qui subissait l'interrogatoire.

— Précisez, Imelda.

— Eh bien, on a l'impression, comment dire, d'avoir affaire à deux hommes différents. D'après ce qu'en a dit la presse. D'après ce que m'en a dit Christos aussi.

Aja plisse le front, sourcils à l'horizontale, comme un sens interdit noir qui barre le regard, mais elle n'interrompt pas Imelda.

— Tout d'abord, madame, tout laisse penser à une affaire banale. Une dispute. Un accident. Martial Bellion panique, appelle la police, passe aux aveux...

— OK, s'impatiente Aja. OK.

— Puis virage à 180 degrés. Bellion se sauve. Il échappe à la police. Il se transforme en criminel insaisissable, organisé, comme s'il suivait un plan minutieusement prévu à l'avance, ou au moins, un but déterminé...

— OK, Imelda, excusez-moi d'être directe, mais nous avons déjà pensé à tout ça...

Christos se tient appuyé contre les archives jaunies. Ses yeux passent d'une fille à l'autre.

— Je me doute, s'excuse Imelda avec empressement. Je me doute, madame. Alors je vais aller au plus court, je vais tout résumer en une seule question : que s'est-il passé entre le vendredi 29 mars à 16 heures et le dimanche 31 mars, quarante-huit heures plus tard exactement ?

Après un temps de surprise, Aja répond d'un ton cassant :

— Rien ! Rien du tout. C'est ensuite que tout s'est accéléré, quand on a voulu coffrer Bellion.

Imelda ne s'offusque pas. Elle poursuit sa démonstration, gagnant en éloquence.

— Je vous explique mon raisonnement, madame. Le vendredi, à partir de 16 heures, juste après la disparition de sa femme, Martial Bellion collabore avec la gendarmerie, la sollicite pour qu'elle retrouve sa femme, recherche même sa protection. Le surlendemain, métamorphose...

Aja jette un œil agacé à sa montre.

— Entre-temps, Imelda, vous le savez puisque Christos semble ne pas faire la différence entre secret professionnel et confidences sous l'édredon, nous avons accumulé des preuves. Sang. ADN. Meurtre d'Amaury Hoarau. Arme du crime... Bellion se retrouve dos au mur...

— Il l'était déjà avant, madame. Tout autant ! Bellion n'est pas stupide, il savait déjà pour le sang, l'ADN et les empreintes qu'on allait forcément retrouver sur le manche du couteau. Je maintiens ce que je dis, capitaine Purvi, Bellion a changé de stratégie, radicalement, et nous ignorons la raison de cette bifurcation. Pour être tout à fait franche, cette histoire me rappelle celle de mon gamin, mon plus grand, Nazir, il y a trois ans, quand le collège Jean-Lafosse m'avait appelée parce qu'il avait volé un MP3 à un copain.

Aja regarde sa montre avec énervement mais Christos lui fait signe de patienter.

— Dans un premier temps, Nazir était doux comme un agneau devant les surveillants du collège, il admettait même le vol. Jusqu'à ce qu'un copain vende la mèche : Nazir n'avait pas volé seulement un MP3. Il organisait au collège un véritable trafic. MP3, MP4, portables, consoles, zamal... Dès qu'il a su qu'un complice avait cafté, mon grand s'est enfui dans la Plaine des Makes. Il n'avait que douze ans. Les policiers ont mis trois jours à le retrouver...

Aja s'est levée, enfin intéressée. Elle tente de faire le lien entre ce raisonnement et les zones d'ombre. La plainte de Liane Bellion à la BTA de Saint-Philippe, la visite de Bellion à l'aéroport et le changement raté de date du vol de retour. Le passé de Bellion aussi, les jolies filles, l'alcool, le zamal...

— Que voulez-vous dire, Imelda ? Que Martial Bellion nous dissimule autre chose ? Pire que ce pour quoi il est accusé ? Qu'il a fui pour qu'on ne le découvre pas ?

Christos tout sourire, fier qu'Aja se soit laissé prendre au raisonnement, siffle entre ses dents.

—Pire que trois meurtres... Intéressant, non ? Ça vaut le coup de plonger encore un peu plus dans le passé de Bellion.

Imelda lève les bras au ciel dans un geste théâtral. Elle n'aura pas l'occasion de dire un mot supplémentaire, la porte du frigo explose soudain.

Laroche surgit, presque décoiffé. Le gilet pare-balles boutonné jusqu'au col.

— On les a repérés, Purvi !

— Quoi ?

— Après la Plaine des Cafres, sur la route du piton de la Fournaise.

— C'est un cul-de-sac ! On les tient. J'arrive.

Une chaise de fer retombe dans un nuage de poussière. Laroche laisse se prolonger l'écho qui se cogne aux quatre murs.

Visiblement, il est emmerdé.

— Tous les hélicos sont réquisitionnés, capitaine Purvi. Auc... aucune place n'est prévue pour vous ! Les hommes qui vont lancer l'assaut sont des professionnels, section aérienne et peloton de gendarmerie de haute montagne. Votre brigade doit continuer d'instruire l'enquête à Saint-Gilles... C'est capital, il y a encore pas mal de points d'ombre dans cette affaire. Le meurtre de Chantal Letellier, mais aussi...

Aja explose :

— Vous vous foutez de ma gueule ?

Derrière Laroche, deux types en uniforme, plus larges que la porte, s'agitent comme s'ils avaient envie de pisser.

— Capitaine Purvi, douze hélicoptères vont fondre sur la Nissan de Bellion. Trente hommes. Des tireurs d'élite pour la plupart. Chacun d'eux n'est qu'un rouage du plan Papangue, parfaitement entraîné et sans aucun ego. Sans aucun ego, vous comprenez cela, Purvi ? Je dois y aller maintenant...

Des bruits de talons claquent, puis s'éloignent, laissant la porte du frigo ouverte sur le vide et le silence. Christos se pince les lèvres, Imelda se recule contre l'étagère, boîtes archives dans le dos. Tous les deux partagent la même expression désolée.

La table de fer vole soudain dans le frigo, rebondissant en un vacarme épouvantable contre les piliers de métal des étagères.

— Les enculés !

Aja se précipite hors du frigo, pénètre dans la pièce principale de la BTA. Morez s'efface devant sa supérieure avec l'élégance d'un libero qui ne veut pas provoquer d'obstruction dans la surface de réparation. Aja ne remarque pas le fil électrique qui court à travers la pièce, ou ne prend pas le temps de le contourner, elle avance. L'instant d'après, le vidéoprojecteur relié au branchement précaire explose sur le carrelage. Les centaines de cases jaunes et orange de Saint-Gilles basculent dans le néant.

Huit cent soixante euros. Un quart du budget annuel de fonctionnement de la brigade.

— Quelle bande d'enculés ! commente Aja.

Elle court jusqu'au parking de la BTA.

Tempête de sable et de gravier.

L'Ecureuil AS350 B de Laroche garé sur la plage passe moins de trente mètres au-dessus de sa tête, agitant les feuilles des filaos en un cyclone de quinze secondes.

— Les fils de pute !

Aja suit des yeux la course de l'Ecureuil, majeur tendu.

10 h 14

L'hélicoptère de Laroche n'est plus qu'une mouche à l'horizon. Aja tourne en rond, déplaçant autant de cailloux avec ses chaussures qu'un étalon enfermé dans un manège.

Pas un flic de la BTA n'ose parler. Christos s'appuie au filao et allume une cigarette en attendant le moment opportun pour rompre avec tact le silence.

Laisser passer l'orage.

Depuis de longues secondes, la capitaine continue de fixer le ciel vide, aussi désespérée qu'un oisillon cloué au nid. Soudain, Aja porte son téléphone portable à sa bouche. Elle hurle sans aucune discrétion :

— Jipé ? Ouais, c'est Aja. Urgence absolue ! Il te reste des hélicos disponibles ?

Le silence ne dure que quelques secondes avant qu'Aja ne crie à nouveau :

— Tu en as un ! Génial, t'es un amour ! C'est... c'est pour une balade un peu spéciale. Bouge pas, je te rappelle dans deux minutes.

Aja raccroche.

Christos la regarde, incrédule.

— C'est qui ce Jipé ? Un ex ?

— Presque. Le type avec qui je me suis le plus envoyée en l'air au cours de ma vie.

— Ton amant ?

— Non. Mon moniteur de vol...

30

Tombeau ouvert

10 h 17

Un bouquet de fleurs de toutes les couleurs, a dit papa. Le plus gros possible ! Pour la vieille dame aux cheveux bleus qui est morte. Comme dans les cimetières. Les morts aiment bien les fleurs.

Papa m'a dit de les cueillir en restant sous les arbres, de ne pas trop m'éloigner mais de ne pas rester près du trou non plus. C'est plus qu'un trou même, c'est une sorte de puits immense qui a l'air de descendre jusqu'au centre de la terre. Super dangereux ! La barrière en bois devant est abîmée. Il y a des bandes plastique orange et de gros triangles jaunes.

Je me retourne pour ne pas me perdre dans les buissons. Papa se tient près de la voiture jaune, à trente mètres de moi.

J'ai compris.

Papa a quitté la route dès qu'il a vu l'hélicoptère. Il a tout de suite tourné puis il a continué sur un chemin de terre en faisant bien attention de rester sous les arbres. L'hélicoptère ne pouvait pas nous suivre, ou alors il aurait fallu qu'il atterrisse, mais on était déjà loin. Après, Papa s'est garé à côté du trou. Juste devant le panneau accroché à la barrière abîmée. J'ai reconnu les mots. *Cratère Commerson.*

On est tout seuls.

On est sortis de la voiture, enfin papa et moi, pas la vieille dame, c'est sûr. J'ai tout de suite voulu m'approcher du bord, mais papa n'a pas été d'accord.

— C'est un gouffre de près de trois cents mètres, m'a-t-il expliqué. Si on y enfonçait la tour Eiffel, elle ne ressortirait presque pas, juste le haut peut-être...

J'ai eu du mal à le croire, mais c'était impossible sans se pencher de voir autre chose que le bord du puits et des roches noires pleines de trous comme des éponges toutes sèches.

Puis papa m'a envoyée cueillir les fleurs...

Maintenant, j'en ai assez, j'ai même du mal à tenir toutes les tiges avec mes deux mains. Je me dirige vers la voiture jaune, en faisant toujours attention de bien rester sous les arbres. Papa s'est mis torse nu. C'est vrai que même si on est montés dans la montagne, il fait encore super chaud, encore plus qu'au bord du lagon, il y a presque pas de vent. Papa a sorti toutes les affaires en dehors de la voiture. Le sac, l'eau, la carte.

C'est bizarre.

On dirait que la voiture a bougé.

Je marche vers lui, mes fleurs à la main.

— N'avance pas, Sofa !

— Tu fais quoi, papa ?

Il est en sueur. Il a les mains posées sur la voiture.

— Tu fais quoi, papa ?

Il s'accroupit pour se mettre à la hauteur de mes yeux avant de me répondre. J'aime bien quand il fait ça.

— Tu as déjà vu des tombes dans des cimetières, Sofa ? On creuse des trous pour que les personnes mortes puissent dormir sans être ennuyées par le bruit, la pluie, le soleil... Dormir pour toujours, tu comprends ?

Je remue la tête. Je comprends. Etre mort, c'est pas dormir, c'est jamais se réveiller.

— Sur cette île, ma puce, ce n'est pas la peine de creuser la terre, il y a déjà des trous immenses, des cratères creusés par le volcan. Des tombes cinq étoiles, comme à l'hôtel, tu comprends ?

Je fais oui de la tête.

— Recule-toi, Sofa...

Papa déplace les triangles jaunes, puis se remet à pousser la voiture. Il ne la pousse pas vers la barrière de bois, mais un peu plus bas, direct vers le trou à travers les buissons. De toutes ses forces. La voiture glisse doucement...

La vieille dame est dedans, j'aperçois ses cheveux bleus qui dépassent.

Papa arrache d'une main une bande de plastique orange. Un dernier effort. La voiture bascule.

C'est drôle, tout d'abord il n'y a aucun bruit, comme si, en vrai, le trou n'avait pas de fond, comme quand Alice tombe dans le terrier du lapin, pendant des heures et des heures.

Et puis soudain, tout explose. Aussi fort que le tonnerre quand il passe tout près, un moment après l'éclair, juste quand on ne s'y attend plus. J'ai presque l'impression qu'à force de trembler les rochers vont se détacher et le trou se reboucher tout seul.

Je fais deux pas en arrière. Je suis beaucoup moins courageuse qu'Alice.

10 h 22

Martial fait encore reculer Sofa à couvert sous l'avoune[1] et lève les yeux au ciel. Il distingue maintenant

---

1. Bruyère réunionnaise constituée d'arbustes de faible hauteur.

trois hélicoptères, assez éloignés ; deux volent au-dessus du piton de la Fournaise et un, à l'inverse, se dirige vers le piton des Neiges. Il imagine les flics penchés vers le vide, jumelles vissées aux yeux, à la recherche du moindre indice pour les repérer dans l'avoune ou la forêt des Tamarins. Une voiture, deux fuyards, quelque part entre les flancs du volcan et la rivière des Remparts : le cercle de recherche des flics s'est considérablement resserré.

C'était son plan !

Attirer les hélicos comme des mouches en grimpant avec la Nissan, bien en vue, sur la route du Volcan. Agiter un chiffon rouge pour les exciter. Puis, comme à Saint-Gilles, faire brusquement disparaître la voiture, brouiller les pistes, continuer à pied... Basculer de l'autre côté du volcan, vers Piton Sainte-Rose, l'océan, l'anse des Cascades.

Martial sourit à Sofa, puis entasse les affaires dans le sac tout en essayant de mémoriser chaque détail de la carte IGN, les dénivelés, les espaces boisés, les ravines, s'astreignant à une projection 3D à partir des courbes de niveau.

Dès qu'ils auront quitté le maquis du cratère Commerson, ils seront confrontés à deux problèmes majeurs.

D'abord, traverser la Plaine des Sables, deux kilomètres de cendres noires, sous le soleil, sans un seul point d'ombre, un albédo record, absorbant presque intégralement toutes les radiations solaires sans les réfléchir. Un barbecue de la taille de cinq cents terrains de foot, assez vaste pour y faire griller des saucisses pour tous les habitants de l'île pendant un siècle. Ils devront progresser dans la Plaine des Sables à découvert, aussi repérables que des fourmis sur une nappe blanche.

Si par miracle ils s'en sortent, ils devront plonger sur les flancs du volcan jusqu'à l'océan.

Quinze kilomètres. Mille sept cents mètres de dénivelé. Jamais Sofa ne pourra le suivre...

10 h 25

— Approche, maintenant, ma puce Il est magnifique, ton bouquet.

J'hésite. Je serre les tiges de mon bouquet contre mon cœur. J'ai l'impression que le trou tremble encore.

— Approche, ma puce, tu n'as pas le vertige ?

— Non...

— Donne-moi la main. Tu vas jeter les fleurs au fond du cratère pour que la vieille dame aux cheveux bleus aille au paradis.

J'ai envie de dire à papa que s'il n'avait pas tué mamie, on n'aurait pas eu à faire tout ce cirque, le paradis, les fleurs, pousser la voiture, mais je n'ai pas envie qu'il se fâche à nouveau.

J'avance. Mes pieds sont à dix centimètres du trou.

La main de papa est humide.

Le trou ressemble à une grande bouche. Une bouche affamée qui ne veut pas seulement avaler mon bouquet, mais moi aussi, comme les grandes dents des chevaux quand on leur tend de l'herbe à travers le grillage.

Ils veulent les doigts aussi. La main. Le bras.

Je prends appui sur les rochers, tout près du bord, je voudrais que mes fleurs tombent tout au fond.

— Tu me tiens bien, papa ?

Jamais maman ne m'aurait laissée faire ça.

Je me penche, je suis presque au-dessus du trou. Papa tient ma main gauche pendant que ma main droite dessine un grand moulinet, puis soudain je lance le bouquet.

Les fleurs se dispersent en pluie.

Elles tombent sans bruit. Je baisse la tête, je voudrais les suivre des yeux le plus loin possible, jusqu'au centre de la terre.

J'entends juste le souffle du vent dans les feuilles et des insectes qui bourdonnent, loin dans le ciel ; ou peut-être que ce sont les hélicoptères.

— Me lâche pas, papa, hein ?

31

Greetings from Maurice

10 h 32

Tous envolés...

Christos se retrouve seul à garder les murs de la BTA de Saint-Gilles, comme un con, comme un chat en août lorsque les proprios sont partis en vacances. La grande maison et le jardin rien que pour lui.

Seul, pas tout à fait.

Il reste Imelda. La Cafrine consulte dans son bureau l'intégrale du ZENDARM' LA RÉNION, le mensuel édité par le ComGend, quelques pages rédigées par des aspirantes inspirées à la gloire de la République, de la gendarmerie d'Outremer et de ses gradés... Christos ne l'a presque jamais ouvert. Il y a tant de revues éditées sur l'île avec des filles topless en couverture... Qui pourrait avoir envie de lire un magazine jaune et vert qui fait, au mieux, l'éloge de la dernière jupette des gendarmettes...

Christos a des idées cochonnes ce matin. La petite hôtesse de l'air l'a émoustillé... Il regarde le hamac et cherche à imaginer par quel miracle de la gravité il pourrait y faire grimper Imelda, puis, double miracle, y grimper avec elle... Juste pour le fun.

Il n'a pas insisté pour obtenir une place à côté d'Aja dans l'hélicoptère du fameux Jipé. C'était pourtant l'occasion de jouer les touristes, le survol de l'île intense, du Trou de Fer, du belvédère du Maïdo, de Mafate et de Salazie...

L'expérience unique de l'homme face à la nature sauvage. Gratos !

Il fallait bien quelqu'un pour garder la maison... Surtout, Christos n'avait aucune envie d'assister en spectateur au ballet millimétré des tireurs d'élite de Laroche. Trente types équipés pour le safari. Tombés du ciel comme des anges exterminateurs.

Face à eux un pauvre type et une fillette de six ans...

Très peu pour lui.

Christos va se servir une Dodo dans le frigo, le vrai, le frais, celui de la kitchenette. Il retrouve Imelda dans le bureau qu'il partage avec Aja. La Cafrine a laissé le ZEN-DARM' LA RÉNION pour des bouquins de criminologie. Subjuguée.

— Je peux ?

— Te gêne pas. Aujourd'hui, c'est portes ouvertes... Bibliothèque pour tous.

Imelda ne se gêne pas ! Christos s'ennuie un peu à côté. Il doit se rendre à l'évidence, la perspective de jouer au missionnaire dans le hamac devient hautement improbable. Il reste néanmoins quelques possibilités raisonnables. Des menottes dans le premier tiroir de droite, les barreaux de la cellule dans la première pièce à gauche en sortant, de quoi pimenter une levrette improvisée, celle qu'il a sautée ce matin...

— Tu penses à quoi, Christos ?

— A rien.

Imelda repose un livre corné, *Mémoires du RAID*, et désigne d'un regard gourmand les dossiers entassés sur le bureau d'Aja. Christos vide sa bière et répond d'un air las :

— Vas-y, ouvre les chemises si tu veux. C'est open bar.

10 h 45

Imelda s'est assise dans le fauteuil en cuir d'Aja. Devant elle, sur sa droite, deux gamines se marrent dans un cadre rectangle. Celles de la capitaine, sans aucun doute. Même bouille que les siennes, à une différence près, de taille, ces gamines-là possèdent un papa entre les bras duquel elles se blottissent, hilares.

Les pièces à conviction collectées par la BTA défilent sous ses yeux. Imelda détaille l'ensemble avec attention. Entretiens des clients et du personnel de l'hôtel Alamanda. Dépositions de témoins ayant un rapport plus ou moins lointain avec Martial Bellion. Analyses d'ADN. Photographies des scènes de crime supposées, chambre 38, case de Chantal Letellier ; ou d'autres clichés fournis par des amateurs, parking de l'hôtel Alamanda dans l'après-midi de la disparition de Liane Bellion, port de Saint-Gilles à l'heure supposée du meurtre de Rodin, jardin d'Eden où Bellion et sa fille se sont sans doute réfugiés quelques heures...

Imelda tente de tout mémoriser. Elle n'a jamais cru, contrairement à ce que pense Christos, disposer d'un quelconque esprit de déduction. Simplement, elle n'oublie rien. Elle compile, elle classe, elle range, et elle retrouve, très vite, en cas de besoin.

Christos pique du nez à côté. La page centrale du ZENDARM' LA RÉNION, où posent fièrement les rares femmes de la brigade d'intervention marine, lui tombe des mains. Il s'est fait une raison. Imelda est gourmande, coquine, sensuelle... mais classique. Hors de son lit, la baiser est mission impossible...

232

Côté professionnel, le téléphone n'a pas sonné à la BTA depuis plus de vingt minutes. Tout le monde a fui. Tout le monde s'en fout...

10 h 51

Il entre à ce moment-là.

Au premier coup d'œil, Christos ne l'a pas reconnu avec ses Ray-Ban, son costume de lin blanc et les gouttes de sueur qui assaisonnent la touffe de poils poivre et sel sous son menton.

— Je voudrais parler au capitaine Aja Purvi.

Le sous-lieutenant identifie par contre immédiatement la voix. Armand Zuttor, le directeur de l'Alamanda.

—Désolé, elle a dû s'absenter...

Christos exécute un mouvement de main que lui seul peut interpréter comme l'envol d'un hélicoptère.

— Merde, lâche Zuttor.

— Qu'est-ce qui se passe ? Vous avez perdu une nouvelle cliente ?

Le directeur éponge sa barbe avec sa paume.

— Deux !

Christos se laisse tomber sur la chaise la plus proche.

— Nom de Dieu... Manquait plus que ça. On les connaît ?

— Un peu. Jacques et Margaux Jourdain !

Les mains du sous-lieutenant se crispent sur le papier glacé du ZENDARM' LA RÉNION. Il jette un regard d'incompréhension vers Imelda alors que Zuttor ne semble même pas avoir repéré la présence de la Cafrine dans la pièce.

— Les Jourdain ont disparu ? répète stupidement Christos.

Zuttor n'a pas l'air paniqué. Il s'assoit, prend le temps de retirer ses Ray-Ban, de sortir un mouchoir de soie beige et de se tamponner les tempes.

— Non, pas exactement, lieutenant. Pour être précis, ils ont simplement quitté l'hôtel Alamanda. Ils m'ont fait part de leur décision de rejoindre l'île Maurice pour la fin de leurs vacances.

Christos lève les yeux au ciel, le ZENDARM' LA RÉNION entre ses mains est aussi rigide qu'une matraque.

— Il faut les comprendre, continue le directeur de l'hôtel sur le même ton blasé. Le plan Papangue n'était pas vraiment programmé dans le guide des animations touristiques de l'île.

— Les enculés, lâche Christos.

Armand Zuttor sourit pendant que le sous-lieutenant repense au passe-temps favori de Jacques Jourdain, collectionner des photos suggestives des filles qu'il croise, y compris celles de Liane Bellion. Il se redresse d'un coup.

— Avocat ou pas, Jacques Jourdain et sa femme vont se les mettre où je pense, leurs vacances à Maurice. Ils sont des témoins clés. Tant que Bellion est en cavale, ils ne bougeront pas de l'île.

Le directeur de l'hôtel dodeline de la tête, comme s'il balançait entre gêne et soulagement.

— Tanguy Dijoux, le jardinier, les a conduits à l'aéroport tôt ce matin.

Il marque une pause et regarde sa montre.

— Ils sont dans l'avion à l'heure qu'il est. Ils n'ont rien à se repr...

— Petit enculé ! coupe Christos.

Le sourire satisfait d'Armand Zuttor se fige. Telle une brusque averse dans les hauts des ravines, des gouttes de sueur perlent à nouveau sur chaque ride de son visage.

Le sous-lieutenant insiste :

— Ils vous ont payé combien pour que vous ne lâchiez pas l'information avant que l'avion décolle ?

Le fin mouchoir beige de Zuttor n'est plus qu'une serpillière épongeant ses tempes argentées et ses poils au menton. Le sous-lieutenant se penche vers le directeur de l'hôtel, il le domine d'une tête.

— Le client est roi, j'ai pigé, épargnez-moi le couplet sur la crise. Vous en faites pas, Zuttor, on va les attendre sur le tarmac du Sir Seewoo machin truc[1]. L'avocat et sa blonde ont intérêt à coopérer s'ils ne veulent pas avoir la version mauricienne du plan Papangue aux fesses.

Zuttor regarde encore sa montre.

— Il faudra vous dépêcher, lieutenant. Ils atterrissent dans dix minutes.

Le sous-lieutenant siffle entre ses dents et fait mine d'applaudir.

— Rien à dire, Zuttor, joli timing. L'île Maurice est une république indépendante plutôt protectrice vis-à-vis de ses clients étrangers fortunés.

Christos lance tel un javelot, dans la poubelle en inox, le ZENDARM' LA RÉNION.

Cling.

Il se tourne à nouveau vers le directeur de l'Alamanda.

— Sauf que Maurice, ce n'est pas non plus les îles Caïmans. Nous avons dans toutes les Mascareignes des accords de lutte contre l'immigration illégale. Des juges et des flics qui coopèrent. Que vos amoureux ne se fassent aucune illusion, on aura toutes les autorisations pour aller leur porter le petit déjeuner dès demain matin. Vous savez où ils crèchent sur Maurice ?

Zuttor grimace. Il tord ses Ray-Ban entre ses doigts.

— Hôtel Blue Bay. C'est moi qui leur ai trouvé l'adresse.

— Pourquoi celui-ci ?

— Le Blue Bay, c'est cinquante paillotes sur pilotis, les pieds dans le lagon. Mes clients n'ont pas hésité longtemps.

— Un lundi de Pâques. Il restait de la place ?

---

1. Le Sir Seewoosagur Ramgoolam International Airport est le seul aéroport international de l'île Maurice.

— Entre gérants d'hôtel, on se dépanne...

Christos a une envie folle de laisser le directeur refroidir quelques heures au frigo et de le cuisiner ensuite à petit feu, rien que pour le plaisir, mais il y a urgence...

— OK. Filez-moi l'adresse et le téléphone du Blue Bay et cassez-vous.

Zuttor se lève et chausse avec lenteur ses lunettes de soleil. Pour la première fois, il remarque la présence d'Imelda derrière le bureau. Le directeur fixe la Cafrine.

— Et elle, c'est... ?

L'expression ne plaît pas à Christos. Dans les hôtels au bord des lagons, les directeurs doivent davantage prêter attention aux cocotiers, aux transats et aux parasols qu'aux Cafres, Malgaches ou Comoriens qui travaillent pour entretenir les palaces. Autant d'ombres invisibles. Il décide d'en rajouter.

— Aspirante Imelda Cadjee. Ne vous fiez pas à son silence, c'est le cerveau de la brigade...

Zuttor la regarde d'un air soupçonneux.

Puis il sort.

11 h 09

— Hotel Blue Bay ? You speak french ?

Le type à l'autre bout du téléphone prend un accent british d'étudiant Erasmus perdu dans le Quartier latin.

— Oui. Juste un petit peu, monsieur. A votre service. Que puis-je pour vous ?

— Me passer le directeur de l'hôtel !

La voix hésite, puis minaude :

— Pourriez-vous me préciser le motif de... ?

— Gendarmerie de Saint-Gilles à La Réunion ! Question de vie ou de mort. On a un tueur en cavale ici, déclenchement du plan Papangue, vous avez dû capter l'info jusque chez vous ?

Le réceptionniste mauricien n'a pas l'air plus impressionné que cela.

— Tout à fait, monsieur, je vais m'enquérir si la directrice est disponible.

Son flegme agace Christos. Il entend dans l'écouteur le type de l'accueil s'adresser à un autre, visiblement pas plus nerveux.

— Mike, is Miss Doré in the office ?

Déclic !

Christos hurle dans le combiné :

— Graziella Doré ? C'est elle la directrice du Blue Bay ?

— Yes, mister, but...

— Bordel, passez-la-moi !

Cette fois, des bruits de pas affolés résonnent dans l'écouteur. Des pas qui s'éloignent. Christos regarde par la fenêtre. Plus aucune trace de cette fouine de Zuttor.

Il attend moins d'une minute.

Des pas plus lents s'approchent, plus légers que les précédents. Christos identifie le son de talons hauts sur un carrelage, du marbre peut-être. Ils s'arrêtent. Le silence dure une seconde, soudain cassé par une voix sèche :

— Oui ?

— Graziella Doré ?

— Elle-même.

— Sous-lieutenant Christos Konstantinov. Je suis chargé de l'enquête sur votre ex-mari, Martial Bellion.

Un soupir agacé précède la réponse de Graziella Doré.

— J'ai déjà tout dit hier au type du consulat qui m'a interrogée à l'hôtel. Il m'a certifié qu'il travaillait en collaboration avec le ComGend de La Réunion.

Christos fait signe à Imelda de lui glisser le dossier Bellion. Il tourne les pages d'une main. Presque immédiatement, il repère trois feuilles agrafées. Déposition de Graziella Doré, recueillie par l'agent Daniel Colençon le dimanche 31 mars à 21 h 17, à Blue Bay, île Maurice. *Daniel Colençon...* Christos le connaît vaguement, un ex-flic du commissariat central de Saint-Denis entré en dépression après les émeutes du Chaudron et qui a fini par se retrouver à la sécurité au consulat de l'île Maurice. Le texte est arrivé par fax ce matin, envoyé par le ComGend juste avant qu'ils ne foncent chez Chantal Letellier. Pas lu. Pas le temps. Juste glissé dans le dossier... Tout le monde s'en foutait. Bellion était coupable. Seule la traque comptait.

— Vous êtes toujours là, lieutenant ?

Christos lève les yeux de la déposition. Toute cette paperasse l'emmerde, il doit gagner du temps.

— Qu'est-ce que les Jourdain viennent foutre chez vous ?

Nouveau soupir, de surprise cette fois.

— Vous êtes directs, dans la gendarmerie !

— Pressés, plutôt.

— Les Jourdain, ce sont l'avocat parisien et sa femme ? Armand Zuttor m'a appelée tout à l'heure, c'est un vieil ami, j'ai libéré une chambre pour lui. A charge de revanche. Je n'aurais pas dû ?

— Si. C'est la coïncidence que je trouve étrange.

Il pense dans le même temps qu'Armand Zuttor devait déjà diriger l'hôtel Alamanda au moment où Graziella Doré tenait le bar-restaurant du Cap Champagne à Boucan Canot. Même caste...

Christos glisse son doigt sur la déposition posée sur le bureau. Les lignes dansent devant ses yeux.

— Madame Doré, vous me faites un résumé de ce que vous avez raconté hier à l'agent Colençon ?

— C'est rassurant. Vous communiquez, dans la police ?

— Nous sommes un peu débordés depuis deux jours, désolé. C'est quoi, votre version ?

— Pardon ?

— Vous avez suivi à la télé la cavale de votre ex-mari, je suppose. On en est à trois cadavres pour l'instant.

— Vous voulez mon avis ? C'est cela ?

— C'est cela.

— Je l'ai dit au type du consulat hier. Vous vous trompez. Sur toute la ligne. Martial n'a rien à voir avec ces crimes, il est incapable de faire du mal à une mouche.

Martial Bellion ?

Incapable de faire du mal à une mouche ?

Christos peste. Il aurait dû prendre le temps de lire la déposition de Graziella Doré. Ce Daniel Colençon est une sorte de légume qui se laisse pousser au soleil, mais, dans son souvenir, il était plutôt malin quand il interrogeait les témoins.

— Votre ex-mari a été condamné pour homicide accidentel. Celui de votre fils.

Pour la première fois, la voix calme de Graziella Doré monte d'un ton, aiguë, comme un micro mal réglé qui frôle le larsen.

— Vous avez lu quoi ? Le rapport du juge Martin-Gaillard ? Les journaux de l'époque ? Que savez-vous de ce qui s'est passé cette nuit-là ? Vous vous appuyez sur quels témoignages ?

Christos prend le temps de répondre. Il a l'impression étrange que toute l'enquête est en train de basculer. Il pèse ses mots :

— Martial Bellion n'est pas responsable de la mort de votre fils Alex. C'est ce que vous êtes en train de me dire ?

— Je l'ai déjà dit hier à votre collègue. Martial n'y est pour rien. Il a tout endossé. Il fallait bien un coupable...

Christos essaye de réfléchir le plus vite possible. Et s'ils raisonnaient à l'envers depuis le début ? Et si Martial n'était pas responsable de la mort de son fils mais cherchait au contraire à se venger, genre Monte-Cristo ? Et s'il était revenu à La Réunion pour cela ? Christos aimerait avoir le temps de demander conseil à Imelda.

— Il... il y avait quelqu'un d'autre sur la plage de Boucan Canot ?

239

— C'est une vieille histoire, lieutenant. Nous avons mis du temps à la cicatriser.

— Il faut m'en dire plus, madame Doré.

— Et ça changerait quoi ? Ça change quoi, la vérité sur la mort d'Alex, pour votre plan Papangue ?

— C'est à nous de faire les liens entre le passé et le présent, madame Doré. Vous ne m'avez pas répondu. Il y avait quelqu'un d'autre sur la plage de Boucan Canot ?

— J'ai déjà tout dit au type du consulat, hier.

Christos referme le dossier Bellion. S'il y avait le moindre élément intéressant dans la déposition de Graziella Doré, le ComGend le leur aurait signalé.

— Vous ne lui avez rien dit du tout ! Rien sur les employés du Cap Champagne. Rien sur les témoins potentiels de la mort d'Alex. Rien sur les raisons qui vous ont poussée à fermer l'établissement deux mois après le drame, à quitter l'île quelques semaines plus tard.

— Vous faites dans la psychologie ?

Christos lâche un sourire complice à Imelda.

— J'essaie. Je prends des cours du soir.

— C'est bien, lieutenant, continuez. Tout ce que je peux vous dire, pour la troisième fois, c'est que vous faites fausse route. Martial n'a tué personne. Il en serait incapable.

— Madame Doré, il m'en faut plus pour innocenter votre ex-mari. En ce moment même, onze hélicos et plus de trente flics courent après lui.

— Avec une épuisette ? Vos hommes cavalent après un type aussi dangereux qu'un papillon.

— Avec des fusils, madame Doré. Ils ne prendront aucun risque. Ils vont l'abattre.

Pour la première fois, Graziella Doré semble hésiter. Christos comprend qu'il doit lui offrir une porte de sortie. Il se souvient de quelques hypothèses farfelues dont il a discuté avec Aja.

— Madame Doré, pouvez-vous simplement me fournir le nom de vos employés du Cap Champagne, ceux qui étaient présents au moment de la noyade d'Alex ?

— C'est loin... Ils étaient nombreux.

— On retrouvera ces noms, madame Doré, d'une façon ou d'une autre.

— Vous connectez vite, lieutenant. Très vite.

— A votre tour, alors. Le ComGend va épingler votre joli papillon dans les minutes qui viennent.

— Je vais réfléchir. Laissez-moi vos coordonnées.

— Ils étaient sept, madame Doré. Je veux les sept noms.

— Exact, lieutenant. Sept créoles. Vous êtes mieux renseigné que le flic d'hier.

— C'est notre job. On fouille, on creuse, on progresse. Autre chose. Avez-vous des nouvelles des Jourdain ?

— Non. Aucune pour l'instant. Deux verres de punch vanille et un bouquet d'anthuriums les attendent sur la table de verre de leur paillote...

— Le paradis ! Dès que les Jourdain poseront leurs valises chez vous, prévenez l'agent Colençon, le flic du consulat. Ou bien les toits de vos paillotes risquent fort d'être soufflés par les hélicoptères des grands méchants loups du ComGend...

La voix de Graziella Doré retrouve son timbre neutre et froid de directrice d'hôtel de luxe :

— J'y penserai, lieutenant.

11 h 11

— Alors, ma belle, tu en penses quoi ?

Christos vient de raccrocher et attend avec impatience le diagnostic d'Imelda. La Cafrine a écouté toute la conversation sur le haut-parleur.

— Ça a l'air chouette...

Le sous-lieutenant roule des yeux étonnés.

— Quoi ?

— Le Blue Bay ! Les paillotes sur pilotis dans le lagon. Le bouquet d'anthuriums. Ça a l'air chouette. Tu pourrais m'emmener...

— A Maurice ?

Christos pose ses fesses sur le bureau derrière lequel la Cafrine se tient.

— C'est pas un truc pour jeunes couples amoureux ?

Imelda attrape une gomme sur le bureau et la lance vers Christos. Le sous-lieutenant esquive en riant.

— Et sans marmaille !

Pendant qu'Imelda cherche un autre projectile, Christos baisse les yeux vers la Cafrine. Les courbes de sa peau d'ébène se perdent dans le décolleté de sa robe ouverte. Il connaît le moyen d'amadouer sa Miss Marple noire.

— Et l'affaire Bellion, ma belle ? Tu as un bout de fil pour démêler ce putain de sac de nœuds ?

Imelda abandonne le combat et réfléchit à voix haute :

— Je ne sais pas, il faut que je trie. Les Jourdain, Armand Zuttor, les employés du Cap Champagne il y a dix ans, ceux de l'Alamanda aujourd'hui, la relation entre Martial Bellion et son ex-femme, avec sa nouvelle femme. Avec Alex, Sofa...

Christos en profite pour avancer un bras. L'envie de faire sauter un bouton ou deux de la robe d'Imelda le taraude, juste pour le plaisir des yeux. La Cafrine n'a rien vu venir, perdue dans ses hypothèses.

— Il y a un lien entre tout ça, continue Imelda. La violence ne naît pas par hasard, il y a toujours un terrain pour la faire pousser.

Le sous-lieutenant se penche encore et souffle dans le cou de la Cafrine.

— Et ça ne manque pas d'engrais par ici. Le fric mal réparti. Le chômage pour tous. Même le racisme, si on creuse bien.

— Non, justement. C'est là que vous vous plantez ! Ce n'est pas ça, le moteur de la violence sur l'île.

Christos répond mécaniquement, le nez presque collé entre les seins de sa maîtresse. Il a envie d'ajouter le sexe à la longue liste des motifs insulaires pour assassiner son prochain.

— C'est quoi alors, ma belle ?

— Je ne sais pas... J'épluche chaque jour les faits divers du *Quotidien*. Les crimes sont partout, gosses abandonnés, femmes battues, voisins qui s'entretuent à coups de sabre... mais leur origine est ailleurs... Cachée.

Imelda suit le fil de son raisonnement, elle repense un instant aux pères successifs de ses enfants. La spirale habituelle, toujours la même. Inactivité. Pauvreté. Ebriété. Méchanceté. Pendant que les femmes de l'île touchent et dépensent l'argent-braguette, les pères et ti-pères[1] perdent petit à petit toute dignité.

Elle murmure presque, comme un secret :

— Cachée en chaque homme.

Christos n'a pas entendu. Il lève l'autre main et se penche ; ses doigts visent le premier bouton du décolleté mais ses fesses glissent sur le bureau. Il ne parvient à rétablir son équilibre que par une prise d'appui désespérée, main droite sur l'épaule d'Imelda, main gauche pleine poitrine.

Imelda se recule.

— Bas les pattes, gros vicié[2]. J'ai déjà trop traîné ici. La marmaille m'attend pour le cari...

11 h 23

Imelda a garé sa Polo près du parking de la poste, après le boulevard Roland-Garros, à cinquante mètres de la gen-

---

1. Beaux-pères.
2. Vicieux.

darmerie. Elle avance tout en comptant la monnaie dans son sac. Presque chaque jour, un vieux créole de Grand-Fond pose ici sa camionnette et vend des chouchous[1] à des prix défiant toute concurrence. Les touristes ne se font avoir qu'une fois... Généralement, ils détestent les chouchous autant que les Réunionnais les adorent.

Imelda traverse la rue.

Trois voitures sont garées juste devant la poste. La camionnette du fermier. Une Picasso bleue. Un 4 × 4. Chevrolet Captiva. Noir.

Imelda ne parvient pas à détacher son regard du véhicule tout-terrain : un genre de calibre pas si fréquent sur l'île, encore plus rare avec son double pot d'échappement et son pare-buffle chromé muselant le pare-chocs avant, les phares et le capot.

Imelda referme son sac, la main tremblante. Aussi incroyable que ce soit, sa mémoire visuelle ne lui laisse aucun doute.

Elle a déjà vu ce 4 × 4 ! Il y a moins d'une heure, sur une photo, dans le dossier Bellion de la capitaine Purvi.

Instinctivement, elle fait un pas de côté pour se dissimuler derrière le flamboyant qui recouvre de son ombre l'angle de la rue. Le vendeur de chouchous a figé son sourire édenté sous son chapeau et la regarde avec étonnement. La lecture addictive de romans policiers a appris à Imelda à ne jamais croire aux coïncidences... Mais elle doit pourtant se rendre à l'évidence.

Le Chevrolet stationné devant elle, à quelques pas de la gendarmerie de Saint-Gilles, était garé sur le parking de l'hôtel Alamanda, il y a trois jours, très exactement l'après-midi où le corps de Liane Bellion a disparu et où Rodin a été assassiné.

---

1. Légumes également appelés christophines.

32

Plaine des Sables

— Il faut avancer, ma puce.

Martial plisse les yeux et fixe l'horizon. A perte de vue, il ne distingue qu'un paysage lunaire, un océan de cendres crevé d'îlots de lave couleur feu et de blocs de basalte aux allures de monstres pétrifiés. Il a estimé avec précision la distance sur la carte. Même en coupant par la diagonale la plus directe, la traversée de la Plaine des Sables est longue de deux kilomètres. Deux kilomètres à nu pour quitter la lande arborée de la Plaine des Remparts et rejoindre celle de Savane Cimetière.

Leurs pas laissent derrière eux des marques de cendre tassée. Le vent ne soulève pas suffisamment de poussière pour recouvrir les traces de leurs semelles, mais il souffle assez pour fouetter leurs narines, leurs yeux, chaque orifice. Ils progressent bouche close.

Devant eux, Martial repère la route qui serpente au milieu de la plaine. De minuscules scories rouges s'accumulent sur les talus, recouvrent l'asphalte, donnant à la route l'allure d'une immense plaque de fer rouillée.

Ils doivent la traverser. Puis continuer. Droit devant.

— Il fait trop chaud, papa...

Sofa est restée bloquée. Elle tousse. Elle refuse de continuer. Martial comprend, sa fille est au-delà du caprice, c'est une folie que de demander à une gamine de traverser ce désert.

— Il faut avancer, Sofa. Il le faut...

Avancer jusqu'où ?

Devant eux, la terre noire semble avoir été dévorée par un feu de forêt, chaque arbre arraché, calciné, le moindre relief arasé. Comme si un Dieu courroucé voulait être certain qu'aucun être ne puisse jamais vivre sur cette plaine. Ni même y passer pour profaner le silence. Sofa hurle à en défier le ciel :

— Je ne peux plus respirer, papa !

— Je vais te porter, ma puce. Je vais te porter sur mon dos. Nous devons traverser... Une fois dans les arbres, nous serons sauvés...

— Il n'y a pas d'arbres !

Sur sa gauche, au-dessus d'eux, Martial devine le parking du pas de Bellecombe. La route rouge vient y mourir sur le rebord de la caldeira du volcan : juste derrière s'étend une cuvette de plus de trois cents mètres, l'enclos Fouqué, au centre de laquelle brûle le cratère du Dolomieu. Depuis maintenant une demi-heure qu'ils avancent dans la plaine, Martial a vu atterrir trois hélicoptères sur le parking. Un autre strie le ciel, au loin, derrière le piton des Neiges.

Martial sue à grosses gouttes sous la casquette 974 qu'il a enfoncée pour dissimuler son visage. Au-dessus du pas de Bellecombe, des dizaines d'étoiles brillantes renvoient les rayons du soleil.

Portières vitrées ? Jumelles ? Viseurs de fusils ?

Martial tend les bras vers Sofa.

— Il faut continuer, Sofa, si tu veux retrouver maman. Tu te souviens ? Nous ne devons pas rater le rendez-vous.

Le colonel Laroche laisse tomber les jumelles sur sa poitrine. Il distingue Martial Bellion et sa fille à l'œil nu. Il se retourne vers Andrieux, le commandant du GIPN, à la tête de seize tireurs d'élite qui attendent ses ordres sur le parking du pas de Bellecombe. Les touristes ont été cantonnés plus loin, après les hélicoptères, près du gîte gris qui sert de snack, de salle hors-sac et de toilettes. Les autres ne montent plus, la route a été coupée à Bourg-Murat. Le commandant Andrieux oriente son SAKO TRG-42 vers la Plaine des Sables.

— Bellion n'a pas l'air armé. A cette distance, je peux l'abattre sans toucher la fille. Tout sera fini avant même qu'il s'en rende compte.

Laroche laisse son regard se perdre vers la caldeira de l'enclos Fouqué, fixe le minuscule volcan du Formica Leo. Il a fait trois fois le tour du monde au fil de ses mutations, mais cette île ne ressemble pourtant à rien de ce qu'il a pu connaître. La poussière grise, les canyons, les reliefs détritiques, tout rappelle un paysage de western ou, pire encore, de thriller post-apocalyptique. Laroche dévisage un à un les seize gendarmes agrippés à leurs fusils de précision. Le plus difficile désormais ne sera pas de capturer Martial Bellion, mais d'éviter la bavure.

— On se calme, Andrieux. La gamine n'est pas l'otage de Bellion, c'est sa fille. Si on abat son père devant ses yeux, on risque de faire pas mal de dégâts dans son cerveau... Et je ne parle pas seulement d'une balle perdue. Nous sommes plusieurs dizaines, nous avons Bellion en point de mire sur un périmètre découvert et désert de cinq kilomètres carrés. Il nous suffit de les encercler pour les coincer vivants.

« Il faut continuer si tu veux retrouver maman », m'a dit papa.

Il faut continuer si tu veux retrouver maman !

Ce n'est pas vrai. Papa n'est qu'un menteur !

Je ne peux plus continuer. J'ai trop chaud, je n'ai plus de forces, je m'arrête et je hurle :

— Je ne te crois plus, papa. Tu mens ! Tu mens tout le temps. Maman est morte, tu l'as tuée comme tu as tué la vieille dame aux cheveux bleus. Qu'est-ce que tu vas faire maintenant ? Me tuer aussi moi parce que je ne peux plus marcher ?

Papa avance les bras vers moi comme s'il voulait me porter.

Je ne vais pas me laisser faire.

Je m'assois, j'envoie valser mes chaussures puis je pose mes pieds nus dans le sable noir. Je pose mes mains aussi.

C'est brûlant ! J'ai l'impression que ma peau va fondre jusqu'à mes os. Je m'en fiche. Les grains de sable noir me piquent la peau comme si j'étais assise sur des milliers de fourmis. Je ne bouge pas. J'attends qu'elles me dévorent. Ça ne prendra que quelques secondes.

Je voudrais mourir…

Je voudrais…

Sans m'en rendre compte, je m'envole.

Je me retrouve sur le dos de papa.

Je tape des pieds mais il s'en fiche. Papa se baisse, ramasse mes chaussures. Il marche, à grandes enjambées, presque en sautant, comme un astronaute sur la lune.

Il parle, essoufflé :

— Il faut me croire, Sofa. Je n'ai tué personne, je te le promets.

— Pourquoi ils te courent tous après alors ?

Deux autres hélicoptères passent dans le ciel.

De partout, comme si les pierres se réveillaient, des ombres noires bougent et font la ronde autour de nous.

Papa est fou avec son histoire de rendez-vous. On est fichus. Jamais les gendarmes ne nous laisseront passer.

— Tu me fais mal, papa, tu me serres trop fort.

— Il faut avancer plus vite, Sofa. Regarde, ils sont tout près...

Je ne réponds pas, je cogne juste son ventre avec mes pieds. Je voudrais lui faire le plus mal possible.

11 h 33

Les pas de Martial s'enfoncent dans la cendre comme dans du sable humide. Il est trempé de sueur. Sofa est trop lourde, elle bouge trop, il ne pourra pas la porter très longtemps. Pour qu'il reste une infime chance, il doit à tout prix la convaincre de lui faire confiance, de marcher à ses côtés.

Gagner du temps.

— Il faut que tu m'écoutes, Sofa. Si les gendarmes nous arrêtent, tu ne reverras plus ta maman. Jamais.

Les pieds de Sofa tambourinent la réponse contre sa peau.

— Menteur ! Menteur !

Martial observe l'horizon grouillant d'uniformes sombres. Il n'a pas le choix. Il pose doucement la fillette qui ne cesse de se débattre, s'accroupit et la regarde dans les yeux. Il sait qu'il n'a pas le droit à l'erreur.

Il bluffe, pourtant. Il n'a rien dans les mains, aucune carte forte, pas même une paire.

Tapis !

— Ecoute-moi, Sofa. Ecoute-moi bien. Maman n'est pas morte. Si on passe le volcan, si on bascule de l'autre côté, elle t'attend, Sofa. Tu m'entends, elle t'attend. Vivante !

Sofa s'est figée, incrédule.

Trois nouveaux hélicoptères passent.

La plaine se rétrécit, les pierres avancent vers eux, coupant toute issue.

Martial insiste :
— Elle est vivante, Sofa, je te le promets.

Et dans sa tête, il prie pour que ce soit vrai.

33

Fournaise

La grotte de basalte surplombe l'océan Indien. La houle frappe la roche noire, inlassablement, comme si l'océan s'acharnait à reconquérir les quelques mètres de terre volés par le volcan à chaque éruption. Parfois, des vagues plus hautes s'élèvent et quelques gouttes d'écume audacieuses parviennent à atteindre l'intérieur de la caverne volcanique. Elles grillent dès qu'elles se posent sur la roche dans un nuage de vapeur d'eau.

La lutte éternelle entre l'eau et le feu.

Le sauna des Danaïdes.

Liane va mourir ici.

Liane a les mains liées dans le dos et les pieds attachés par un câble de fer. Elle s'est réveillée ainsi, dans cette grotte qui surplombe l'océan Indien. Elle peut au mieux, en rampant, s'avancer jusqu'à l'entrée, se mettre à genoux et apercevoir l'océan à l'infini. Se jeter dans l'eau serait un suicide, les vagues la fracasseraient en quelques secondes contre les rochers.

Cela mettrait fin à son calvaire.

Elle doit tenir, pourtant.

Pour Sofa.

Elle n'a pas cessé de réfléchir, depuis son réveil. Vraisemblablement, elle se trouve entre Sainte-Rose et Saint-Philippe, plein est, dans une des crevasses formées par les laves du volcan qui ont coulé jusqu'à la mer après avoir coupé la route du littoral, accessibles seulement par l'océan. La dernière éruption remonte à décembre 2010. Aucun géographe ne s'amuse à dessiner les cartes de reliefs aussi éphémères.

Liane peut crier, hurler, personne ne l'entendra. Le choc continu des vagues couvre tout autre son. Elle a essayé pourtant, des heures durant. Elle n'a plus la force. Sa gorge n'est plus qu'une cheminée ardente, les vapeurs de dioxyde de soufre rongent son larynx à chaque respiration.

Quelle température peut-il faire ? Cinquante degrés ? Davantage encore ? Une sueur brûlante coule en permanence sur sa peau nue. Elle bouge le moins possible pourtant. Elle se force à conserver sa lucidité. A se poser les bonnes questions.

Une seule, en réalité.

Où est Sofa ?

Martial est-il avec elle ? Seul avec elle ?

Sofa est en danger. Liane a repassé dans sa tête le fil des événements, dix fois, cent fois. Tout est clair désormais. Sa vie ne compte pas. Ne compte plus. Sa mort n'est qu'un prétexte. Son corps n'est qu'un appât, un morceau de chair avarié qui pourrit au fond d'une cage piégée.

C'est Sofa la véritable cible.

Liane se fiche de mourir, mais elle enrage de crever là, impuissante. Elle doit tenir encore, tant qu'il reste une chance infime.

Où est Sofa ?

Elle n'a survécu pendant ces heures que pour connaître la réponse. Elle s'est allongée sur les roches bouillantes et à l'aide de ses pieds a poussé vers l'océan les cailloux les plus friables, un à un, centimètre après centimètre, creusant une petite rigole qu'elle a lentement élargie en une minuscule cuvette. Puis elle a recommencé, juste à côté, pour former une dizaine d'assiettes creuses dans la roche.

Elle a attendu.

Lorsque les vagues les plus fortes ont jailli, éclaboussant la grotte d'embruns aussitôt métamorphosés en vapeur ardente, quelques gouttes sont restées piégées par la pierre creusée, formant des mares d'eau tiède de quelques millimètres de profondeur. Liane y a collé le visage, la bouche, les narines, les yeux, happant la mince surface avant qu'elle ne s'évapore. Liane a recommencé, une fois, dix fois, afin que sa peau ne se craquelle pas comme une glaise trop cuite.

Peine perdue. Elle a vite compris que ce serait insuffisant. L'eau, même piégée, fuyait trop vite par les milliers de diaclases. Autant éteindre un brasier avec une seringue. Les quelques flaques éphémères ne lui permettraient de survivre que quelques heures supplémentaires.

Liane s'est assise pour réfléchir, pour trouver une autre idée, avant de définitivement devenir folle.

Où est Sofa ?

Liane a déchiré ses vêtements avec ses dents et ses mains nouées dans le dos, sa jupe soleil, son caraco de coton blanc, son soutien-gorge. Elle s'est contorsionnée de longues minutes. Sa culotte de soie s'est déchiquetée en lambeaux à force d'être frottée sur la roche. Elle s'est ainsi retrouvée nue, à l'exception des derniers morceaux de tissu collés à sa peau, fondus en un seul magma, comme du papier sulfurisé à une sucrerie oubliée au fond d'une poche.

Liane s'est traînée jusqu'à l'entrée de la grotte. Elle a offert un instant sa nudité à l'air du large puis elle a déposé les haillons déchirés dans les écuelles de pierre. Les linges se sont mouillés, petit à petit, conservant quelques instants supplémentaires une humidité poisseuse avant que l'eau ne fuie dans les entrailles du basalte. Aussitôt, Liane a appliqué le tissu spongieux sur ses paupières, entre ses seins, contre son pubis, avant que le linge ne sèche à nouveau en une toile raidie.

Elle a recommencé. Elle a répété à l'infini les mêmes gestes mécaniques. Puis elle en a ajouté d'autres. Pour ne pas devenir folle.

A force de contorsions, elle est parvenue à briser un piton de roche, une sorte de stalagmite. Elle a vite abandonné l'idée de pouvoir rompre ses liens de fer à l'aide de ce bâton de pierre, mais elle a entrepris de le frotter contre la roche, indéfiniment, afin de l'aiguiser. Liane a calculé que la pointe, longue de moins de dix centimètres, pouvait tenir dans la paume sans que l'on puisse la deviner.

Une arme...

Si jamais on la libérait, peut-être pourrait-elle s'en servir. Elle se force à le croire, pour ne pas sombrer.

Où est Sofa ?

Liane se rend compte qu'elle a fait les mauvais choix, que tous ses efforts ne font qu'accélérer son agonie. Cette arme dérisoire est une idée ridicule ; à force d'aiguiser cette pointe, ses poignets saignent maintenant abondamment. Elle n'aurait pas dû non plus se déshabiller. Les lambeaux de tissu se réduisent un peu plus chaque fois qu'elle les presse contre son corps en charpie, au prix de contorsions démentes. Désormais, chaque contact entre sa peau nue et la roche devient une torture.

Brûlée.

Ses pieds sont comme dévorés par la morsure de charbons ardents. La sueur le long de ses membres creuse des sillons de feu. Son vagin se consume, irradié de l'intérieur.

Etait-ce pire avant qu'elle se dénude ? Elle ne se souvient plus.

Elle doit tenir pourtant.

Obtenir une réponse.

Elle doit retrouver Sofa.

Vivante.

34

Hisse et Haut

— Là !

Jipé désigne du doigt les deux silhouettes, la grande et la petite, qui se détachent de la mer des sables. L'instant d'après, l'Eurocopter Colibri décrit un bref arc de cercle, puis plonge en piqué vers le volcan.

La main d'Aja se crispe sur la poignée au-dessus de la portière. Cela fait longtemps qu'elle n'est pas montée dans un hélicoptère. Sept ans et six mois, très exactement, le jour où elle a su qu'elle était enceinte de Jade. Jipé a pourtant insisté depuis, plusieurs fois, pour que cette tête de mule vole à nouveau avec lui. Elle a connu le pilote à l'école primaire de Plateau Caillou, plus souvent perché dans les tamarins ou sur les toits des immeubles que dans la cour de récréation. Il a fondé l'association Hisse et Haut à l'âge de vingt ans, à l'époque où Aja étudiait le droit en métropole. En quelques années, aidé d'un réseau de copains, Jean-Pierre Grandin est parvenu à offrir aux visiteurs amateurs de sensations fortes toute la panoplie des survols de l'île possibles : vol à voile, ULM, deltaplane, parapente, paramoteur... et, bien entendu, le must... la balade en hélicoptère.

Le Colibri bascule soudain sur la droite. Droit vers le cratère du Dolomieu. Aja ne se souvenait pas d'une telle impression de vertige. Des puits incandescents se devinent sous chaque cheminée volcanique, comme s'ils survolaient l'antre d'un dragon, le Mordor de Sauron, un territoire interdit d'où peut à chaque instant jaillir un feu mortel.

Jipé réajuste ses lunettes de soleil et plaisante :

— Pas de panique, Aja. Le piton dort encore. Par contre, on se croirait sur le périph ce matin...

Il désigne du regard les trois Ecureuils du GIPN qui, au loin, survolent la Plaine des Palmistes.

— Je ne vais pas pouvoir les chatouiller de trop près. Ils seraient trop contents de me faire sauter ma licence...

Aja comprend. Le survol de l'île en hélicoptère est régi par deux compagnies officielles qui s'arrangent pour pratiquer des tarifs exorbitants... Plus de mille euros l'heure de vol... Le prix forfaitaire d'un souvenir inoubliable. Jean-Pierre et son association cassent les prix. Hisse et Haut n'a aucun but commercial, Jean-Pierre se contente d'emmener des amis visiter l'île dans son hélicoptère personnel, comme d'autres utiliseraient leur voiture... des amis membres et donateurs de son association, en moyenne une centaine d'euros. Le tribunal de commerce de Saint-Denis, malgré la pression des compagnies officielles qui dénoncent une concurrence déloyale, n'a pas trouvé la faille... Le juge n'a pas beaucoup insisté, Hisse et Haut est une association bien vue par les habitants des Hauts et leurs élus. Lors des derniers cyclones, Dina ou Gamède, Jean-Pierre Grandin fut l'un des rares pilotes à risquer sa vie pour aller ravitailler les îlets du cirque de Mafate, les fameux villages construits à des heures de marche de la première route goudronnée, isolés du monde, du moins si l'on fait abstraction du ballet incessant des hélicoptères de touristes accrochés au zoom de leurs Nikon.

— Je te dépose sur le parking du pas de Bellecombe, Aja ? J'ai l'impression que tes amis ne vont pas t'attendre pour commencer la partie...

Le Colibri vire à gauche.

Aja serre les dents. Les parois vitrées de l'hélicoptère autorisent une vision extraordinaire à trois cent soixante degrés. Au-dessous d'eux, cinq Ecureuils AS350 et quatre fourgons de gendarmerie sont garés sur le parking. Une dizaine d'hommes armés s'agitent, une vingtaine d'autres continuent de se déployer dans la Plaine des Sables pour encercler les deux fuyards. Au centre, Aja reconnaît Martial Bellion, il tient Sofa par la main.

— Ils sont fichus, murmure-t-elle.

Aja a beau se souvenir des trois meurtres commis par Bellion, elle ne peut s'empêcher de trouver pathétique la fuite de cet homme et de sa fille : deux gazelles à bout de forces cernées par des fauves qui ont eu l'intelligence de les rabattre sur un terrain nu et de bloquer toutes les issues. Les fuyards sont encore à plusieurs centaines de mètres des premières landes arborées où ils pourraient se dissimuler ; un barrage de vingt flics, tous armés de fusils longue portée, leur bloque le passage. Un seul ordre de Laroche suffirait pour que la cavale désespérée s'achève.

Ce n'est plus qu'une question de secondes, pense Aja. Laroche n'est pas si con, il les veut vivants...

Elle se tourne vers le pilote.

— Fin de partie, Jipé. Désolée de t'avoir dérangé, mais je préfère que tu me ramènes à la maison. J'ai moyennement envie de descendre juste pour féliciter ce connard de colonel.

— Comme tu veux, ma belle...

L'hélicoptère reprend de la hauteur. Aja s'accroche et peste :

— C'est tout de même étrange que Bellion se soit retrouvé coincé ici, sur les flancs du volcan, au milieu de la Plaine des Sables... Il avait mille endroits pour se planquer, des forêts à perte de vue, et il a choisi l'espace le plus à découvert de toute l'île...

Jipé sourit.

— Ton fuyard, c'est un touriste ou il connaît La Réunion ?

— Les deux... Mais oui, d'après son CV, il connaît plutôt bien le coin.

— Tu m'étonnes...

Le pilote lève ses lunettes de soleil et plisse ses grands yeux clairs. Il a soudain l'air très amusé et observe les silhouettes de Bellion et Sofa avec admiration.

— Comment ça, Jipé, « tu m'étonnes » ?

— Si tu veux mon avis, votre ennemi public n° 1 vous a tendu un joli petit traquenard et tous les flics de l'île se sont engouffrés dedans.

Aja scrute les flancs du volcan. Les dizaines d'hommes à leurs postes. Bellion seul au centre. Elle ne comprend pas.

Jipé prend encore de la hauteur.

— Pas au-dessus de nous, ma belle. Juste derrière.

Aja tourne la tête. Elle découvre le canyon de la Rivière des Remparts. Son regard descend jusqu'à l'embouchure, la pointe de la Cayenne, les lotissements de Saint-Joseph qui grignotent chaque espace entre l'océan et les ravines.

Soudain elle comprend.

Elle se fige, incapable de fixer autre chose que le fond de la plus profonde ravine de l'île, un dénivelé de près de deux mille mètres.

Nom de Dieu... Martial Bellion avait tout calculé. Le lieu exact. L'heure précise de sa fuite. Il a fait se poser tous les hélicoptères à l'endroit qu'il avait choisi. Il a fait converger tous les flics de l'île à sa poursuite vers un point, un seul point. Ce connard de Laroche a foncé tête baissée, lui et son armée de Zoreilles. Martial a joué à quitte ou double, mais lui seul connaissait les règles.

Aja hurle dans le cockpit :

— Il faut qu'on se pose, Jipé ! Il faut qu'on se pose tout de suite et qu'on les prévienne.

— A tes ordres, ma belle...

L'hélicoptère pique droit vers le volcan. Aja calcule dans sa tête. Combien de temps lui reste-t-il ?

Quelques minutes au maximum.

Ensuite, le piège tendu par Bellion se refermera sur les hommes de Laroche avant même qu'ils ne s'en aperçoivent.

35

Filature indienne

Imelda n'a pas bougé depuis plus de dix minutes. Elle continue de se tenir debout dans l'ombre du flamboyant, pensive, observant le 4 × 4 noir.

Sur le trottoir d'en face, le vendeur de chouchous la regarde avec méfiance. Imelda fait semblant de chercher son téléphone portable dans son sac, puis de consulter une quelconque application. Nul n'est censé deviner que son vieux téléphone est incapable de faire autre chose que de mettre en relation deux personnes qui veulent se parler.

Imelda réfléchit. Le Chevrolet Captiva devant elle était garé vendredi après-midi sur le parking de l'hôtel Alamanda, à l'heure de la disparition de Liane Bellion. D'expérience, la Cafrine ne fait pas confiance au hasard. Les choses ont toujours une bonne raison d'être à leur place. Les choses comme les gens.

La coque tiède du portable lui réchauffe la paume. Imelda hésite. En toute logique, elle devrait appeler Christos, lui expliquer, lui donner le numéro de la plaque d'immatriculation. L'affaire serait réglée et elle pourrait se la sortir de la tête.

Christos se moquerait d'elle mais, si elle insiste, il fera tout de même les recherches. Christos n'est pas un mauvais homme. C'est même le meilleur homme qu'elle ait connu. Il est sans doute le plus fainéant, le plus infidèle, le plus vieux aussi, celui qui jouit le plus rapidement en elle et qui s'endort plus vite encore ensuite, le plus alcoolique, le plus accro au zamal, le plus blanc... Mais pourtant, il n'y a pas de hasard. Elle a observé Christos lorsqu'il ne joue pas au macho, au flic désabusé ou à l'amant cynique ; quand, l'espace d'une seconde, il ramasse machinalement la poupée de Joly, qu'il contrôle d'un regard furtif l'état du scooter de Nazir, ou même, lorsqu'elle lit et qu'elle sent son regard par-dessus son épaule.

Pas le regard d'un homme que le soleil et l'alcool font bander.

Celui d'une tendresse inavouée.

Oui, à bien y regarder, Christos est un homme qui mérite d'être aimé.

Le Chevrolet Captiva cligne des yeux.

Les phares se sont allumés trois fois. Imelda recule encore derrière le tronc tout en scrutant le parking. Un homme pointe une clé électronique vers le véhicule, un Malbar, une sorte de tonneau boudiné dans une kurta et coiffé d'une casquette kaki décorée d'une tête de tigre rouge. Il doit peser au moins autant qu'elle, mais mesure vingt bons centimètres de moins. Il tient, coincé sous son bras gauche, un sac marron visiblement plein à craquer de victuailles achetées à la Case à Pain.

L'instant suivant, le Malbar disparaît dans la voiture.

Imelda doit rapidement prendre sa décision.

Téléphoner à Christos... et passer pour une idiote.

Laisser tomber... et y repenser sans cesse.

Foncer dans sa vieille Polo garée à dix mètres et suivre ce 4 × 4. Juste histoire de tirer un peu le fil...

Il n'y a pas de hasard.

Imprimer.

Christos se penche vers l'ordinateur et clique sur l'icône.

La vieille imprimante crache péniblement des lettres rouges sur une feuille A4. Christos a dû modifier la couleur du fichier PDF que Graziella Doré vient de lui faire parvenir par mail, il n'y a plus de toner noir dans la cartouche et il n'a jamais su la changer. La directrice du Blue Bay a mis moins d'une demi-heure pour prendre sa décision et lui envoyer la liste de ses employés du Cap Champagne. Il y a dix ans.

Sept noms.

Le fichier est daté. Tamponné. Signé.

Christos sait qu'il faudra prendre le temps de vérifier cette liste, de la croiser avec les fichiers URSSAF, de contacter chaque témoin, de recouper leurs versions.

Plus tard...

Sa boussole, c'est l'instinct d'Imelda. Il doit chercher le lien entre le passé et le présent, les employés du Cap Champagne et ceux de l'Alamanda.

Christos arrache la feuille de l'imprimante et peste. Le rouge a viré au rose clair. Il n'y a presque plus de toner de couleur non plus...

Dans la gendarmerie, deux enceintes reliées à un PC diffusent en continu sur VHF les communications entre les brigades du ComGend. Christos peut suivre presque en direct la traque de Bellion, son arrestation imminente, les ordres qui chorégraphient le ballet des hélicos... Tous, Aja comme Laroche, ont autre chose à foutre que de s'intéresser à un accident vieux de dix ans et à des témoins créoles dont on ne sait même pas s'ils ont quelque chose à raconter.

Christos porte la feuille à ses yeux. Même à moitié effacés, il parvient à lire les sept noms.

Mohamed Dindane
Renée-Paule Grégoire
Patricia Toquet
Aloé Nativel
Joël Joyeux
Marie-Joseph Insoudou
François Calixte
Ou *Françoise Calixte* peut-être…

Le sous-lieutenant relit la liste une seconde fois, s'attarde un moment sur le quatrième nom, fronce quelques rides de son front en signe de méditation, puis plie la feuille et la fourre dans la poche de son pantalon.

Sa décision est prise.

Puisqu'il n'a rien de mieux à faire, il va aller rendre visite à Armand Zuttor et à ses employés. Même un lundi de Pâques, il doit bien en rester quelques-uns de garde pour les derniers touristes. C'est à peine à un kilomètre de la BTA et le rhum y est excellent…

11 h 39

Le 4 × 4 noir est arrêté au cédez-le-passage à la sortie de l'Ermitage. Imelda a laissé trois voitures s'intercaler entre sa Polo et le Chevrolet. Elle l'a suivi, la curiosité a été la plus forte ! D'ailleurs, elle se rend compte qu'effectuer une filature sur l'île n'a rien de compliqué : il n'existe qu'une seule route qui longe la mer et les véhicules s'y suivent pendant des kilomètres sans se doubler. Heureusement, d'ailleurs ! Sa vieille Polo rouge est particulièrement repérable avec sa portière arrière gauche orange récupérée à la casse de la Source. Christos n'a jamais pris le temps de la repeindre.

Le 4 × 4 passe les Avirons. Sous la route qui surplombe la ravine, quelques chèvres se partagent de rares touffes d'herbe emballées dans des papiers gras. Imelda peste. Le Malbar va-t-il ainsi continuer jusqu'à la côte-au-vent ?

Tout en tenant le volant d'une main, elle compose le numéro de téléphone de la case.

— Nazir ? C'est maman.

— Qu'est-ce que tu fous ? On t'attend !

— Je vais être un peu en retard.

— Tu rentres pour manger, quand même ?

— Peut-être pas. Tu peux t'occuper de Dorian, d'Amic et des petites ?

— Ben non.

Imelda étouffe un juron dans sa Polo. Le Chevrolet roule au pas dans L'Etang-Salé. Elle imagine Nazir, la cigarette de zamal à la bouche, incapable du moindre effort. Elle élève le ton.

— Ben si, tu vas y arriver, mon grand. Y a du cari de poulet dans le frigo. Pas assez mais tu ajouteras des légumes. Je te laisse voir ce qu'il y a dans le jardin.

Le 4 × 4 entre dans Saint-Pierre puis tourne vers le lotissement de la Ligne Paradis. Nazir tousse dans le téléphone.

— Putain, le délire...

— Pour une fois, tu vas te débrouiller. Demande à Joly de te filer un coup de main.

Un silence.

Pour une fois, répète Imelda dans sa tête. Ils peuvent bien se passer d'elle. Elle se sent comme une gamine qui fait le mur pour partir en boîte de nuit, une amoureuse dont le cœur cogne à se rompre. Il faut qu'elle se calme.

— Tu vas y arriver, hein, mon grand ?

— T'as l'air excitée, maman. T'as trouvé un bonhomme, c'est ça ? Un vrai ? Un Cafre ?

Au fur et à mesure qu'ils progressent vers le lotissement de la Ligne Paradis, les voitures se font plus rares. Imelda doit être vigilante si elle ne veut pas se faire repérer. Elle ralentit.

— Je dois raccrocher, Nazir. T'es pas idiot, tu vas y arriver.

Elle éteint le portable et le coince entre ses genoux.

Le Chevrolet tourne à gauche, puis à droite. Quelques secondes après lui, elle s'engage dans un dédale de ruelles sales. Le 4 × 4 finit par entrer chemin Sapan. Une impasse ! Elle stoppe sa Polo au bord du trottoir. Un chien maigre vient renifler son pneu. Un rideau s'ouvre en face et une vieille en peignoir la fixe. Des gamins tapent dans un ballon entre deux poubelles.

Le kartié. Copie conforme du sien, à Saint-Louis. Elle n'est pas dépaysée. Elle sort de la Polo et avance à pied jusqu'à l'entrée de l'impasse.

Le Chevrolet s'est garé devant une petite case au toit de tôle. Le luxe du 4 × 4 rutilant tranche avec la misère de la maison, mais Imelda sait que certains créoles préféreraient vivre sous les étoiles plutôt que de se priver d'une bagnole neuve.

Le Malbar descend. Disparaît dans la case.

Imelda attend. Une minute. Le téléphone sonne.

— Maman, c'est Nazir.

La Cafrine lève les yeux au ciel.

— Je suis occupée !

— Maman, on peut faire du riz à la place des putains de légumes du jardin ? Dorian, Amic et Joly sont d'accord.

Ben voyons.

— Je suis occupée, mon grand.

— Je comprends, maman. C'est oui alors ?

Imelda soupire.

— OK. Mais à partir de maintenant, Nazir, écoute bien ce que je vais te dire. Tu ne me téléphones plus. En cas d'urgence, tu ne m'envoies que des textos. Pigé ?

— Pigé ! Je suis content pour toi, maman. Profite bien...

Crétin !

Il raccroche.

Une minute encore. Imelda hésite une nouvelle fois à appeler Christos. Dans les romans policiers, elle peste toujours contre les héros qui pour des raisons parfaitement invraisemblables refusent de demander l'aide de la police... et finissent par s'attirer les pires ennuis, quand ils ne se font pas trucider.

Et voilà qu'elle devient aussi sotte...

Le Malbar ressort de la maison. Il porte en bandoulière un sac presque aussi large que son tour de taille. Il enfourne le tout dans le coffre de la Chevrolet. Quelques instants plus tard, le 4 × 4 vibre et le double pot d'échappement crache son dioxyde de carbone.

Imelda hésite entre remonter dans sa Polo et le suivre, ou rester et inspecter la case de plus près. La curiosité pour la maison est la plus forte. D'ailleurs, le 4 × 4 disparaît déjà au bout de la rue.

Imelda attend encore de longues minutes. C'est peut-être un piège. Le Malbar peut avoir repéré sa voiture, à l'instar de tout le reste du kartié, la vieille le nez collé au carreau, le chien qui s'est pris d'affection pour les trois autres pneus ou les gamins qui ont raté trois fois, de peu, la carrosserie. Mais ils s'améliorent...

Imelda sort de la voiture.

Elle a décidé de seulement fouiller le jardin, de glisser un œil à travers la fenêtre, peut-être, si on distingue quelque chose. Elle téléphonera à Christos si le moindre détail l'intrigue.

La barrière couine lorsqu'elle la pousse. Imelda écarte du bras un eucalyptus desséché. Elle avance encore, les carreaux sont tellement sales qu'il est quasiment impossible de voir quoi que ce soit à l'intérieur.

Ce n'est d'ailleurs pas la peine.

La porte de la case n'est pas fermée. Elle est juste repoussée. La serrure rouillée ne semble d'ailleurs pas avoir servi depuis des années.

Imelda est bien consciente qu'entrer serait la dernière des âneries. Elle l'a lu mille fois, les témoins trop curieux se font toujours avoir ainsi, par excès de confiance.

Elle observe la rue.

Que pourrait-il lui arriver dans ce kartié ? En plein jour. Elle a grandi dans un kartié comme celui-ci, elle y a toujours vécu, elle en connaît les codes, les rituels, ses vieilles espionnes, ses gosses qui piaillent dans la rue, ses hommes invisibles avant le coucher du soleil.

Imelda serre le téléphone portable dans sa main et vérifie qu'elle capte du réseau.

Puis elle pousse la porte de la case.

36

Inversion thermique

11 h 40

La voix amplifiée dans le mégaphone souffle sur la Plaine des Sables.

— Bellion ! Vous êtes cernés. Ecartez-vous de votre fille et levez les bras.

Martial plisse les yeux. Derrière le halo gris de la poussière de cendres, il distingue une vingtaine d'hommes, espacés chacun d'environ trente mètres, droits et immobiles tels des totems alignés dans la plaine dénudée. Tous pointent un fusil à lunette dans sa direction.

La petite main de Sofa serre son index, la fillette parle tout bas :

— Ils vont nous tuer, papa ?

Martial s'accroupit.

— Non, ma puce. Ne t'inquiète pas. Garde ta main dans la mienne. Surtout, ne la lâche pas.

Martial défie les flics du regard. Plus l'affrontement approche et plus il se sent porté par une étrange force, un sentiment grisant d'invulnérabilité qui décuple sa volonté. L'envie de se positionner entre sa fille et ces fusils, par exemple, de la protéger contre ces mercenaires.

Martial se penche encore vers Sofa. Il ne doit pas se laisser abuser par cette euphorie, cet élan paternel n'est rien d'autre qu'un réflexe, un instinct de survie animal, une illusion pour cacher la réalité.

Jamais il n'a été aussi irresponsable. N'importe lequel de ces flics pourrait perdre son sang-froid et appuyer sur la détente.

Il murmure à l'oreille de sa fille :

— Tu sais courir vite, ma puce ?

Sofa hésite, puis sourit.

— Oui ! Je suis la plus rapide de l'école. Même les garçons ne m'attrapent jamais à Epervier, sortez.

— D'accord, je te crois, il faudra courir encore plus vite. Mais seulement quand je te le dirai.

Le mégaphone tonne une seconde fois :

— Bellion. Je suis le colonel Laroche, je dirige le Commandement de la gendarmerie de l'île. Ne nous forcez pas à ouvrir le feu. Eloignez-vous de votre fille et levez les mains. Vingt fusils sont braqués sur vous...

Martial doit gagner du temps. Encore quelques secondes.

Derrière les flics, le volcan est calme. Rien à espérer de ce côté-là, le piton de la Fournaise est le cratère le plus surveillé du monde. L'annonce de son réveil fait l'objet d'une couverture médiatique qui ne laisse aucune place à la surprise.

— Fais comme moi, Sofa...

Martial lève la main gauche, ostensiblement, lentement, mais conserve la droite autour de celle de sa fille.

Cela ne suffit pas au mégaphone.

— OK, Bellion. Si vous ne voulez pas comprendre, c'est nous qui allons venir vous chercher. Si vous faites le moindre pas, nous vous collons une balle dans la tête. Devant votre fille. C'est bien compris ?

Martial distingue au loin, vers le parking du pas de Bellecombe, un hélicoptère qui vient de se poser. Les occupants sortent en courant. Il croit reconnaître la capitaine Purvi, la gendarmette de Saint-Gilles.

L'espace d'un instant.

Puis il ne voit plus rien.

Les hélicoptères disparaissent les premiers, avec le volcan.

Cinq secondes plus tard, les policiers devant lui sont avalés à leur tour.

Cinq secondes encore, il ne perçoit plus rien trois mètres devant lui.

Une seconde encore, il ne voit plus ses pieds, ni Sofa. Il sent juste sa main chaude dans la sienne.

— Maintenant, Sofa. Droit devant !

Ils sprintent dans le brouillard.

Quitte ou double.

Martial a randonné des dizaines de fois sur les flancs du volcan, il a chaque fois été surpris par ce stupéfiant phénomène local d'inversion thermique. Le passage brutal, en quelques instants, d'un soleil radieux dans un ciel d'azur à un nuage de brouillard porté par les vents de mer, bloqué d'abord dans le canyon de la Rivière des Remparts, puis surgissant comme un essaim d'abeilles pour faire disparaître toute visibilité sur des kilomètres à la ronde. Martial a observé tant de touristes en tee-shirt grelottant soudain dans la brume humide, un stupide appareil photo à la main ; il a conduit tant de visiteurs frustrés dans la purée de pois aux belvédères panoramiques des Makes, du Maïdo, du pas de Bellecombe...

Des sons cotonneux se perdent dans le brouillard. Des ordres désordonnés. Des bruits de pas qui couvrent les siens et ceux de Sofa.

Ils ne tireront pas.

Martial sait qu'il doit courir plus vite encore, la brume dans la Plaine des Sables peut se déchirer n'importe quand. N'importe où. Ils ne seront sauvés que s'ils atteignent l'avoune, le brouillard s'accroche des heures durant dans les arbustes. Ils resteront invisibles assez longtemps pour prendre une avance suffisante. Ils se perdront ensuite dans les Hauts de Sainte-Rose. Les flics n'ont aucun moyen de deviner dans quelle direction ils fuient.

— Ne vous dispersez pas ! hurle la voix de Laroche dans le mégaphone. Formez un rang ! Bellion ne doit pas passer.

Martial imagine les flics tendre leurs mains en aveugle, aussi dangereux que des gosses jouant à colin-maillard.

Les griffures le rassurent. Il en pleurerait de joie.

Ils ont atteint l'avoune !

Il entend la respiration haletante de Sofa à ses côtés. Ils ne doivent pas prononcer un mot, continuer, continuer encore, s'enfoncer dans le maquis.

Martial écarte de sa main libre les branches invisibles qui cinglent leurs visages. Ils progressent aussi vite qu'ils peuvent.

Ils s'éloignent, ils n'entendent déjà plus les cris des flics.

Ils ont gagné !

Ils n'ont plus qu'à redescendre vers l'océan ; rejoindre l'anse des Cascades.

Ils seront à l'heure au rendez-vous.

Ils...

Soudain, Martial trébuche. Le temps d'un instant, il a relâché sa concentration. Une racine, un mauvais appui, un pas sur le côté pour rétablir son équilibre.

La main moite de Sofa a glissé de la sienne.

Il se mord les lèvres, puis susurre entre ses dents :

— Sofa ?

Impossible de crier. Et même de parler à voix haute. Ce serait stupide. Sofa est là, à quelques mètres de lui.

Rien qu'un souffle dans la nuit pâle.

— Sofa ?

Aucune réponse. Les mains de Martial tâtonnent. Des ronces blanches entaillent sa peau.

Sa voix glisse. Le plus doucement qu'il puisse.

— Ma puce, je viens te chercher, ne bouge surtout pas.

A l'inverse, les pensées de Martial s'emballent. Il connaît le terrain. La ravine de Savane Cimetière est jonchée d'arbres déracinés, de pierres nues aux arêtes vives, de crevasses. Sofa peut se perdre en quelques instants, aussi rapidement qu'un caravanier surpris dans le désert par une tempête de sable.

— Sofa, je suis là, je vais te trouver. Par pitié, ne t'éloigne pas.

Il a crié plus fort, au mépris de toute prudence.

Aucune réponse. Pas même un écho dans le ciel de coton.

Martial se retient de hurler. Il revit son pire cauchemar.

Il se tient devant la plage. Seul.

Il hurle devant la mer vide.

Il hurle le prénom de son enfant.

— Alex…

37

La case du Malbar

Encouragée par la lumière du soleil au zénith, Liane agite ses jolis petits seins blancs au-dessus de la barbe naissante de Martial. La belle chevauche son mari, les muscles de ses longues jambes tendus jusqu'à en faire sauter son string rouge. Le bienheureux Martial, allongé sous elle, ne semble plus savoir sur quelle partie de peau poser les mains. Sur ce ventre plat ? Sur ce dos trempé d'huile et de sueur ? Sur ces fesses rondes ? Ou s'aider de sa bouche et embrasser sans reprendre son souffle ces tétons offerts, ces lèvres noyées sous une cascade de cheveux blonds ?

Martial bande, la photographie agrandie en format A3 ne laisse aucun doute sur ce détail.

La petite Sofa joue dans le sable, deux mètres plus loin, à l'ombre d'un palmier. Les Bellion sont seuls sur la plage de sable noir, celle de L'Etang-Salé, Imelda a immédiatement reconnu le site.

Un instantané de bonheur.

Qui a pu prendre cette photo ?

Imelda se recule d'un mètre et répète dans sa tête cette simple question.

Qui a pu prendre ce cliché, ainsi que ces dizaines d'autres photos de la famille Bellion punaisées aux murs de cette case crasseuse ?

Imelda en a compté trente-sept, imprimées en format A4 et A3. L'étrange exposition donne l'impression qu'un paparazzi a espionné chaque instant de la vie des Bellion depuis leur arrivée sur l'île de La Réunion. Les photographies ont visiblement été prises avec un zoom puissant, à l'insu de Martial et Liane. A la terrasse d'un restaurant, à Saint-Gilles, place du Marché ; devant le temple hindou du Colosse à Saint-André ; devant un présentoir de cartes postales dans la rue centrale d'Hell-Bourg... Mais le plus souvent, ce sont des plans fixes de la petite Sofa qui ont intéressé le photographe anonyme. Des gros plans troublants sur ses yeux bleus de poupée, sur ses taches de rousseur, ses fossettes naissantes. Comme n'importe quelle gamine victime consentante de l'invention de l'appareil photo numérique, pense Imelda. Sauf que l'auteur de ces clichés n'a pas pris la peine de demander à Sofa de poser...

Pourquoi ?

Tout en réfléchissant, Imelda contrôle régulièrement par la fenêtre que rien ne bouge dans la rue, puis fait le tour de la case. Le repaire du Malbar au 4 × 4 noir ressemble à un appartement réquisitionné dans l'urgence. Les deux pièces, la salle et la chambre, sont à peine meublées : deux chaises pliantes et une table de formica, un matelas jeté par terre, des provisions empilées sur l'étagère d'une penderie dissimulée par un rideau sale, des conserves, des pâtes, du riz. Un réchaud à gaz est posé en équilibre instable sur l'évier. Les poubelles débordent de cartons de pizza et de cannettes de soda vides.

Contre le mur, une dizaine de jerrycans d'essence sont alignés. Pour alimenter quoi ? s'interroge Imelda. Le moteur d'un hélicoptère ? Celui d'un 4 × 4 qui irait se perdre des semaines dans les Hauts ?

C'est la planque d'un criminel en fuite ! Presque banale...
A l'exception de ces photographies.

Tout pousse à croire que c'est ce Malbar qui a joué les paparazzis. Elle avait raison, son Chevrolet Captiva noir ne se trouvait pas par hasard sur le parking de l'hôtel Alamanda le jour des crimes. Imelda sent l'excitation monter encore, elle adore ce moment où elle doit classer les informations avec ordre. Elle a juste besoin d'un peu de concentration pour reconstituer le puzzle.

Raté !

Une sonnerie brève et stridente lui indique qu'elle vient de recevoir un message sur son téléphone portable.

Elle peste puis lit.

Sa roule mam. J'assur un max. j'é mi Dori et Jol à la popote. Pren ton tan. ????

Imelda sourit, presque déçue au fond que sa marmaille se débrouille si bien sans elle. Elle tape une brève réponse tout en se reconcentrant sur l'affaire Bellion.

Le Malbar a-t-il agi pour son propre compte ? Est-il payé pour espionner les Bellion ? Un détective privé, par exemple ? Peu importe, la véritable question est ailleurs. Pour quelle raison espionner les Bellion ? Pour les faire chanter ? Par désir de vengeance ? Par jalousie ? Le champ des possibles est infini, tout comme l'identité du commanditaire : un proche de la famille ? un malade mental qu'ils auraient croisé ? Ou pourquoi pas Liane Bellion elle-même ? Il existe une multitude de raisons qui peuvent pousser une femme à espionner son mari, surtout lorsque celui-ci possède un passé trouble et une réputation sulfureuse.

Imelda fixe un cliché de Liane Bellion, assise à la terrasse d'un bar, sans doute sur le port de Saint-Gilles. Jupe courte de madras, dos nu, nuque dégagée de ses cheveux blonds par la grâce d'un chignon improvisé. Appétissante...

A moins que ce ne soit l'inverse, raisonne Imelda. Que ce soit Martial Bellion qui doutait de la fidélité de sa femme... Mais pourquoi alors demander au détective de se concentrer sur des clichés familiaux ? Pourquoi le demander à un Malbar ? A un Malbar qui habite dans ce kartié pourri ? Imelda repense au dossier qu'elle a lu dans le bureau de la BTA, aux témoignages convergents des employés de l'hôtel Alamanda contre Bellion. L'hôtel Alamanda a été fondé par des Malbars, les Purvi, une dynastie dont la capitaine chargée de l'enquête est la dernière héritière.

Encore une coïncidence ?

Avant de s'avancer dans la seconde pièce, une chambre qui ne comporte aucune fenêtre, Imelda observe encore la rue. Tout semble normal. Le chien continue de traîner, de renifler et d'ajouter son urine à la crasse ambiante. Les gosses qui jouent au foot entament au fond de l'impasse leur treizième mi-temps.

Imelda sursaute soudain.

Une sonnerie. Un nouveau message sur son portable.

On assur la pluche. Y ora mem du cari pour ce soir. Té épaté j'esper ? pren plin de plésir.

Imelda frissonne à la lecture du SMS. Nazir est un brave garçon au fond. Il ne lui manque qu'un père pour lui foutre des coups de pied au cul de temps en temps. Avec précaution, elle se penche et soulève les draps sales puis le matelas.

Un sentiment de triomphe explose en elle : un sac à main est dissimulé entre le lit et l'angle du mur ! Il y a peu de chance qu'il appartienne au Malbar...

Fébrile, Imelda l'ouvre. Ses doigts et ses yeux dressent l'inventaire. Un rouge à lèvres carmin, un tube de gloss, un portefeuille Lancel dont le contenu est éparpillé... Les mains d'Imelda fouillent, piochent au hasard, extirpent une carte d'identité, une carte bleue, un passe Navigo.

Tous au nom de Liane Bellion...

Les neurones se connectent dans le cerveau d'Imelda. Des tiroirs s'ouvrent pour y ranger les hypothèses. Martial Bellion a-t-il dissimulé ici le cadavre de sa femme ? A-t-il chargé le Malbar de ce travail sordide ? Ou bien tout le monde se trompe-t-il depuis le début ? Liane Bellion n'a pas été assassinée à l'hôtel, elle a maquillé sa fuite en assassinat et s'est réfugiée ici, dans cette case, pendant que toutes les polices de l'île recherchaient son cadavre.

Pourquoi ? Pour y attendre qui ? Pour disparaître à nouveau ? Où ?

Les doigts d'Imelda, prêts à rechercher d'autres indices dans le sac, s'immobilisent soudain.

Le chien aboie dans la rue !

L'instant suivant, elle entend le ronronnement d'un moteur ralentir devant la maison. Elle reconnaît distinctement le son d'une grosse cylindrée équipée d'un double pot d'échappement.

Un 4 × 4.

Pas besoin de risquer un œil par la fenêtre pour deviner qu'il est noir et conduit par un Malbar coiffé d'une casquette kaki. Elle range en toute hâte le sac à main dans sa cachette puis se précipite dans la salle. D'un regard circulaire, elle vérifie qu'elle n'a rien dérangé et recherche un endroit pour se dissimuler.

Elle n'en repère qu'un, improbable.

La penderie.

Elle tire le rideau avec rage et évalue le casier haut et droit qui sert à ranger le balai. Imelda est deux fois plus large, mais pourtant, sans même réfléchir, elle s'y engouffre. Sa peau flasque racle les parois, se gonfle, se bloque en bourrelets. Imelda, au bord des larmes, s'accroche à une patère et tire de toutes ses forces. Sa peau racle le bois, le tissu de sa robe se déchire de part en part, mais centimètre après centimètre, sa chair finit par glisser, s'aplatir contre les planches froides comme une pâte épaisse qui épouse jusqu'à déborder la forme d'un récipient trop peu profond.

D'un geste désespéré, elle referme le rideau sur elle et guette avec effroi le mouvement qui l'agite pendant quelques trop longs instants.

Imelda retient son souffle.

La porte de la case s'ouvre.

A travers la pénombre du rideau, elle ne distingue qu'une ombre trapue qui marche lentement dans la pièce. Les bruits successifs sont plus explicites. Un sac jeté sur la table, la porte des toilettes qui se referme, une chasse d'eau, un filet qui coule dans l'évier, quelques gouttes encore, puis le silence à nouveau.

Imelda bloque sa respiration.

Les pas tournent dans la pièce, passent devant le rideau sans ralentir, puis s'éloignent vers la chambre.

Une apnée de près d'une minute... Imelda reprend sa respiration. Ses aisselles et son pubis sont inondés d'une sueur âcre. Elle tend l'oreille et croit reconnaître le frottement de tissus, le choc mou de vêtements qui tombent au sol, le bruit sec et bref d'une fermeture éclair, peut-être celle d'une valise.

Comme si le Malbar changeait de vêtements...

Les secondes se succèdent, interminables.

Les bruits de pas se rapprochent à nouveau. Un souffle. Le rideau tremble, caresse le ventre d'Imelda.

De l'eau à nouveau dans l'évier, un bruit de verre contre l'inox, le sac qui glisse sur la table, puis les pas s'éloignent...

La porte claque.

Plus rien.

Imelda attend. Tous les sens aux aguets.

Longtemps. Une éternité. La case est silencieuse, il lui semble presque entendre les cris des gosses, au loin, dans la rue.

La Cafrine ne bouge toujours pas, elle n'a identifié aucun bruit de moteur dans la rue. Le Malbar est encore là, tout près, elle doit rester dissimulée derrière le rideau. Avec d'infinies précautions, elle sort le téléphone portable de sa poche. Elle a pris sa décision, elle doit contacter Christos. Elle ne court aucun risque, son téléphone n'émet aucun son lorsqu'elle envoie un texto.

Seulement quand elle en reç...

La sonnerie explose soudain dans la pièce.

Les yeux d'Imelda se baissent, pétrifiés, comme hypnotisés par l'écran rétroéclairé.

On a fini Tou nickel. Tes fier de nou mam ? tu sai ou son les torchons ? é les clés de la case ? é le zamal que Derrik a planké ?

Le message arrache un sourire étrange à Imelda.

Elle se trompait, sa marmaille ne peut pas se passer d'elle.

Sa dernière pensée...

Le rideau s'ouvre d'un coup. L'ombre se tient devant elle, un couteau de cuisine à la main. Imelda tente de se dégager. Vainement.

Elle est entrée libre et vivante dans un cercueil trop étroit pour elle.

Elle sent d'abord la douleur dans son cœur, intense et brève. Ses mains cherchent à agripper le rideau mais se referment dans le vide. Elles se crispent, tétanisées pendant de longues secondes, puis finissent par retomber, molles et flasques, comme deux feuilles fanées au bout de deux branches mortes.

38
Sous le nuage

— Papa ?

Ce n'est pas un cri, juste un murmure dans la nuit blanche.

Le cœur de Martial s'emballe. Sofa est là, à deux mètres de lui.

— Sofa ?

Leurs mains se trouvent instinctivement. Ils ne prononcent pas un mot. Martial tire sa fille d'un pas assuré. Le sol descend sous leurs pieds. Plus ils marchent dans la pente, plus le brouillard semble intense.

Dans l'atmosphère ouatée, ils perçoivent de moins en moins les voix des policiers, les ordres claironnés dans le mégaphone, les cris, les bruits de pas désordonnés. Les flics ne sont plus que des fantômes invisibles dispersés par les vents.

Ils continuent de s'éloigner. Martial connaît parfaitement la topographie des lieux. Il a mémorisé chaque centimètre carré de la carte, il dispose d'un bon sens de l'orientation et, en cas de besoin, d'une boussole dans sa poche. Ils doivent d'abord longer la ravine de Savane Cimetière. Le terrain, si l'on coupe à l'est de la ravine, n'est pas très dangereux. Il se limite principalement à une lande marécageuse suffisamment arborée pour qu'ils soient invisibles du ciel, même si la brume se dégage. La ravine rejoint ensuite la Rivière de l'Est. Ils devront alors couper plein est, à travers les Hauts de Sainte-Rose et la forêt de Bois Blanc. Une forêt de tamarins, de palmistes et de tans rouges, truffée de sentiers de randonnée qu'ils devront éviter, mitée de coulées de lave refroidies depuis des décennies. Ensuite, ils s'approcheront à couvert le plus près possible de l'anse des Cascades. Les Hauts de Sainte-Rose sont plantés de canne à sucre, haute de trois mètres, qui pousse presque jusqu'à l'océan.

D'après ses calculs, ils se trouvent à environ quinze kilomètres du littoral, uniquement en descente, un dénivelé de mille sept cents mètres. Sofa marchera le temps qu'elle pourra. Ils feront des pauses. Il la portera.

Ils sont si près du but désormais.

Ils y parviendront.

Par acquit de conscience, Martial sort la boussole de sa poche, puis s'oriente nord-est, en direction d'un minuscule cratère dont on devine la silhouette à travers la brume.

— Ne lâche pas ma main, Sofa, on va continuer de descendre ainsi pendant des heures.

— Maman nous attend tout en bas ?

— J'espère, ma puce. Ne parle pas trop, il faut économiser nos forces.

Martial sait que, dans environ une heure, ils passeront sous le nuage. Alors, ils devront être plus vigilants encore.

12 h 48

Papa a regardé sa montre et m'a dit qu'on était un peu en avance, parce que j'avais marché vite, sans me plaindre. Il m'a dit aussi qu'on n'avait plus qu'à descendre dans le grand champ avec des tiges quatre fois plus hautes que moi et qu'après, on serait arrivés.

« Au rendez-vous ? j'ai demandé à papa. On y sera à l'heure ?

— Oui, si tu continues de bien marcher, ma puce. »

Je n'ai rien répondu, j'ai toujours dans la tête le message tracé sur la voiture à l'hôtel.

Rendé vous
Anse dé cascad
Demin
16 h
vien avec la fille

Ça va être dur…

Je ne l'ai pas trop dit à papa, mais j'ai mal aux pieds, aux jambes, partout. Enfin, peut-être que papa l'a deviné, c'est pour ça qu'il a été d'accord pour qu'on s'arrête près de la rivière.

Une ravine plutôt, m'a expliqué papa. Une rivière sans eau, ou presque, avec seulement quelques gouttes qui coulent au fond. Il y a des fruits aussi, papa m'a dit qu'on pouvait les manger, il suffit de les cueillir aux branches des arbres, j'en ai reconnu quelques-uns, des pamplemousses, des clémentines. Il m'a dit d'autres noms, des combavas, des goyaviers.

Au début de la descente, papa me parlait beaucoup, longtemps, en m'expliquant tous les arbres, les fleurs et les fruits. Mais depuis qu'on s'est arrêtés, papa est à nouveau parti loin. Pas loin de moi, non, ce n'est pas ce que je veux dire, il est assis à côté, sur un rocher. C'est juste qu'il ne pense plus à moi. Ça lui arrive souvent. Je crois qu'il est avec mon grand frère. Alex. Celui qui est mort. Papa a un peu le coin des yeux mouillés.

C'est à cela que je devine quand il va parler dans sa tête à Alex et puis aussi aux autres fantômes d'avant que je sois née.

13 h 03

Martial s'est levé pour cueillir des goyaviers aux branches qui percent de part et d'autre le brouillard maintenant un peu moins dense. Il les empile à ses pieds, il les fera goûter à Sofa tout à l'heure. Il regarde sa fille jouer. Elle tente de construire un barrage miniature dans la ravine.

Ce petit bout de bonne femme l'impressionne.

Elle a déjà compris à quel moment elle pouvait se transformer en pipelette charmeuse impossible à faire taire, et à quel moment, discrète, elle devait se réfugier dans son propre imaginaire pour le laisser penser au sien.

Martial souffle. Il tâte sa poche du bout de ses doigts et repousse l'envie de rouler quelques feuilles de zamal dans un papier à cigarette. Pas ici. Pas maintenant. Pas devant Sofa.

Il lève les yeux vers un timide coin de ciel bleu qui déchire le nuage, en forme de cœur, seulement strié d'un fin trait blanc.

Un simple avion. Son imagination pourrait faire le reste…

Sans qu'il sache exactement pourquoi, ses pensées s'envolent vers Aloé.

Pourquoi maintenant ?

Pourquoi ici ?

A cause de cette flèche blanche ? De ce cœur percé ?

La question le torture depuis des années, une de plus, sans qu'il ait le moindre début d'une réponse.

Alex serait-il encore vivant s'il n'avait pas laissé Aloé prendre l'avion ?

39

Un glaçon, une fille

13 h 05

Cling Cling Cling.

Christos fait cogner le glaçon dans le verre de punch tel le xylophone d'un jeu radiophonique.

— Alors ?

Les employés de l'Alamanda sont tous assis sur des chaises hautes en plastique grises, imitation rotin, en demi-cercle devant le bar où Christos se tient debout. Il ne manque qu'Eve-Marie Nativel, la femme de ménage, et le jardinier, Tanguy Dijoux, parti conduire les Jourdain à l'aéroport. Curieux d'ailleurs qu'il ne soit toujours pas là, pense Christos. On ne met pas deux heures à revenir de Saint-Denis.

L'ombre du mur qui ceint le jardin de l'hôtel les protège du soleil au zénith. Derrière eux, en plein cagnard, de rares touristes paressent sur les transats, suffisamment éloignés de la piscine pour ne pas être éclaboussés par leurs enfants qui enchaînent les plongeons.

Armand Zuttor se tient à égale distance de ses employés et des clients de l'hôtel, à l'ombre d'un palmier, la chaise adossée au tronc.

— Alors ?

Christos lit à nouveau les sept noms. Doucement. En prenant le temps de prononcer chaque syllabe comme s'il récapitulait les phrases d'une dictée à une classe d'illettrés.

Mohamed Dindane
Renée-Paule Grégoire
Patricia Toquet
Aloé Nativel
Joël Joyeux
Marie-Joseph Insoudou
François Calixte
ou Françoise...

Cling Cling Cling.

— Jamais entendu parler de ces braves gens ?

Zuttor regarde sa montre avec lassitude comme s'il comptabilisait à la minute près le temps passé par ses salariés à l'interrogatoire.

Un jour férié, en plus.

Christos se retourne vers le bar, se sert un nouveau punch.

— Aucun des sept ? La Réunion, c'est pourtant pas l'Australie.

Progressivement, l'ombre du mur qui protège les employés de l'Alamanda avance vers la piscine. Christos ne l'avait pas prévu, mais il se dit que cela aidera peut-être à délier les langues. Ceux qui ne répondront pas cuiront au soleil.

Gabin Payet, assis sur la chaise en face du sous-lieutenant, est le premier à rôtir. Il finit par prendre la parole :

— C'est vieux, tout ça, Christos. Près de dix ans. Des tas d'hôtels ont poussé depuis. Des centaines de lits. Des milliers de créoles qui ont changé les draps, servi des petits déjeuners, empilé des serviettes dans des chariots. Une semaine, un mois, un petit CDD et puis s'en vont...

Naivo Randrianasoloarimino, encore à l'ombre pour quelques minutes, glisse une remarque préventive :

— Avec en plus ces noms réunionnais qui se ressemblent tous. Hoarau. Payet. Dindane...

Christos saisit la balle au bond :

— Nativel... Il y a beaucoup de Nativel sur l'île ?

Gabin, trempé de sueur, chemise à fleurs collée à sa peau brune, se lève soudain. Il passe derrière son bar, décapsule un Perrier, ajoute un glaçon et une rondelle de citron dans un verre et retourne s'asseoir sans un regard pour les autres salariés.

— C'est la nièce d'Eve-Marie !

Christos se fend d'un sourire.

Le lien entre le passé et le présent, enfin... Eve-Marie Nativel est le principal témoin de l'accusation, la seule qui peut certifier si oui ou non Liane Bellion est sortie vivante de la chambre 38 de l'Alamanda.

— Tu veux savoir quoi sur elle, le prophète ?

— Tout. Balance, je ferai le tri.

— Ce ne sera pas dur. Il n'y a pas grand-chose à en dire. Je bossais au Bambou Bar à l'époque. Aloé était employée comme serveuse au Cap Champagne, à l'autre bout de la plage de Boucan Canot. Elle était mignonne, très mignonne même. Une jolie petite fleur des îles, tu vois le profil. Les clients appréciaient. Martial Bellion aussi.

L'ombre du mur a encore reculé. Désormais, tous les employés suent à grosses gouttes sous le soleil tropical. Seul Armand Zuttor reste au frais sous le palmier, ce qui ne l'empêche pas de faire la gueule. Christos n'a aucune envie d'accélérer la séance souvenirs pour leur éviter l'insolation.

Il vide le punch et s'adresse à Gabin :

— Donc, tu savais depuis le début que Martial Bellion n'était pas un touriste comme les autres mais un Zoreille reparti en métropole. On aurait gagné du temps si tu nous en avais parlé tout de suite...

— Personne ne m'a posé la question...

— On aurait peut-être coincé Bellion avant, continue Christos. Chantal Letellier serait peut-être encore vivante.

— Ben voyons. Et je pouvais deviner... C'est toi le prophète...

Le sous-lieutenant ne relève pas. Aja réglera les comptes plus tard. Il connecte les bribes d'informations délivrées par Gabin et enchaîne :

— OK. Revenons à Aloé Nativel. Bellion l'appréciait jusqu'à quel point ?

— Elle était sa maîtresse, répond le barman en posant son Perrier sur l'accoudoir. Martial aimait effeuiller ce genre de jolies fleurs.

— Avant ou après sa séparation avec Graziella Doré ?

— Des années après... Ils ont divorcé en 1999 et Aloé n'a été embauchée au Cap Champagne qu'en 2002. Elle avait tout juste dix-huit ans. Aloé était une fille chouette. Débrouillarde, l'aînée d'une famille de cinq ou six gosses. Elle s'était prise d'affection pour le petit Alex. Sa maman, la patronne, bossait beaucoup. La petite serveuse était plus disponible pour le gamin qui jouait sur la terrasse entre les tables...

— Et Martial Bellion ? Il apparaît quand ?

— Il venait chercher Alex deux fois par semaine au Cap Champagne. Aloé était là. Le petit Alex lui parlait de sa grande copine... Bref, Bellion n'était pas idiot. Aloé Nativel présentait deux qualités appréciables pour lui. Elle portait des jupes très courtes qui ne cachaient que peu son joli petit cul et elle savait s'occuper d'un gamin un peu trop encombrant pour un père célibataire.

— Elle n'avait pas de mec ?

— Si, un type qui bossait au port de la Pointe des Galets, plus souvent en mer que sur terre... Aloé Nativel, c'était Super Nanny ! Une baby-sitter de luxe que Bellion hébergeait aussi souvent qu'il le pouvait. Logée, nourrie, tringlée...

Pendant que Gabin vide son Perrier avec un air satisfait, Christos tente d'évaluer les différentes possibilités qu'ouvrent les révélations de Gabin. Zuttor semble s'être endormi derrière ses Ray-Ban. Naivo s'est levé et distribue des gobelets d'eau aux employés de l'Alamanda. Le sous-lieutenant n'intervient pas, concentré sur son dialogue avec Gabin.

— Aloé Nativel était présente le soir de la noyade d'Alex ?

Le barman secoue la tête.

— Aucune idée. J'étais pas dans leur lit. Faudrait demander à sa tante...

Christos peste intérieurement. Comme un hasard, Eve-Marie Nativel ne travaille pas aujourd'hui. D'après les autres employés, elle fait tous les lundis le ménage chez un autre client. Au black. Personne ne connaît son nom. Eve-Marie n'a pas de portable. Pour la contacter, il faudra attendre qu'elle rentre chez elle, kartié Carosse, pas avant 18 heures ce soir...

Bordel...

— Et Aloé ? Qu'est-ce qu'elle est devenue ?

— Vent mauvais pour la fleur des îles. Elle s'est d'abord pris de plein fouet, comme les autres, le licenciement économique à la fermeture du Cap Champagne. Après la mort d'Alex, Martial Bellion avait d'autres soucis et plus besoin de nounou. Aloé est retournée voir son marin...

— Et alors ?

— Les rumeurs ont couru, les langues se sont déliées. Son mec a fini par la virer lui aussi. Aux dernières nouvelles, qui remontent au moins à cinq ans, elle faisait la pute à Saint-Denis, près de l'ancienne gare routière. Si je la croisais, pas sûr que je la reconnaîtrais...

Christos enregistre l'information en silence. Sans savoir pourquoi, le destin d'Aloé lui fait penser aux gamines d'Imelda, Joly et Dolaine. A Nazir et son zamal aussi. Sur cette île, tomber d'un côté ou de l'autre de la ligne de crête tient presque toujours du hasard. Naître au-vent ou sous-levent. Vivre à l'abri ou en prendre plein la gueule toute sa vie.

Le sous-lieutenant secoue une dernière fois le glaçon dans son verre.

Cling cling cling.

Le compte à rebours a commencé. Il doit retrouver Eve-Marie Nativel avant 18 heures. Si son témoignage tombe, tout tombe. Liane Bellion est peut-être sortie vivante de la chambre 38... Si elle n'est pas morte, alors l'accusation contre Bellion n'a plus aucun sens, malgré les taches de sang et les empreintes sur le couteau.

Chrtistos renonce à échafauder davantage d'hypothèses. Tout devient trop compliqué. S'il a le temps, il appellera Imelda pour lui raconter et faire le point. Il se tourne vers Gabin pour une dernière question :

— Et par hasard, tu ne te souviens pas comment il s'appelait, le mec d'Aloé Nativel ?

— Si ! Je le croise de temps en temps. Un petit balèze. Ça lui arrive de livrer des palettes de bières aux boîtes du coin. Son nom, c'est Mourougaïne Paniandy.

— Paniandy ? C'est un Malbar ?

40

La parabole des dodos

Laroche a des allures de général dépassé par la tournure imprévue de la bataille. Il se tient debout sur le toit d'un fourgon de police alors que la brume qui glisse par nappes lui blanchit les cheveux et lui dessine une barbe de patriarche. Les jumelles de vision nocturne à faisceau infrarouge, théoriquement capables d'optimiser les traques dans des situations extrêmes, pendent inutilement à son cou.

Une vingtaine de flics tournent, se reconnaissant à peine dans les voiles de brouillard qui s'effilochent lentement, tels des CRS désœuvrés au milieu des fumigènes une fois les manifestants dispersés.

Aja s'approche, accompagnée d'un Jipé visiblement amusé par la scène. Sa désinvolture tranche avec les figures hagardes des autres flics. Laroche se tourne vers elle, la dévisage du haut de son perchoir. Il a laissé tomber son armure de diplomate endurci.

— Manquait plus que vous, Purvi ! Vous n'êtes pas censée mener l'enquête à Saint-Gilles plutôt que de vous fourrer dans nos pattes ?

D'ordinaire, Aja aurait répliqué sans chercher l'apaisement, mais le colonel lui fait plutôt pitié, perché comme un coq et caquetant ses ordres à sa basse-cour affolée. Il a déjà dû annoncer en haut lieu, probablement jusqu'au cabinet du ministre, que ce type seul tenant sa fille de six ans par la main leur a filé entre les doigts, malgré un déploiement de forces inédit dans l'histoire de l'île.

Pauvre Laroche. Ça sent la mutation aux Kerguelen, à Crozet ou à Tromelin. Une BTA rien que pour lui au milieu des sternes et des manchots.

— Ça vous amuse, Purvi ?

La capitaine agite le drapeau blanc.

— Non, désolée, colonel. Désolée surtout d'avoir compris trop tard le coup fourré que préparait Bellion.

Laroche se baisse, saute du fourgon avec souplesse, testant l'adhésion au sol de ses rangers toutes neuves. Il la joue dur, comme si l'excès d'autorité pouvait réparer le déficit d'efficacité.

— Soyez pas désolée, capitaine, on s'est tous fait baiser.

Il allume nerveusement une cigarette, puis observe avec étonnement l'hélicoptère orange de Jipé. Le sigle HISSE ET HAUT qui barre la carlingue et le logo de l'association, un échassier en plein vol. Il termine son inspection par un regard sur la chemise ouverte de Jipé.

— Capitaine, vous avez fait du stop pour monter jusqu'ici ? Décidément, les insulaires possèdent des ressources surprenantes... Et je ne parle pas seulement de cet enfoiré de Bellion...

Un type coiffé d'un képi blanc s'avance, tenant à la main une carte dépliée froissée par le vent. Des cercles concentriques sont tracés grossièrement au feutre. Laroche pointe un doigt et donne des ordres de routine. Déploiement centrifuge à partir du volcan. Ratissage systématique. Contact radio.

Peine perdue, pense Aja. Cent kilomètres carrés de forêt à explorer...

Elle insiste :

— Vous vous intéressez aux habitants de l'île, colonel ?
Si cela vous dit, j'ai une théorie personnelle sur les ressources morales inépuisables des Réunionnais. J'appelle cela
le syndrome dodo.

— Ah ?

Laroche observe ses hommes s'éloigner à travers un
rideau de tulle dans un grésillement de cigales électroniques.
Il tire sur sa cigarette. S'il y a du neuf, il sera le premier prévenu.

— D'accord, Purvi, cela ne peut pas faire de mal, apprenez-
moi quelque chose sur votre île. C'est quoi, votre syndrome
dodo ?

Jipé cligne un œil amusé vers Aja. La capitaine ne se fait
pas prier :

— Les gens sont souvent surpris, quand ils découvrent
l'île, de croiser des habitants qui ne sont pas en vacances,
qui n'ont pas de tongs aux pieds, pas de chemise à fleurs
ouverte sur un torse bronzé... Pire même, il y en a qui cavalent toute la journée, cravate au cou et dossiers à la main,
qui pestent dans les bouchons, qui s'agitent comme les plus
stressés des Parisiens. Le syndrome dodo, c'est cela, c'est,
disons, une petite histoire pour vous faire comprendre
pourquoi l'indolence tropicale, le naturel contemplatif des
créoles, tout ce baratin, c'est un cliché, seulement un cliché.
Vous connaissez le dodo, colonel ?

Aja enchaîne sans lui laisser le temps de répondre :

— Vous avez au moins vu à quoi il ressemble sur l'étiquette des bouteilles de bière Bourbon... La mascotte de
l'île ! Pour être exacte, les spécialistes l'appellent plutôt le
solitaire ici. Le dodo, c'est le même animal, mais en version
mauricienne. Bref, les spécialistes pensent que le dodo, ou le
solitaire, est arrivé sur l'île par le ciel en volant. Et il y est
resté. Pas fou ! La Réunion était un éden, une île sans pré-
dateurs. Aucun mammifère. Pas de grands singes, pas de
fauves, pas d'hommes... Pas même de serpents ou d'araignées. Le dodo ressemblait à un ibis, à l'origine.

Aja montre du doigt l'oiseau gracile peint sur l'hélicoptère de Jipé, puis continue :

— D'après les études, il s'agissait d'une sorte d'oiseau supersonique fuselé pour traverser les océans. Mais quelques centaines de milliers d'années à vivre dans une île paradisiaque vous changent un athlète interocéanique. Les squelettes retrouvés dans l'île sont en tous points étonnants. Sans ennemis pour vous menacer, pourquoi prendre la peine de voler ? Génération après génération, les ailes des dodos se sont atrophiées, jusqu'à devenir des appendices ridicules et inutiles. Pourquoi courir ? Au fil du temps, les ibis élancés sont devenus des oies grasses. Pourquoi se reproduire en nombre ? Les pontes se sont raréfiées. Pourquoi se serrer les coudes ? Les communautés d'ibis ont explosé en milliers de familles solitaires. Les ossements révèlent strictement la même évolution chez les dodos mauriciens, le solitaire réunionnais, le pigeon de Rodrigues...

Laroche écoute la fable d'Aja d'une oreille amusée tout en guettant avec vigilance la moindre vibration de son talkie-walkie.

— Et alors, Purvi ? Que reprocher à ces oiseaux ? Ils découvrent le paradis sur terre dans ces îles éloignées de tout. Ils se la coulent douce pendant des centaines de milliers d'années. Quant à vos jugements esthétiques sur leur obésité... Vos pintades ont le privilège d'être devenues des espèces uniques au monde.

Aja sourit. Laroche n'est pas si stupide, au fond. Simplement, elle n'a pas envie de jouer dans la même équipe que lui. Elle détaille les derniers membres du commando qui s'activent sur le parking du pas de Bellecombe. Pilotes d'hélico. Tireurs d'élite. Ingénieurs en transmission. Tous blancs... sans exception.

Aja fixe Laroche droit dans les yeux.

— Les dodos étaient de grands naïfs qui avaient oublié que le paradis n'existait pas. Nul ne saura jamais combien de milliers ils étaient lorsque les colons ont débarqué sur l'île, en 1665. Les dodos n'ont pas fui devant les premiers marins, bien au contraire. Ils avaient même oublié le sentiment de peur... Lorsqu'ils l'ont redécouvert, brutalement, il était trop tard. Ils n'avaient plus d'ailes pour voler, plus la force de fuir, plus le courage de s'unir. Les dodos se sont fait massacrer en moins d'une génération. A la fin du XVIIe siècle, dans toutes les Mascareignes, il n'en restait plus un seul vivant.

Aja se tait. Laroche crache son mégot.

— Et la morale, capitaine Purvi ? Je suppose qu'il y a une morale ?

— Vous avez fait des études, colonel. Je n'ai pas besoin de vous mettre les points sur les I. Toutes les majorités dominantes, toutes les élites cherchent à vous transformer en dodo. Un poulailler bien sage. Confort, sécurité, paresse. Un programme sur mesure... Les Réunionnais qui calculent leur RSA en litres de rhum Charrette ne vous diront pas le contraire.

Laroche grimace. Jipé se marre. Le colonel hésite, puis applaudit des deux mains.

— OK, Purvi, j'ai compris. Dodos, habitants des territoires ultra-périphériques, femmes dans la police, même destin, même combat. Merci pour la leçon de géographie. A l'occasion, je serai ravi d'en discuter avec vous. Pour avoir bourlingué dans quelques autres îles d'Outre-mer, les Antilles, Mayotte ou la Nouvelle-Calédonie, vous n'avez pas conscience d'à quel point votre île est au contraire un jardin d'Eden pacifié presque unique au monde, sans racisme ni tensions interethniques.

Aja soutient le regard du colonel. Sans confirmer. Sans nier non plus.

Laroche sourit, hausse les épaules et pose les deux mains sur sa ceinture. Façon ranger, mais cérébral, comme sorti d'un film de Clint Eastwood.

— Si vous le voulez bien, capitaine, on dissertera de tout cela un peu plus tard. Un détail : je suppose que vous n'avez rien de neuf sur les meurtres de Rodin et de Chantal Letellier ?

— Je délègue, colonel, minaude Aja. Si j'avais la moindre information nouvelle, vous en seriez le premier informé.

Laroche s'en contente et se retourne vers un technicien casqué pendant qu'Aja s'éloigne pour rejoindre Jipé. Elle vérifie que Laroche ne lui prête plus attention.

— Il y a une question qui me taraude, Jipé. A ton avis, pour quelle foutue raison Bellion a-t-il grimpé ici avec sa fille ?

— Ça me semble évident, non ? A cause du microclimat ! Parce que c'est sur les flancs du volcan que le brouillard est le plus intense et le plus rapide à se lever.

— D'accord, mais si Bellion avait voulu disparaître dans le maquis, il aurait pu lâcher sa Nissan où il voulait et s'enfoncer directement dans n'importe quelle forêt. Bébour. Bélouve. Plaine des Lianes, il n'avait que l'embarras du choix. Sans prendre aucun risque, sans nous donner aucune indication.

— Tu penses à quoi, Aja ?

— J'ai retourné le problème dans tous les sens. S'il est monté jusqu'ici, il n'y a qu'une explication. Il voulait basculer de l'autre côté du volcan. Par la route du littoral, il n'avait aucune chance, il se serait fait coincer. Il n'avait qu'une solution, couper par le sommet et tenter de passer à pied.

Jipé réfléchit, comme s'il faisait défiler mentalement la carte de l'île devant ses yeux.

— Si je te suis, Bellion se rend quelque part entre Saint-Benoît et Saint-Philippe ? Ça nous fait bien soixante kilomètres de littoral à couvrir.

— Trop… Beaucoup trop. Surtout que je suis persuadée que, comme à chaque fois, il va réapparaître quelque part… pour mieux s'évaporer ensuite.

Jipé lève les yeux. Laroche piétine les cendres du parking avec ses rangers, le téléphone portable collé à l'oreille.

— Tu vas en parler au big boss ?

— Plutôt crever !

Les nuages de brouillard commencent à se dissiper à mi-montagne. Aja aperçoit enfin un coin d'océan, plein est.

— Jipé, il faudra être réactif si Bellion resurgit... réactif et rapide. Tu... tu peux me fournir de l'équipement ?

— Précise...

Elle hésite, baisse la voix, tire le pilote un peu plus à l'écart.

— De l'équipement pour descendre deux mille mètres de dénivelé en moins d'une minute. Je ne te fais pas un dessin. Deltaplane, parapente...

Jipé se pince les lèvres, puis pose les yeux sur les derniers membres des commandos présents au pas de Bellecombe.

— Je voudrais pas te faire de peine, Aja, mais si j'accroche ces X-Men à une voile et que je les lâche dans les alizés, ils vont se retrouver au milieu du Dolomieu, grillés comme des moustiques sur un halogène.

Aja cligne un œil vers le pilote et baisse encore la voix :

— Je te parle pas de ces clowns, Jipé. Si tu te charges de monter le matos jusqu'ici dans un de tes bahuts, moi, en faisant le tour des brigades de l'île, je peux te fournir une douzaine de collègues expérimentés et diplômés.

Le ciel s'ouvre soudain. Le soleil inonde le cratère. Jipé chausse ses lunettes noires d'un geste professionnel.

— T'abandonnes jamais ?

Elle rit.

— Non, mon grand ! Syndrome dodo ! Je veux pas finir grosse et sans ailes... Bonne à plumer.

— Laroche va pas être content...

— Le colonel, je l'emmerde.

13 h 27

— Allô, Aja ? C'est Christos ! T'es toujours au pas de Bellecombe ?

— Oui. T'as écouté la radio ? Tu nous appelles pour te foutre de notre gueule ?

— Plutôt l'inverse...

— Pardon ?

— Attendez encore un petit peu avant de dégommer Bellion. Je crois que j'ai déterré un pavé, le genre de pierre angulaire capable de faire s'effondrer une cathédrale...

— En clair, Christos ?

— J'ai des doutes sur l'impartialité du témoignage d'Eve-Marie Nativel.

— Putain ! Tu me donnes les détails ?

Le sous-lieutenant résume la visite d'Armand Zuttor à la gendarmerie, la fuite des Jourdain sur l'île Maurice, la conversation téléphonique avec Graziella Doré, la liste des sept employés, l'interrogatoire improvisé à l'Alamanda, le récit de Gabin...

Aja siffle dans le téléphone :

— Putain... Comment faire avaler ça au ComGend ? Laroche n'est pas vraiment du genre à modifier ses convictions sur la foi d'un vague lien de parenté entre des témoins créoles pour un accident qui remonte à dix ans.

— Ouais. Mais si tu veux le fond de ma pensée, il y a plus étrange encore. Quand le ComGend a dressé la liste des contacts possibles de Martial Bellion sur l'île pour les mettre sous surveillance, pourquoi n'ont-ils jamais mentionné Aloé Nativel, son ex-petite amie ? Ils connaissent forcément son existence.

Aja prend le temps de réfléchir, sans trouver d'explication.

— Je suis bloquée ici, Christos. Bellion peut surgir du brouillard n'importe quand. Mais de ton côté, tu vas faire sauter ta sieste et tu me retrouves Eve-Marie Nativel avant ce soir !

— Facile à dire, ma belle. D'après les autres, elle bosse toute la journée au black chez un Gros Blanc. Jamais on ne trouvera un créole pour nous balancer son employeur...

Aja ne répond pas. Christos n'entend que le vent du piton souffler dans son téléphone.

— Aja ? T'es toujours là ?

— J'ai peut-être une idée, mon grand.

— Tu connais un créole qui balancerait la vieille Nativel ?

— Ouais… Laïla…

— Qui ça ?

— Laïla Purvi. Ma mère !

41

La dame au parapluie

Martial et Sofa écartent les immenses tiges de canne à sucre. Tout en prenant soin de rester dissimulés dans les plantes cultivées hautes de près de trois mètres, ils gravissent les premières pentes du piton Moka.

— Pousse-toi, je vois rien, papa.

Les champs vert et jaune descendent à l'infini vers l'océan, en lanières, délimités par les étroites coulées de lave anthracite. Sans doute le paysage le plus monotone de l'île... Seul le clocher de Notre-Dame-des-Laves dépasse de la cime des tiges, comme une réplique miniature de la cathédrale de Chartres au cœur de la Beauce.

Un labyrinthe végétal... Martial a pris le temps de détailler la carte. Le piton Moka est un vieux cratère érodé qui culmine à moins de cinq cents mètres. Rien à voir avec le géant Dolomieu qui l'écrase de son ombre, mais il offre un panorama sur l'ensemble de la côte sud-est de l'île.

Sofa, hissée sur la pointe des pieds, écarquille les yeux.

— Pourquoi la dame bleue, là-bas, elle porte un parapluie ?

Martial s'attarde sur le point fixé par sa fille, presque sous le clocher rose et sale de Notre-Dame-des-Laves. La statue de Marie couronnée prie à l'entrée du village de Sainte-

299

Rose, les mains jointes, banale à l'exception d'un détail incongru : la Vierge tient au-dessus de sa tête un large parasol du même bleu azur que sa tunique sertie d'or.

— C'est la dame qui nous protège contre les éruptions du volcan, ma puce. Elle est célèbre ici. Tu vois toutes ces fleurs à ses pieds ? C'est pour la remercier.

— C'est grâce à elle que les gendarmes ne nous ont pas attrapés ?

— Peut-être...

— Moi aussi, je viendrai lui donner des fleurs. Avec maman...

Martial sent son cœur s'accélérer. Il tire en arrière sa fille pour qu'elle reste dissimulée sous la végétation. A cette altitude, le brouillard a complètement disparu. Il sort la carte au 1/25 000 de sa poche, plus par sécurité que par nécessité. Il leur reste moins d'un kilomètre à parcourir, il leur suffit de descendre jusqu'à l'océan en longeant la ravine des Bambous.

— On est arrivés, ma puce ! Regarde tout en bas, les gros rochers noirs qui s'avancent vers la mer. C'est l'anse des Cascades.

— C'est là que nous attend mam...

La main de Martial se pose sur le visage de Sofa avant qu'elle ait eu le temps de prononcer la fin de sa phrase. Un affreux mouchoir mouillé lui arrache les lèvres et lui fouille la bouche.

15 h 41

— Tu me fais mal, papa...

Le coup du mouchoir, j'ai bien compris, c'est parce que j'ai voulu parler de maman. Papa trouve à chaque fois un truc pour ne pas me répondre quand je veux parler d'elle.

Papa retire enfin le tissu de ma bouche et me le montre.

Je recule d'un coup. De peur.

Le mouchoir est tout rouge !

Je passe mon doigt sur ma figure, je ne comprends pas, je n'ai pas mal.

Papa continue de sourire, comme si ce n'était pas grave. Je mets un moment avant de comprendre. C'est vrai, j'avais presque oublié, un peu plus haut, on a trouvé des fruits dans des arbres. Des goyaviers, ça s'appelle. J'ai trop adoré ! Je me suis empiffrée, presque autant que quand je vais cueillir des mûres avec maman dans la forêt de Montmorency. Papa m'a expliqué qu'ici, les goyaviers prennent si vite la place des autres arbres que les gens les arrachent quand ils en trouvent.

N'importe quoi !

— Je suis propre, là, papa ?

— Presque. On croirait que tu as mis du rouge à lèvres. Tu vas monter dans mes bras, ma puce ?

— Je ne suis pas fatiguée...

C'est vrai en plus. Je ne suis pas fatiguée... Je... je suis épuisée ! Mais je ne le montre pas à papa ! Je n'ai pas descendu la montagne depuis la lune pour m'endormir maintenant. Quelques minutes avant de revoir maman !

Là-bas, anse des Cascades.

Si papa ne m'a pas menti depuis le début.

— Tu as été une grande fille incroyablement courageuse, me dit-il. Mais avant d'arriver à la mer, nous allons traverser une dernière route et il ne faut pas qu'on nous reconnaisse. Les gendarmes nous cherchent toujours. Ils savent maintenant que tu es déguisée en garçon.

— Ça change quoi, si tu me portes ?

— Ton papa a pensé à tout...

Papa se baisse et sort du sac à dos une couverture moche et sale. Je la reconnais, il l'a ramassée dans le garage de la dame aux cheveux bleus qui est avec sa voiture dans le trou sans fond.

— Je vais la poser sur toi, ma puce, et je vais te serrer dans mes bras. On pourra croire que je porte du bois, des tiges de canne à brûler ou des feuilles de vacoas à tresser, comme les gens font ici.

Je ne comprends pas tout. Papa me tend les bras.

— Hisse et ho, ma puce...

J'hésite, longtemps, puis j'obéis. Je tends mes bras à papa. Dès que mes pieds quittent la terre, je sens toute la fatigue tomber sur moi, envelopper tout mon corps, encore plus chaude et noire que cette couverture qui pue.

15 h 43

Martial se met en route. Descendre la ravine des Bambous lui prend moins de dix minutes. Sofa bâille dans ses bras, exténuée. Dès qu'il s'approche de la route du littoral, il pose la couverture sur elle.

Le dernier obstacle à franchir...

La nationale semble déserte. Martial s'y attendait, c'est la portion la moins fréquentée de l'île, une dizaine de kilomètres de côte sans un seul habitant. Au cours de la dernière décennie, les coulées de lave sont descendues jusqu'à l'océan une année sur deux, brûlant tout sur leur passage. Quel fou construirait sa case ici ?

Martial, dissimulé à l'orée du champ de canne, patiente, épiant le moindre détail. Il doit rester vigilant, même si les flics ne disposent d'aucun indice pour deviner dans quelle direction il s'est enfui depuis la Plaine des Sables. Sofa s'endort doucement dans ses bras ; des bras qui tremblent maintenant, mais pas sous le poids de sa fille.

D'appréhension, plutôt.

Il repense aux mots tracés à la hâte sur la portière de la Clio grise.

Rendé vous
Anse dé cascad
Demin

302

16 h
vien avec la fille

Si près du but, l'idée l'effleure que le meilleur choix aurait été de se laisser arrêter par les flics. De tout avouer... Pour tenter de sauver Liane, ne fait-il pas courir à Sofa un danger plus grand encore ? Martial caresse doucement la couverture tout en murmurant une chanson créole entre ses dents.

Z'enfants les Hauts.
Dix ans qu'il ne l'a pas chantée.

Dans les Hauts, y perde dans la montagne
N'a brouillard, tits zoiseaux, bon peu ruisseaux
Y appelle Marla, pou arrive là-bas, y faut courage

Sofa, bercée, s'endort. Sa respiration devient plus régulière, apaisée, confiante.

Y appelle Sofa, pou arrive là-bas, y faut courage

Il regarde sa montre. Il sera ponctuel.

15 h 57

Martial laisse passer deux voitures et une camionnette de location, puis traverse la nationale. Aucun flic à l'horizon.

L'anse des Cascades se dévoile brusquement, superbe. Une féerie aquatique dans un écrin de palmiers, de badamiers et de vacoas qui semblent avoir été plantés là par un jardinier méticuleux. Le paysage est fermé par des pitons volcaniques d'où coule un rideau continu de cascades. L'eau s'évacue par un ruisseau qui serpente entre pont et pierres, pour rejoindre la mer et disparaître sur la plage sous d'énormes galets noir charbon. Contrastant avec l'oasis romantique, les vagues frappent avec une force sauvage la côte rocheuse, au point qu'on peine à imaginer que la dizaine de barques de pêcheurs alignées devant le fragile embarcadère puisse se risquer sur l'océan.

Martial avance prudemment. Des pique-niqueurs ont investi les kiosques, tables et bancs de bois sous l'ombre de la forêt. Leurs voitures sont sagement garées sur la pelouse rase qui fait office de parking.

Une seule a bravé l'interdit. Elle stationne dans le lieu le plus inaccessible, au-delà de l'embarcadère, derrière l'enrochement de galets.

Un 4 × 4 noir. Un Chevrolet Captiva.

Devant le 4 × 4, un homme se tient debout. Petit, corpulent, le teint mat, une tête de tigre brodée sur la casquette kaki enfoncée sur son crâne.

Martial ne comprend pas. Ses doigts tremblants se crispent sur la couverture beige.

Il avance encore une dizaine de mètres.

Le Malbar le regarde fixement en lui souriant, comme s'il l'attendait. Martial se fige soudain. Paralysé, alors que son cœur s'affole.

Cette fois, il l'a reconnu.

42
Fé lève lo mort

15 h 29

La vieille créole n'est pas entrée dans la gendarmerie. Elle a posé son gros sac de toile sur une marche et se contente d'attendre devant le pas de la porte que quelqu'un la remarque.

Christos la croise au moment où il sort fumer sur le parking : depuis combien de temps la créole se tient-elle là ? Quelques minutes ? Une heure ?

— Lieutenant Konstantinov ? lance-t-elle d'une voix traînante. C'est la mère de votre patronne, Laïla Purvi, qui m'a convaincue de venir. J'espère que c'est important, les patrons n'aiment pas trop qu'on laisse leur varangue à moitié déblèyée[1].

— Cela dépend de vous, Eve-Marie. Uniquement de vous. Entrez, je vous en prie.

Christos range son paquet de cigarettes dans sa poche. Eve-Marie Nativel n'a pas bougé. A-t-elle seulement entendu ?

— Non, finit-elle par murmurer. Non. Je ne suis pas venue pour faire... comment vous dites...

— Une déposition ?

---

1. Nettoyée.

— Oui... une déposition. Je suis simplement venue pour...

La vieille créole fixe le drapeau tricolore qui pend mollement au-dessus de la gendarmerie, sans terminer sa phrase.

— Pour me raconter une histoire ? relance le sous-lieutenant. L'histoire de votre nièce Aloé ?

— Puisque je l'ai promis à Laïla.

Christos lève les yeux. La vieille femme possède un regard du même bleu lagon que le foulard créole qui recouvre ses cheveux. Cinquante mètres devant eux, entre les cases, il aperçoit la plage quasi déserte.

— Vous préférez que l'on marche un peu ?

Eve-Marie sourit.

— Bonne idée, lieutenant. Vous me prenez mon sac ?

Ils avancent côte à côte vers la plage, au centre de la rue, sans aucune voiture pour les déranger. Ils doublent l'enseigne orange de Mandarine Coiffure.

— Vous êtes une petite cachottière, Eve-Marie.

La créole souffle à chaque pas.

— J'ai dit à la police tout ce que je pensais utile, lieutenant. Pas une fois je n'ai menti.

— Vous maintenez que Liane Bellion n'est jamais ressortie de la chambre 38 de l'Alamanda ?

Une longue respiration.

— Oui.

— Et que Martial Bellion a emprunté votre chariot de linge ?

Une pause. Plein milieu de la chaussée. Deux scooters les rasent et disparaissent vers le port.

— Egalement. Ça s'est exactement passé comme je vous l'ai raconté.

— Mais vous avez oublié de nous dire que vous connaissiez Martial Bellion. Qu'il avait vécu il y a dix ans avec Aloé Nativel, votre nièce.

Ils marchent à nouveau. Trois pas. La plage est droit devant eux, après le restaurant Paul et Virginie. Trente mètres. Une éternité.

— Lieutenant, quel rapport peut-il y avoir entre cette vieille histoire et la disparition de Liane Bellion ?

— A vous de me dire, Eve-Marie. A vous de me raconter l'histoire de votre nièce.

La vieille créole s'est encore arrêtée. Quelques larmes coulent au coin de ses yeux ridés. Christos, tel un gendre attentionné, la prend par le bras. Il la soutient pendant qu'ils progressent mètre par mètre vers le sable.

— Aloé était une fille en or, lieutenant. Une gamine adorable qui a élevé sans jamais se plaindre ses quatre frères et sœurs. Jolie comme un cœur. Elle sentait bon. La vanille. Il y en a toujours eu dans mon jardin à Carosse. Elle y passait des heures, chaque soir après l'école. C'est pour cela que je ne vous ai pas parlé d'elle. *Fé lève lo mort*[1], lieutenant...

Fé lève lo mort ?

Ils descendent un petit escalier de béton pour atteindre la plage, Eve-Marie s'arrête presque à chacune des neuf marches. Parvenue à la dernière, elle prend appui sur l'épaule du sous-lieutenant et met un temps interminable à se déchausser. Elle garde à la main ses deux sandales de toile et avance avec précaution dans le sable.

— Je connais déjà cette histoire, Eve-Marie. (Christos cherche ses mots.) La vie qui s'acharne, les hommes qui la quittent, Martial Bellion, Mourougaïne Paniandy, le Cap Champagne qui ferme ses portes. J'ai besoin d'une réponse précise, Eve-Marie. Aloé était très proche du petit Alex Bellion. Elle s'occupait davantage de lui que ses propres parents. Etait-elle à Boucan Canot le soir de la noyade d'Alex, le 3 mai 2003 ? Peut-elle être considérée en quoi que ce soit comme responsable de la mort de ce garçon ?

---

1. Il est dangereux de faire resurgir le passé.

Eve-Marie se plante dans le sable. Elle reste un temps infini à observer un paille-en-queue planer au-dessus d'eux, puis répond avec une pointe de colère :

— Alors c'est ça ? C'est ça qui vous préoccupe tant ? Vous pensez que j'ai menti pour protéger ma nièce ?

Le rire lézardé d'Eve-Marie s'envole vers le lagon.

— Bondyé[1]... Ma pauvre Aloé...

La vieille créole s'assoit dans le sable et passe des milliers de grains entre ses mains ridées. Christos hésite un instant, puis s'assoit à son tour.

— Aloé formait un beau couple avec Martial Bellion, bien mieux assorti qu'avec ce balourd de Mourougaïne, même si Martial était plus vieux que lui, même si semaine après semaine, il s'occupait davantage de son fils. Sa jeune et jolie nounou créole lui était de moins en moins utile. Il l'aurait quittée un jour ou l'autre, pour une autre fille moins jeune mais tout aussi jolie, Aloé l'avait compris.

— Vous n'avez pas répondu à ma question, Eve-Marie. Martial Bellion a été condamné pour homicide accidentel. Il est le seul dont la responsabilité ait été mise en cause par le juge Martin-Gaillard. Où était Aloé, le 3 mai 2003, le jour de la noyade d'Alex ?

— Loin. Très loin.

Les yeux d'Eve-Marie se perdent dans le ciel.

— Plus loin encore qu'où volent les paille-en-queue.

Est-elle folle ?

La créole anticipe les doutes du lieutenant. Elle lui prend la main. Son bras tremble, au moins autant que sa voix.

— Aloé avait cru tenir la chance de sa vie ! Elle avait répondu à un casting sur un podium de plage, lors de l'été 2002. Il fallait danser en maillot de bain sous des cocotiers devant un coucher de soleil. Ce genre de chose... Puis on l'avait rappelée à l'automne. Elle était retenue pour un tournage, un clip d'une chanson tournée en métropole, même

_____

1. Bon Dieu.

pas un séga réunionnais, un zouk antillais je crois. On lui payait le voyage, l'hôtel. Le clip est passé plusieurs fois à la télévision à l'époque, sur la 6 surtout. On voyait ma petite Aloé, elle dansait derrière un chanteur noir beau comme un bronze, au milieu de quinze autres métisses en bikini aussi belles qu'elle. Puis elle est rentrée à La Réunion et ils ne l'ont jamais rappelée.

— Le 3 mai 2003, Aloé était en métropole ?

— Oui. Ça ne doit pas être très difficile à vérifier, il doit y avoir des archives de tout ça...

Etrange coïncidence... encore une fois. Bien entendu, ils vérifieront.

— Ce ne sera pas la peine, s'entend pourtant dire Christos. Il... il serait possible de rencontrer Aloé ?

La main ridée se mue en bois mort. Les yeux d'Eve-Marie s'inondent à nouveau.

— Vous n'avez pas compris, alors ?

Christos caresse le bras flétri de la vieille créole, doucement, comme on le ferait pour calmer un tec-tec apeuré.

— Compris quoi ?

— Pourquoi je ne vous ai jamais parlé d'Aloé.

— Quand tout a tourné mal pour elle, elle a vendu son corps, c'est ça que vous ne vouliez pas nous avouer ?

Les doigts de la main gauche d'Eve-Marie tracent de petits cercles dans le sable.

— Elle se faisait appeler Vanille. C'est seulement sous ce nom que ses clients la connaissaient, je l'ai appris bien plus tard. Jamais elle n'est revenue me voir à Carosse. Elle était très demandée, à ce qu'il paraît. Par des hommes riches. Elle gagnait beaucoup d'argent.

La paume de sa main recouvre les cercles d'une brusque tempête de sable.

— Elle en a gardé de moins en moins. Plus il lui fallait d'argent et moins elle en gagnait.

— Zamal ?

Eve-Marie sourit.

309

— Héroïne, lieutenant. On a retrouvé son corps le 17 novembre 2009 dans le bassin de la cascade Maniquet, au-dessus de Saint-Denis. Overdose, ont conclu les légistes. Les journaux de l'île ont fait quelques lignes sur la mort d'une pitin[1] surnommée Vanille. Personne n'a jamais su son véritable nom, à part la police, ses frères et sœurs, ses parents et moi. Même Martial l'ignore.

— Je suis désolé, Eve-Marie.

— Ne le soyez pas, lieutenant. Vous n'y pouvez rien. Vous avez au moins compris pourquoi je ne souhaitais pas parler de ma petite Aloé. Il n'est pas facile de dissimuler les secrets de famille sur cette île.

Eve-Marie fait glisser les derniers grains de sable entre ses doigts.

— On rentre, lieutenant ?

16 h 00

Christos et Eve-Marie se tiennent devant la porte de la gendarmerie. Ils sont remontés presque en silence de la plage. A aucun moment l'idée qu'Eve-Marie ait pu lui mentir n'a effleuré l'esprit du sous-lieutenant.

— Merci de la promenade, lieutenant.

— Ce fut un plaisir, Eve.

Christos se découvre sincère.

Eve-Marie récupère son sac. Avant de lentement traverser le parking, elle se tourne une dernière fois vers le gendarme.

— Je vois bien que vous allez continuer à vous torturer les méninges pour chercher qui est responsable de la mort du petit. Alex. Alors, lieutenant, dites-vous que personne n'est coupable. Que ce fut juste le hasard et que personne n'y pouvait rien changer. C'est de là que naissent toutes les haines du monde, lieutenant, toutes les guerres, il nous faut

---

1. Putain.

310

trouver des coupables, toujours, à tous les malheurs de l'univers. Même quand il n'y en a pas, notre esprit les invente. Ce n'est sans doute pas facile à admettre quand on est flic, cette idée que l'on a tellement besoin de coupables qu'on finit par les fabriquer.

Christos s'est figé, incapable d'interrompre la tirade de la vieille créole. Elle plante ses yeux bleus dans les siens.

— *I fé pa la bou avan la pli*[1], lieutenant. Vous comprenez ça ? Quand on est malheureux, on survit en en voulant à la terre entière, ou bien juste à quelqu'un, à quelqu'un sur qui cogner pour aller un peu mieux. Vous n'êtes pas d'accord ?

— Je... je ne sais pas. Vous me dites que personne n'est responsable de la mort du petit Alex, mais nous avons un tueur qui se promène en liberté dans l'île...

Le regard océan d'Eve-Marie engloutit le gendarme.

— C'est ce que j'essaye de vous expliquer lieutenant. *I fé pa la bou avan la pli*. Quand le malheur vous touche, on refuse tous d'admettre qu'il n'y a aucun coupable à punir. Alors pour diminuer ses souffrances, on s'invente une vengeance.

On s'invente une vengeance, répète Christos dans sa tête.

La vieille créole est-elle folle ou cherche-t-elle à lui dire autre chose ? Une vérité codée ? Le nom d'un assassin qui ne serait pas Martial Bellion ?

Alors qu'un essaim d'hypothèses contradictoires se cognent dans son crâne, la sonnerie du téléphone résonne dans la gendarmerie.

---

1. Proverbe réunionnais : Il ne faut pas confondre les conséquences d'un acte avec sa cause.

43
Garde alternée

Martial s'est arrêté à vingt mètres du Malbar. Incapable d'un pas de plus. Il pose par terre la couverture dans laquelle Sofa s'est endormie. Le Malbar, derrière le 4 × 4 noir, le regarde faire, immobile, le visage dans l'ombre de sa casquette kaki. Derrière lui, les vagues frappent les roches noires de l'anse des Cascades et explosent en écume.

Martial hésite un instant à avancer encore, à courir. Ou à fuir.

Il ne bouge pas.

Il fixe avec intensité le Malbar et repense au message.

Rendé vous

Anse dé cascad

Il a compris qu'il ne peut lutter contre sa mémoire qui déborde, qui affleure à la surface de son cerveau, qui électrise chacun de ses sens. Cette fois, il laisse le passé triompher.

Ses pensées s'affolent, les souvenirs défilent, Martial les raconte pour lui-même, ouvrant des lèvres d'où aucun son ne sort.

Tout bascula le 3 mai 2003.

C'était le soir, un samedi, le jour de garde de Graziella. Exceptionnellement, j'étais seul. Ma copine de l'époque, Aloé, venait de s'envoler en direction de la métropole pour un casting. Un break qui tombait plutôt bien, on en était conscients tous les deux. Chacun sa route, chacun sa chance…

16 h 02

Graziella Doré coince une mèche de cheveux un peu plus longue que les autres derrière son oreille, avec précaution, comme si elle craignait de la briser, puis se tourne vers l'océan Indien.

Un instant, elle repense à la conversation au téléphone avec ce flic. Est-il capable de comprendre quoi que ce soit ? Non, sans doute. Il avait l'air d'un fonctionnaire qui ne fait pas de zèle. Il a couru après les ombres dès qu'on lui a agité des marionnettes sous le nez.

Un gentil toutou paresseux.

Elle doit se concentrer plutôt que de se repasser sans cesse le même film. Agir. Réagir. Mais est-ce seulement possible d'oublier ?

Chaque vague de l'océan qui vient mourir à ses pieds lui rappelle Alex.

Comment lutter ?

Les flashs la submergent. Le lagon. L'hôtel Alamanda. La cavale de Martial. Les morts… Récents, anciens…

Ces morts qui la tirent par les pieds, pour qu'on ne les oublie pas.

Cette fois-ci, Graziella ne les repousse pas.

C'était il y a si longtemps…

Le 3 mai 2003 très exactement, pense Graziella. Je n'avais qu'une obsession alors.

Martial n'avait pas le droit de me quitter.

Il pouvait bien me tromper avec d'autres femmes plus jolies que moi, avec la petite Aloé Nativel par exemple, il pouvait bien occuper ses nuits à boire avec d'autres hommes, il pouvait bien ne passer qu'un jour sur deux, profiter de mon fric, des cuisiniers de mon restaurant, de mon lit, de mon cul, mais il n'avait pas le droit de me quitter.

Il n'avait pas le droit d'en aimer une autre.

J'avais tout investi sur lui, comme on place toutes ses économies sur un numéro au casino, sur un cheval, sur une start-up dont la cote grimpe en flèche. Je l'avais choisi parmi des dizaines d'autres prétendants possibles, j'avais la conviction que je pouvais le changer, j'y étais parvenue, d'ailleurs ; il était jeune, malléable comme de la glaise, une pépite à tailler, un filon de minerai rare que moi seule avais détecté et saurais exploiter. Tous mes sacrifices étaient supportables parce que notre couple était une œuvre de longue haleine, dont on ne mesurerait la force et l'équilibre que des années plus tard. Une construction lente et patiente.

J'avais misé sur Martial au mépris de toutes mes autres illusions, de mes autres passions, des infinies possibilités que m'offrait la vie, comme une étudiante prête à mettre sa jeunesse entre parenthèses, à travailler jour et nuit dans le seul but d'obtenir un diplôme inaccessible.

Je l'avais choisi comme père de mon enfant.

Non, Martial n'avait pas le droit de me quitter pour la première poufiasse venue.

C'est pour cela que, ce soir-là, je l'avais mis au pied du mur...

16 h 03

Graziella m'appela moins de trois heures après le départ d'Aloé. Je l'avais accompagnée à l'aéroport Roland-Garros. Graziella avait sans doute appris par des amis communs bien intentionnés que la petite s'envolait pour Paris, pour un séjour d'une durée indéterminée.

— J'ai besoin de toi pour garder Alex ce soir. Oui, je sais c'est mon jour de garde mais… mais il faut que tu viennes. J'ai rendez-vous ce soir, rendez-vous avec un homme. C'est la première fois, Martial. Alors, s'il te plaît, fais un effort, viens au Cap Champagne, récupère Alex à 22 heures au plus tard.

Elle bluffait. J'étais persuadé qu'elle bluffait. Il n'y avait aucun autre homme, aucun rendez-vous. Une nouvelle fois elle utilisait Alex comme un prétexte pour me siffler, me faire courir, me crier encore à la face mes supposés devoirs envers elle et notre fils. Tenter sa chance, puisqu'elle me savait à nouveau libre.

16 h 04

Martial était trop orgueilleux pour le croire, mais je ne bluffais pas ce soir-là. Pour la première fois, je ne bluffais pas. J'avais réellement décidé de me donner à un autre homme. Fabrice Martin était avocat en droit de l'environnement. Il était riche et défendait avec conviction la biodiversité de l'île en expulsant des espaces protégés dans les Hauts des éleveurs et des cultivateurs qui y habitaient depuis cinq générations. Il n'était pas très beau, à bien y repenser. Même s'il courait deux heures par jour sous le soleil et faisait sauter le plus souvent possible cravate et chemise pour me laisser admirer son torse impeccablement sculpté, il gardait cette tête de fonctionnaire dégarni avec un long nez parfaitement proportionné pour supporter de lourdes lunettes de myope.

Des semaines qu'il quémandait un dîner aux chandelles. J'ai accepté ce soir-là, pour rendre Martial jaloux, bien entendu. La petite créole à peine majeure avait enfin vidé les lieux. Des mois que j'aurais pu la renvoyer du Cap Champagne, mais elle me ramenait des clients. Elle s'occupait bien d'Alex aussi. Jamais Martial n'aurait été capable de s'occuper seul de son fils… Mais c'était terminé ! Cette fois-ci, il devrait choisir…

Alex jouait sur la plage de Boucan Canot, comme il le faisait souvent le soir. Je le surveillais de derrière le comptoir du Cap Champagne, la plage était déjà sombre et déserte. J'avais décidé de tout fermer au plus tard à 22 heures. Même si ce n'était pas officiellement son jour de garde, Martial n'aurait pas d'autre choix que de passer chercher Alex. Il avait compris qu'au moindre de ses retards je ne le ratais pas… Témoignage des employés. Courrier au juge. Martial était un gamin qu'il fallait punir. J'étais sur la bonne voie. Il progressait. Lorsqu'il me reviendrait, il serait devenu un père presque parfait.

Oui, Martial allait venir chercher Alex. Alors, je le mettrais devant ses responsabilités. Il ne pourrait plus jouer avec moi. Il devrait désormais tenir compte de la concurrence.

Fabrice était un jeune avocat riche, sportif, la tête sur les épaules.

Martial pouvait me perdre, définitivement.

Cela, jamais il ne pourrait le supporter.

16 h 05

Si je ne me présentais pas au Cap Champagne à 22 heures, cette folle de Graziella écrirait une nouvelle fois au juge un tissu de mensonges. Dans cette situation, la parole d'un père compte autant face aux arguments d'une mère que celle d'un esclave noir face à son contremaître… Vers 21 h 30, je me suis décidé à aller chercher Alex.

J'ai roulé jusqu'à Boucan Canot. Je suis arrivé un peu après 22 heures. Le soleil était déjà couché, il ne restait plus qu'un ciel rouge comme un volcan réveillé. J'ai volontairement garé la voiture sous les filaos, au bout de la plage, un peu à l'écart du premier réverbère.

Je me suis avancé dans la pénombre, le long des rochers noirs, en face de l'hôtel de Boucan. De cette position, je pouvais observer le bar du Cap Champagne sans être vu.

Cette garce de Graziella se tenait là, derrière son comptoir, à surveiller Alex qui jouait seul sur la plage, une dizaine de mètres devant elle, éclairé par les néons.

Comme je m'y attendais, son prétexte de rendez-vous galant n'était qu'une chimère pour m'attirer sitôt Aloé disparue. Je me suis encore avancé dans la semi-obscurité, je me suis accroupi et je suis resté quelques instants à regarder Alex jouer. J'adorais le voir ainsi échapper au monde des adultes. Converser avec un bateau imaginaire, un pirate, inventer des crustacés fantastiques. Graziella, elle, ne supportait pas qu'il ne fasse rien.

Irréconciliables...

16 h 06

Martial avait beau avoir caché sa voiture sous les filaos, s'être dissimulé dans l'ombre de la plage, il était venu tout de même chercher Alex. Sans doute croyait-il que je ne le voyais pas, mais les fenêtres éclairées de l'hôtel de Boucan, derrière lui, le trahissaient. J'observais discrètement sa silhouette sombre, détournant le regard vers Alex dès qu'il pivotait la tête dans ma direction.

J'avais compris, cette fois. Martial préférait récupérer son fils sans me croiser, sans même me demander la moindre nouvelle.

Classique...

Le juge Martin-Gaillard m'avait raconté que certains parents divorcés étaient à ce point incapables de s'approcher, se haïssaient tellement qu'ils échangeaient leur enfant en le laissant seul quelques minutes dans un sas sécurisé, la cage d'escalier d'un immeuble, un jardin public, la terrasse d'un café.

Martial n'était pas parvenu à ce point, mais tout était clair. Il ne voulait plus me voir. Il n'était pas un mauvais père, il n'était même plus un mari volage. Mais quelque chose en moi le dégoûtait. Mes menaces, mes ruses ne faisaient qu'aggraver les choses.

J'avais misé sur le mauvais numéro. J'avais perdu.

Fabrice Martin pouvait se dispenser lors du dîner de longues et galantes stratégies d'approche, j'allais me donner à lui ce soir. Peut-être l'aimerais-je, après tout... Peut-être que Martial le haïrait... Le haïrait au point de m'aimer à nouveau.

Peut-être que tout n'était pas perdu...

16 h 07

Je suis resté dans l'ombre des rochers quelques minutes. Je ne voulais pas qu'Alex me voie. C'était déjà assez compliqué pour lui de s'y retrouver entre mes jours de garde et ceux de sa mère. Il n'aurait pas compris ce que je faisais là, à Boucan Canot, le week-end où il était avec Graziella. Il aurait encore moins compris que je reparte aussitôt.

J'ai consulté ma montre. 22 h 10. Tout en observant une dernière fois Graziella pour m'assurer qu'elle surveillait bien la plage derrière les vitres éclairées du bar, je me suis éloigné dans l'obscurité pour marcher jusqu'à ma voiture.

16 h 08

J'ai observé la voiture de Martial sous les filaos pour m'assurer qu'il était toujours là.

Tant pis, ai-je pensé.

Un soir de plaisir, un seul, j'y avais bien droit moi aussi.

Je n'ai pas eu le cœur de dire au revoir à Alex. Il se tenait assis, silencieux, sur le sable, quelques mètres devant moi. Je l'avais prévenu que son père allait venir le chercher.

Il n'avait rien dit, il avait juste laissé filer le sable entre ses doigts.

Alex était un enfant sensible, mais renfermé. Cette séparation allait finir par en faire un autiste...

Je me suis reculée, ma décision était prise, j'avais finalement peur maintenant de me retrouver nez à nez avec Martial. Son ombre pouvait surgir à n'importe quel moment de la plage sombre et me demander des explications sur cette robe de soirée, sur ces bijoux à mon poignet, sur ce maquillage... J'ai enfilé une veste, j'ai jeté un dernier regard à la voiture de Martial, puis, tout en éteignant la lumière du Cap Champagne, j'ai attrapé mon téléphone portable.

Il était 22 h 10, Fabrice devait m'attendre depuis un sacré bout de temps au Flagrant Délice, le meilleur restaurant de la côte ouest. J'ai seulement dit que j'arrivais d'une voix sèche et froide.

J'allais le faire souffrir, celui-ci. Et j'allais y prendre du plaisir.

16 h 09

J'ai démarré la voiture et j'ai téléphoné à Graziella tout en sortant en marche arrière de la rue de Boucan Canot. Tous phares éteints. Je suis tombé sur le répondeur du bar. Sur le coup, j'ai interprété comme un coup de chance que Graziella ne réponde pas. Cela m'évitait de longues explications.

« Graziella, c'est Martial. Je ne viendrai pas chercher Alex ce soir. Il faut que tu cesses de trouver des prétextes ridicules. Il faut que tu cesses de te servir d'Alex. Il faut que nous nous comportions comme des adultes responsables. »

Puis je suis allé boire jusque tard avec les potes au Bambou Bar à l'autre bout de la plage de Boucan, dans un troquet où toutes les ethnies de l'île parvenaient à se tasser autour de trois tables et dix chaises... L'une des raisons pour lesquelles je savais que Graziella n'y mettrait jamais les pieds.

16 h 10

J'ai découvert le message de Martial sur mon répondeur à 6 heures du matin. Je n'avais pas dormi chez moi, Fabrice était un amant peu imaginatif, mais endurant. J'ai écouté le message une première fois. Je n'ai pas compris. J'ai appuyé sur un bouton bleu qui clignotait comme un gyrophare d'ambulance, la voix de Martial a répété :

Je ne viendrai pas chercher Alex ce soir.

Alors j'ai hurlé. Je me suis précipitée sur la baie vitrée du bar qui s'ouvre sur l'océan. J'ai couru sur la plage comme une folle. Il y avait déjà du monde, un maître-nageur, des passants.

Et, allongé derrière la forêt de jambes, le corps sans vie d'Alex.

16 h 11

Lorsque le téléphone a sonné, je n'ai pas compris.

— Monsieur Martial Bellion ?

L'alcool cognait dans mon crâne et ce flic tentait de hurler plus fort des mots incompréhensibles. Laisser un enfant de six ans seul sur une plage sans surveillance. La nuit. Un gamin qui adorait l'eau. Une plage aussi dangereuse.

Puis j'ai réalisé et tout a explosé dans ma tête. Je n'ai même pas cherché à expliquer quoi que ce soit au flic... J'ai juste couru, couru comme un fou pendant cinq kilomètres entre Saint-Paul et Boucan Canot en hurlant ma rage contre l'océan.

J'ai d'abord essayé de faire comprendre aux flics que c'était Graziella qui avait la garde d'Alex ce soir-là, de faire valoir l'importance de ces quelques minutes avant ou après 22 heures, de parler de ce message sur le répondeur téléphonique du Cap Champagne qu'elle niait pourtant avoir reçu. Graziella convoqua une dizaine de témoins qui affirmèrent l'avoir entendue me demander de garder exceptionnellement Alex, qui confirmèrent m'avoir vu garer ma voiture vers 22 heures près de l'hôtel de Boucan. Fabrice Martin, l'avocat, certifia que Graziella était à table avec lui au Flagrant Délice quelques minutes après 22 heures. L'île de La Réunion est un petit monde, surtout chez les Zoreilles, qui administrent la santé, l'éducation, la police et la justice. Fabrice Martin était un petit-cousin du juge Martin-Gaillard, chargé de l'enquête.

Il fut d'autant plus simple de tout me coller sur le dos que je n'avais aucune envie de me battre en engageant un avocat chargé de négocier mon pourcentage de responsabilité dans la mort d'Alex. Le juge Martin-Gaillard acheta mon silence en ne retenant contre moi que l'homicide accidentel. J'étais libre.

J'ai quitté La Réunion le mois suivant pour me fondre dans la grisaille francilienne. C'était il y a dix ans. A l'époque, que je puisse refaire ma vie relevait d'un horizon surréaliste. Plus encore imaginer que je puisse à nouveau m'occuper d'un enfant. Graziella avait gagné au fond. J'étais prêt à endosser seul ce sentiment de culpabilité, à le porter, à le traîner. Que Graziella partage ce même sentiment n'en aurait en rien allégé le poids.

Les couples divorcés se partagent la charge des gosses vivants, pas des cadavres.

Martial était le seul coupable.

J'ai beaucoup réfléchi depuis, seule, sans psy ni autre confident.

Je n'y étais pour rien.

Tout fut uniquement de la faute de Martial. Etre venu comme un voleur ce soir-là, s'être dissimulé dans l'ombre, avoir espionné notre fils pour repartir sans un mot, s'être soûlé à quelques mètres de là...

Martial n'avait aucune excuse. Ce soir-là comme les jours précédents. Rien ne serait arrivé si Martial ne nous avait pas abandonnés, Alex et moi. Alex serait toujours en vie si Martial avait simplement accepté de continuer de nous aimer. A faire semblant, au moins. S'il n'avait pas semé la mort autour de lui, comme un ange de malheur.

Martial s'est enfui après la décision du juge, comme toujours.

Je suis restée.

J'ai essayé de survivre. J'ai viré les kafs[1] et j'ai fermé le Cap Champagne. J'ai changé d'île, j'ai changé de mer, mais les vagues m'ont ramené le cadavre d'Alex.

Chaque matin.

Oui, tout était uniquement de la faute de Martial. Pire que cela même.

J'y ai beaucoup réfléchi depuis.

Martial souhaitait la mort d'Alex.

La mort d'Alex fut une aubaine. Une chance inespérée pour me fuir définitivement. Pour mettre neuf mille deux cents kilomètres entre lui et moi. Martial avait dû tant de fois souhaiter la mort d'Alex. Il a fini par le tuer ce soir du 3 mai, aussi sûrement qu'en lui enfonçant un couteau dans le cœur.

---

1. Désignation raciste des Cafres.

Homicide accidentel... Le juge Martin-Gaillard n'était qu'un idiot, plus stupide encore que son petit-cousin. La vérité crevait pourtant les yeux. Il s'agissait d'un homicide tout ce qu'il y a de plus volontaire.

Avec préméditation.

Martial avait décidé de sacrifier Alex pour une raison bien précise.

Il lui a volé sa vie parce qu'il voulait l'offrir à quelqu'un d'autre, des années plus tard.

A une petite fille blonde prénommée Josapha.

Graziella met quelques instants à retrouver ses esprits. Elle pose la main sur le 4 × 4 noir et laisse les larmes couler sur ses joues ocre. Peu importe, elles auront tout le temps de sécher. Tout fard est désormais inutile.

Face à elle, Martial avance avec la gamine dans ses bras. Tout est en ordre.

Elle se force à sourire, à donner un timbre naturel à sa voix, à parler fort pour couvrir le bruit des vagues qui se brisent sur les rochers.

— Bonjour, Martial, pour une fois tu es ponctuel.

44

Ligne Paradis

16 h 01

— Allô, la gendarmerie de Saint-Gilles ?

Christos a pris le temps de décapsuler une bouteille de Dodo puis a décroché avec paresse.

— Ouais... Du moins ce qu'il en reste...

— Christos ? C'est Moussa Dijoux. Police municipale de Saint-Pierre. Tu me situes ?

Christos visualise un grand type jovial doté d'une forte propension à appeler les gendarmes au moindre problème, à leur coller de grandes claques dans le dos et à conclure l'entretien par une phrase du genre : « Bon, ben maintenant, je vous laisse faire votre travail. »

Moussa Dijoux enchaîne :

— Je pensais tomber sur un répondeur. Vous êtes pas tous partis à la chasse à l'ours ?

— Ben non, tu vois. Faut croire que j'ai passé l'âge de jouer les trappeurs...

Dijoux n'esquisse même pas un semblant d'éclat de rire. Mauvais signe.

— Coup de bol alors que je sois tombé sur toi, Christos. C'est la série ! J'ai un cadavre sur les bras, figure-toi. Kartié Ligne Paradis. Tiens-toi bien, c'est un gosse de onze ans qui

324

jouait au foot qui m'a appelé avec son portable. Une Cafrine, balancée dans la ravine, sans doute par un type qui s'est arrêté au-dessus avec sa caisse et qui l'a directement vidée de son coffre. Un coup de couteau plein cœur. T'imagines ?

Avant de réagir, Christos prend le temps de boire une rasade de Dodo. Aux dernières nouvelles, Bellion cavale toujours quelque part autour du volcan. On pourra difficilement lui coller ce crime-là sur le dos. Il répond avec lassitude :

— Une pute ?

— Non, je ne crois pas. La fille n'est plus toute jeune, genre mère de famille si tu vois ce que je veux dire. Plutôt mignonne, mais avec des formes, beaucoup de formes. Tu peux venir ?

Christos vide la bouteille. Il sent qu'il va devoir jouer serré pour s'éviter cette corvée. Il n'a même pas eu le temps de téléphoner à Aja ou à Imelda pour leur raconter sa promenade nostalgique en compagnie d'Eve-Marie.

— Je suis tout seul pour garder la maison. Vu le contexte, le plan Papangue et tout le tintouin, tu comprends que c'est pas facile de tout laisser.

Dijoux monte d'un ton.

— Attendez, les gars ! J'suis qu'employé municipal, moi. Vous allez pas me laisser là avec le macchabée sur les bras…

Christos soupire.

— Bordel. C'est la loi des séries. T'as des détails ?

— Pas des masses. Aucune pièce d'identité. Aucun sac à main. On a juste retrouvé les clés d'une Volkswagen dans sa poche, et à trois cents mètres, une Polo rouge avec une portière orange défoncée mal garée, sans proprio. Tu veux le numéro de la plaque ?

La bouteille glisse des mains de Christos, tombe, presque au ralenti, explose sur le carrelage de la gendarmerie. Un liquide poisseux inonde ses pieds.

Christos n'esquisse pas le moindre geste. Toutes les veines qui relient son cœur aux autres organes se sont brisées net. Comme si sa vie avait d'un coup largué les amarres.

— Allô, Christos ? Allô, t'es encore, là ? Alors, qu'est-ce que tu décides ? Tu rappliques, oui ou merde ?

45
Bonheur à crédit

16 h 13

— Bonjour, Martial, répète Graziella. Cela fait longtemps...

Alors que Martial marche vers le 4 × 4 noir, Graziella retire
sa casquette et la pose sur le capot. Libérés du tissu kaki, ses
cheveux longs, châtain clair, tombent en cascade. Sa peau
mate, des yeux jusqu'au bas de son visage, est zébrée de
traînées blanches. Une terre d'argile creusée de fins canaux
de larmes.

Graziella a pleuré. Sa voix grince, cynique, comme pour
écarter toute pitié.

— J'étais certaine que tu te débrouillerais pour parvenir
jusqu'ici...

Martial s'arrête à un mètre d'elle. Ses bras serrent le corps
endormi de Sofa sous la toile beige. Il parle à voix basse
pour ne pas la réveiller :

— Je suis venu, Graziella. Avec Sofa. Seul. J'ai tenu ma
promesse. Où est Liane ?

— Doucement, Martial. Nous sommes ici, toi et moi,
pour trouver une solution juste. Sans précipitation. Sans
colère.

Martial avance d'un pas. Il toise son ex-femme.

— Dis-moi qu'elle est vivante, Graziella. Dis-le-moi tout de suite, sinon...

Graziella s'assoit sur la digue de galets noirs. Elle n'a pas choisi le lieu de rendez-vous par hasard, les enrochements les rendent invisibles des autres visiteurs de l'anse des Cascades, et le vacarme des vagues contre les blocs de pierre interdit d'entendre la moindre conversation à plus de cinq mètres.

— Tu comprends maintenant, Martial. Les responsabilités. La famille. La peur qui vous tiraille les tripes. Je t'en prie, présente-moi ta fille...

— Elle dort. Ça va. Je m'occupe d'elle. Qu'est-ce que tu veux ?

Graziella observe les alentours. Vingt mètres plus loin, un Zodiac tangue sur l'océan, amarré au tronc d'un vacoa. Elle force un peu la voix pour couvrir le bruit de la houle :

— Trouver une solution juste, je te l'ai dit. Toutes les dettes doivent être payées, Martial, même après des années. Il n'y a pas d'alternative pour que les fantômes nous laissent tranquilles. Si tu ne voulais pas les croiser, pourquoi être revenu sur cette île avec ta femme et ta fille ?

Martial hurle presque, comme si élever le ton pouvait fissurer le calme clinique de son ex-femme :

— Parce que les fantômes n'existent que dans ta tête, Graziella. Et que tu avais quitté l'île en les emportant.

— Non, Martial. Ils sont restés là, à l'Alamanda, à Boucan Canot, au Cap Champagne. Ils dormaient, tu les as réveillés en revenant.

Elle fixe successivement l'océan, les cascades, puis plante son regard dans celui de Martial.

— Tu croyais vraiment pouvoir échapper à ton passé ?

Martial chancelle. Le poids dans ses bras devient presque insupportable, mais il ne veut pas céder. Il doit gagner du temps pour protéger Sofa. Il repense aux coups de téléphone reçus dès le lendemain de leur arrivée à La Réunion.

« C'est important que tu sois revenu payer ta dette, Martial. Quand on achète son bonheur à crédit, un jour ou l'autre il faut rembourser.

Une vie contre une autre. La vie de ta fille contre celle de mon fils.

Nous serons quittes. »

Graziella continue sur le même ton, tel un juge exposant des faits avec neutralité :

— Vous avez dû envisager de prévenir la police. Peut-être même les avez-vous rencontrés, discrètement. Mais que pouviez-vous leur dire ? Leur demander de poster des gardes du corps autour de vous ? Quel policier m'aurait inculpée à partir de simples menaces anonymes ? Quel policier vous aurait crus sur parole sans chercher à enquêter un minimum auparavant ?

La voix menaçante au bout du téléphone, il y a une semaine, continue de résonner dans le crâne de Martial.

« Josapha a eu droit à un procès équitable. Des années d'instruction. Il est trop tard pour faire appel, Martial. Si un policier s'approche de moi, me pose la moindre question, j'exécute ta fille. »

La même voix froide qui triomphe aujourd'hui.

— J'étais certaine que vous ne prendriez pas le risque... Des parents dont l'enfant est menacé de mort par des kidnappeurs peuvent faire le pari d'appeler la police. Ils imaginent que le but des ravisseurs est de récupérer la rançon, pas de tuer leur enfant. Mais pour toi, Martial, il n'était pas question de probabilités, juste d'échéances, comment retarder l'exécution pour continuer d'espérer...

Martial se tait. Grimace. Il repense à la visite de Liane à la gendarmerie de Saint-Benoît. Elle avait failli tout raconter aux flics ce matin-là. Il attendait dans la voiture, il lui avait fait promettre de ne pas mentionner leur nom. Il n'y avait aucune preuve contre Graziella et en représailles d'une simple enquête de police, Dieu sait de quoi elle aurait été capable.

— Je te connais, continue Graziella. Une nouvelle fois, tu as dû vouloir fuir, mais tous les vols étaient surbookés, n'est-ce pas ? Ou il fallait passer par des correspondances hors de prix. Au-dessus de tes moyens ! Nous sommes responsables des poids que nous plaçons sur la balance : si tu n'avais pas épousé une fille sans un sou, tu serais peut-être loin... Tu ne pouvais plus échapper à la sentence. Emprisonné sur l'île. Sans protection possible. Le bourreau pouvait frapper à n'importe quel instant. Cette fois-ci, tu faisais attention à ta fille, n'est-ce pas, Martial ? Tu ne la laissais pas seule sur la plage devant le lagon. Tu t'inquiétais. Tu jouais ton rôle de père. Sage, comme un prisonnier espérant négocier sa peine pour bonne conduite.

Ne rien répondre. Gagner du temps.

Graziella jette de temps à autre un regard vers le Zodiac.

— Sage... Mais tu préparais ton évasion. Je dois te féliciter, Martial, tu as essayé de te faufiler dans un trou de souris que je n'avais pas repéré. J'ai mis du temps à comprendre votre stratégie. Liane disparaît brusquement et vous organisez une mise en scène pour que tu sois soupçonné de l'avoir assassinée. Deux blessures bénignes, quelques gouttes de sang dispersées dans l'appartement, bien en évidence. Tu empruntes le chariot de linge de la femme de ménage en faisant en sorte d'être repéré par plusieurs employés : Liane sort ainsi de sa chambre sans être vue, bien vivante, alors que tout le monde va croire que tu transportes son cadavre. Tous les indices, d'évidence, t'accusent. Les policiers n'auront pas d'autre choix que de te retenir en garde à vue et de placer Sofa sous protection judiciaire. Deux jours après, Liane réapparaît, quelques heures avant le départ du vol. Juste une fugue, explique-t-elle. Les policiers s'excusent, vous libèrent et vous vous envolez pour la métropole... Votre plan était compliqué, mais efficace.

— *Mon* plan, glisse Martial. Au départ, Liane n'était pas d'accord. Elle ne voulait pas laisser Sofa seule avec moi.

Graziella lève les yeux vers des ombres invisibles, au-delà des cascades.

— Mais pour son plus grand malheur, elle aussi t'a écouté. Tu avais oublié un détail, Martial, les fantômes sont méfiants. Je vous surveillais en permanence. Liane a pu admirer sur les murs de ma case à Saint-Pierre quelques émouvantes photos de famille. Lorsque tu l'as laissée sur le parking de l'hôtel Alamanda et qu'elle est sortie dans son chariot de linge, un Malbar coiffé d'une casquette kaki l'attendait pour lui proposer de monter dans son Chevrolet Captiva.

Cette fois, Martial ne peut se retenir :

— Si jamais tu l'as...

— Doucement, coupe Graziella d'un lent geste de la main. N'inverse pas les rôles, Martial. C'est toi qui as tenté de faire évader ta femme. Tu as échoué. Tu connaissais la règle. Punition. Cachot. Pauvre Liane, elle n'y est pour rien, au fond. Elle n'a rien à se reprocher à part d'avoir croisé ta route. Te rends-tu compte que tu as creusé toi-même la tombe de toute ta petite famille ?

Martial se recule d'un mètre et pose son dos contre le tronc d'un vacoa afin de soulager le poids sur ses bras. Il doit protéger Sofa de cette folle le plus longtemps possible.

— Et... tu as tué ce type sur le port de Saint-Gilles ? Rodin ?

— Par ta faute, Martial. Uniquement ta faute. Sans ton plan stupide, ce kaf serait encore vivant. Il a tourné la tête au mauvais moment alors que je chargeais Liane dans le coffre. Vous m'aviez fourni l'arme du crime, dans le sac de Liane, un couteau avec son sang sur la lame et tes empreintes sur le manche. J'ai davantage hésité à égorger cette vieille femme chez qui tu logeais. J'ai croisé ta petite Sofa dans les rues de Saint-Gilles. Déguisée en **garçon**. Un garçon, Martial ! De l'âge d'Alex ! Comme si, **toi aussi**, tu avais compris qu'il n'y avait pas d'autre choix que d'échanger une vie contre une autre. Le reste n'était pas bien compliqué. Je l'ai suivie. Je me suis cachée à dix mètres de la maison. Quelques minutes plus tard, la vieille est rentrée. Imagine ce qui se serait passé si je ne l'avais pas arrêtée, si elle t'avait trouvé chez elle. Tu aurais toi-même été obligé de lui planter un couteau dans le cou pour la faire taire... N'ai-je pas raison ? Aurais-tu préféré sacrifier ta fille ?

Graziella lève les yeux sur son ex-mari et continue :

— Non, bien entendu, mais tu prétendras une nouvelle fois n'être responsable de rien. Je peux te poser une question, Martial ?

Martial est parvenu à improviser un siège inconfortable en appuyant ses cuisses contre la pyramide de racines aériennes qui arriment au sol le tronc du vacoa. Il choisit le silence. Quelques nouvelles secondes de gagnées. Graziella insiste :

— Je me demande à quel moment tu t'es aperçu que ton plan échouait. Je suppose que le premier soir, Liane devait t'appeler, te dire que tout allait bien, qu'elle était cachée comme convenu, que tu pouvais faire ton numéro devant les gendarmes...

Graziella marque une pause calculée, puis reprend :

— Sauf qu'elle n'a jamais appelé...

Martial, malgré lui, repense à sa terreur croissante après avoir signalé la pseudo-disparition de sa femme aux gendarmes de Saint-Gilles. Aucun coup de téléphone de Liane dans la soirée... Le meurtre de Rodin, ensuite. Puis le message sur la portière de sa voiture de location. *Rendé vous anse dé cascad.* Comment les flics pouvaient-ils comprendre qu'un type prêt à se laisser accuser change radicalement d'attitude quelques heures plus tard ?

Impossible. Aucun espoir de leur côté.

Martial s'accroche à trois mots. Toujours les mêmes :

— Où est Liane ?

Graziella se fend d'un sourire rassurant.

— Elle est vivante, Martial. Encore vivante, pour quelques instants du moins. Elle t'attend bien au chaud, elle est plus résistante que je ne croyais.

Le sourire se fige brusquement.

— Assez parlé, Martial, je me fiche que ta femme survive ou non, elle n'était qu'un appât pour que tu viennes avec ta fille. Réveille-la maintenant. Pose-la par terre. Finissons-en.

Martial essaie de réfléchir le plus vite possible. C'est déjà un miracle que Sofa n'ait pas entendu les aveux et les menaces de Graziella. Son ex-femme est-elle vraiment capable d'assassiner une fillette avec le même sang-froid qu'elle a exécuté deux témoins gênants ?

Ses yeux quémandent la clémence.

— Ne mêle pas Josapha à cela, Graziella. Elle n'a rien à voir avec nos histoires d'adultes. Elle n'a...

Un rictus de colère déforme pour la première fois le visage mat de Graziella.

— Oh non, Martial. Oh non. C'est tout sauf une histoire d'adultes. As-tu au moins calculé l'âge qu'aurait Alex aujourd'hui ? Non, j'en suis certaine. Il aurait seize ans. Il serait un beau jeune homme. J'aurais angoissé pour son passage en seconde, j'aurais cherché le meilleur lycée pour lui – une classe européenne, les arts appliqués, les sciences de l'ingénieur. Peut-être que je serais rentrée en métropole pour lui donner les meilleures chances d'accéder à une grande école. Réveille ta fille, Martial. Il faut qu'elle rende la vie qu'elle a volée.

Martial hésite à tenter le tout pour le tout, à saisir son ex-femme et à serrer sa gorge jusqu'à ce qu'elle avoue où Liane est retenue prisonnière.

Trop tard.

Graziella a anticipé chaque réaction de Martial. Brusquement, elle extirpe de sa kurta un revolver noir de petite taille.

— Un Hämmerli, précise-t-elle. C'est suisse, hors de prix, mais on m'a assuré que c'était le plus silencieux du marché. Je te rassure, le bruit des vagues couvrira la détonation.

Elle pointe l'arme.

— Pose la petite, Martial. Pose la gamine ou je tire.

46

Ravine cadavre

16 h 14

La ravine sèche du kartié de Ligne Paradis est un égout à ciel ouvert où les habitants jettent des objets inutiles et sales. Des bidons rouillés, des pneus crevés, un téléviseur sans écran, des journaux moisis, des dizaines de bouteilles vides, un divan éventré, de la mousse, du carton, du fer, du verre, des excréments, une bouillie immonde charriée des Hauts vers l'océan par chaque orage ; des cadavres de chats aussi, de chiens, de rats.

Le cadavre d'Imelda.

Balancée là comme une ordure de plus.

Christos est descendu dans la ravine, les deux pieds dans la boue infâme. Il tient le corps déjà froid contre son cœur. Il a des envies de meurtre, de bombe, de lave en fusion ; l'envie d'être un dieu, de faire pleuvoir quarante jours, de pleurer une éternité, de souffler et de déclencher un raz de marée ; de raser l'île d'un coup de rabot pour que des tonnes de flotte, de terre et de merde de la côte-au-vent se déversent sur l'autre rive ; d'engloutir toutes les couleurs de peau, toutes les races, tous les pauvres types des cases comme des villas.

Sur le trottoir qui domine la ravine, Moussa Dijoux n'ose pas prononcer un mot. Son grand sourire complice s'est figé

335

dès qu'il a vu Christos descendre du pick-up Mazda de la gendarmerie.

Courir.

Tendre sa carte de flic et fendre la foule.

Hurler à la mort comme un chien.

Christos s'agenouille. Il perd ses mains dans les longs cheveux crépus d'Imelda. Comme un monstre endormi qui se réveille, son instinct de chien de chasse émerge d'un long hiver.

Toutes les questions qu'il se pose se heurtent à des parois de verre.

Qui a pu tuer Imelda ?

Pourquoi ?

Qu'est-elle venue faire dans ce kartié pourri, quasiment en sortant de la gendarmerie de Saint-Gilles, juste après l'avoir quitté ?

Que vont devenir les enfants ?

Le flic tente de chasser l'image des cinq gosses.

Le regard fier de Nazir. Les jambes de tec-tec de Dorian qui moulinent dans son short trop grand. La concentration timide d'Amic derrière ses lunettes tordues. Le rire-cascade de Joly qui bascule sur ses genoux. Les grands yeux ronds de Dolaine dans son landau.

Cinq gosses qu'il va devoir prévenir.

Qui a pu tuer une mère de famille qui aimait tant l'amour ?

La foule grandit au-dessus de la ravine. Des vieilles sous leur chapeau de paille, des gosses la morve au nez et le tee-shirt déchiré, des créoles qui se lamentent et d'autres qui ricanent. Tous doivent prendre Imelda pour une mère victime d'un mari violent.

Banal, même si les larmes de ce flic les intriguent.

Dijoux tend une main amicale.

— Viens, Christos. Attrape ma main, tu peux pas la ressusciter.

Christos ne bouge pas. Il cherche son portable dans sa poche. Il doit appeler Nazir. C'est lui le plus grand. Il devra s'occuper des garçons et de Joly. De la petite Dolaine aussi. Les doigts de Christos tâtent un paquet de plastique mou et identifient le sachet de zamal confisqué à Nazir ce matin. Imelda y tenait. Elle s'était postée dès 6 heures devant la porte de la case et n'avait laissé sortir Christos que quand il l'avait trouvé, facilement, sous le matelas.

Nazir, quinze ans. Fumeur de cannabis. Vendeur aussi. Orphelin.

Responsable de quatre frères et sœurs ?

Déjà faudrait-il qu'il soit responsable de lui-même. Qu'il ne passe pas à la coke, pour commencer.

Christos pense à la petite Joly dans sa robe de princesse que lui cousait sa mère. A Amic à qui Imelda avait promis de descendre voir la mer dès qu'il ferait du vélo à deux roues. Il pense aux plats que les gosses ne mangeront plus et aux légumes qui vont pourrir dans le jardin ; à la case qui va tomber en ruine.

Christos se dit sans y croire que les gosses ont peut-être un oncle, un cousin ; un adulte, au moins, sur qui compter. Qu'il y a l'Etat providence, aussi.

La main emprisonne le téléphone portable. Il l'approche de sa bouche, il ne sait pas ce qu'il va raconter à Nazir, il ne sait pas qui va décrocher. Il se demande si téléphoner est une bonne idée. Aura-t-il seulement un jour le courage de retourner à la case d'Imelda ?

Ses yeux clignent lorsqu'ils croisent l'écran du téléphone.

Il a reçu un appel !

Il fait apparaître du pouce le nom du correspondant.

Aja.

Ce n'est pas un appel qu'il n'a pas entendu. Mais cinq. Plus un texto.

Rappelle-moi bordel.

Machinalement, Christos rappelle.

Une fuite de plus.

La voix stridente d'Aja explose à son oreille :

— Christos, putain de merde, qu'est-ce que tu fous ? J'ai appelé vingt fois au standard de la gendarmerie. T'es où, bordel ? J'ai besoin de toi. Urgence absolue.

— Vas-y, je t'écoute.

Aja marque un silence, comme surprise par la docilité de son adjoint.

— Le gérant de l'agence ITC Tropical a appelé, il vient de retrouver la voiture de location de Martial Bellion ! Dis, Christos, ça va, t'as une drôle de voix ?

— Te bile pas pour moi Aja. Je tiens le coup.

— T'es sûr ? Je te sens pas, là. T'es où ? Y a un autre problème ?

Christos hausse le ton :

— Plus tard, Aja. Continue avec ta bagnole de location.

— Tu ne devineras jamais où le gérant a retrouvé la Clio. Cet enfoiré de Bellion l'avait garée sur le parking de l'agence, au milieu des autres bagnoles de location ! Avenue de Bourbon, à moins de trois cents mètres de l'hôtel. S'il n'avait pas eu un retour de client il y a une heure, le type ne s'en serait aperçu que demain. T'en penses quoi ? Dis, t'es là, Christos ?

— Ouais.

— T'es sous zamal ou quoi ?

— J'y vais, Aja, te bile pas.

— OK, fonce. Je te fais confiance pour faire parler cette foutue bagnole. Une dernière chose, Chris...

— Quoi ?

— Je te connais, mon grand. Y a un truc qui cloche, là. Je ne sais pas quoi, je vais pas te faire chier si tu veux pas en parler, mais tu me fais juste la promesse de faire gaffe. Je tiens à toi.

— Merci, ma belle. Ça me touche.

Il raccroche. Le chien de chasse renifle la piste.

Imelda a été tuée après avoir consulté à la gendarmerie tous les dossiers de l'affaire Bellion. Poignardée, comme Rodin, comme Chantal Letellier. Sauf que pour le meurtre d'Imelda, Martial Bellion possède un alibi en béton : il cavalait sur la Plaine des Sables, une trentaine de flics assermentés peuvent témoigner pour lui. La conclusion s'impose : ce n'est pas Bellion qui a tué Rodin. Ni Chantal Letellier.

Le véritable meurtrier se promène en liberté dans l'île.

Ce type qui a enfoncé un couteau dans le cœur d'Imelda.

Christos coupe le rideau de badauds comme un taré qui foncerait en voiture dans une foule de mômes.

Il démarre. Les pneus du pick-up Mazda crissent.

Le gyrophare hurle. Les virages s'enchaînent dans une odeur de gomme chaude.

Les bagnoles qui montent de Saint-Louis s'écartent prudemment.

Le paysage s'ouvre puis se ferme à chaque tournant, les tours colorées sont balayées telles des quilles, le minaret bleu de la mosquée, le clocher blanc de l'église, les monstres grimaçants du toit du temple du Gol, comme autant de charlatans auxquels Christos claque la porte au nez.

Le pick-up rase les étals de fruits, les passants sur les trottoirs, coupe les trajectoires.

Il peut bien rater un virage, les freins peuvent bien lâcher, il s'en fout.

47

Une vie pour une autre

Les doigts de Graziella se crispent sur la détente du Hämmerli.

— Une dernière fois, pose la petite !

Martial se tient droit, adossé au tronc du vacoa. Il a décidé de ne pas céder tant qu'il n'aura pas la preuve que Liane est vivante.

— Où est Liane ?

— Je vais tirer sur cette gosse, Martial.

— Où est Liane ? répète Martial doucement, sans mouvement brusque, pour bien montrer qu'il ne veut effectuer aucun geste pouvant réveiller sa fille.

Graziella hésite. Lentement, son index se referme sur la détente. Martial serre entre ses bras le petit corps endormi tout en priant pour que Graziella ne se contente pas d'une balle tirée à bout portant. Elle a sans doute rêvé pour Sofa d'une exécution plus solennelle.

Argumenter encore.

— Sofa a traversé l'île à pied pour revoir sa mère. Tu peux lui accorder ça...

Graziella sourit et relâche la pression de ses doigts sur le revolver.

340

— Tu n'as pas changé, Martial. Toujours aussi doué pour plaider ta cause. Allez, puisque tu y tiens tant, avance.

Elle pointe le canon du Hämmerli en direction de la mer, droit vers le Zodiac amarré.

— Passe le premier.

Martial avance avec précaution sur les galets noirs détrempés par les vagues. Il veille à conserver son équilibre sans pouvoir s'aider de ses bras. Pour quelques mètres au moins. Graziella n'insiste plus pour qu'il réveille Sofa. Elle a compris que, les mains ainsi occupées, il ne pourrait tenter aucune manœuvre désespérée contre elle.

— Tu es presque arrivé, annonce Graziella dans son dos. Jette un coup d'œil dans le bateau.

Martial fait un pas de plus. Le Zodiac, arrimé à un vacoa par une corde de deux mètres, est secoué sans répit par la houle. Martial remarque d'abord les deux jerrycans de vingt litres d'essence fixés près du moteur.

Puis il voit Liane.

Elle est allongée au fond du canot pneumatique. Bâillonnée, les mains et les pieds liés par des fils de fer souples.

Vivante.

Martial se retourne, les yeux injectés de colère.

— Qu'est-ce que tu lui as fait ?

Une lueur vibre dans le regard de Graziella.

— Tu commences à réaliser que ce n'est pas un jeu ? Un kaf, une vieille Zoreille, tu te foutais de leur mort, au fond. Mais tes deux petites chéries…

Martial tremble de fureur. Il se contient et se tourne à nouveau vers le Zodiac. Liane, le regard vide, le fixe comme si elle peinait à le reconnaître.

Elle est entièrement nue. Sa peau est cloquée comme si un tortionnaire pervers lui avait infligé des centaines de brûlures, toutes superficielles, mais sans oublier un seul centimètre d'épiderme. Un tortionnaire qui se serait plus encore acharné sur certaines parties du corps : les pieds noircis par un tison au fer rouge, les poignets pelés à vif, l'entrejambe, lisse et écarlate, comme élimé par le frottement d'un interminable défilé d'amants.

Graziella se place entre Martial et sa femme.

— Tu avais raison, il aurait été dommage que Liane ne profite pas du spectacle. Après tout, c'est pour revoir sa fille qu'elle est parvenue à survivre. Elle aura bien mérité d'embrasser son cadavre.

Graziella serre à nouveau l'index sur la détente du Hämmerli.

— Une dernière fois, Martial, je voudrais que tu me présentes Sofa.

— Va te faire foutre !

D'instinct, Liane s'agite dans le Zodiac. Graziella ne lui accorde pas un regard.

— Décidément, Martial, on ne peut pas te confier un enfant… La mort d'Alex ne t'a donc rien appris ?

Martial n'a pas eu le temps d'esquisser le moindre geste. L'index de Graziella se plie soudainement. Elle a visé plein cœur, à moins d'un mètre du corps de Sofa.

Trois coups de feu explosent, couverts par le claquement des vagues.

Trois impacts de balles déchirent la toile. Presque instantanément, le tissu se gorge de sang.

A leur tour, les doigts, les poignets, les manches de Martial se teintent de rouge. La seconde suivante, le sang perle au coin de ses yeux, inondant une myriade de veines écarlates.

Un regard de dément.

Une fureur absolue.

Martial, effaré, presse le petit cadavre contre sa poitrine.

Graziella demeure impassible et maintient le revolver pointé.

— Josapha a rejoint Alex. Une vie pour une autre, Martial, nous ne nous devons plus rien. Il fallait la sacrifier pour que tu comprennes. Que tu comprennes ce que c'est que de devenir fou de douleur et ivre de vengeance.

48

Poussières d'étoiles

Le type de l'agence ITC Tropicar ressemble à un témoin de mariage qu'on aurait convoqué au boulot en urgence. Chemise fripée, cravate molle et auréoles sous les bras.

— Encore heureux que le client m'ait appelé pour son problème de clim...

Christos n'écoute pas. Ce type est un moulin à paroles, un commercial qui se croit investi d'une mission de lien social. Christos s'avance vers la Clio grise sans aucune idée de ce qu'il est censé trouver dans la voiture abandonnée par Bellion. Une boule d'acide reste bloquée dans sa gorge. Un type a poignardé trois innocents et ce type n'est pas Martial Bellion. Il en est maintenant persuadé.

— Encore heureux que je sache compter jusqu'à sept, continue monsieur Tropicar. C'est pas banal, hein, une voiture qui revient toute seule à la maison. Surtout la voiture d'un tueur.

Il manque s'étouffer dans une quinte de rire gras.

Comme par pudeur, le soleil s'est caché derrière l'unique nuage égaré au-dessus du lagon. Une pénombre glauque rend plus sordide encore le mauve délavé de la case du loueur, le portail de fer coulissant, l'alignement de voitures jumelles.

Monsieur Tropicar insiste. Il analyse les pneus du pick-up Mazda de la gendarmerie garé en travers du parking de terre. La terre ocre conserve les marques de dérapages nerveux et d'un freinage brutal.

— Encore heureux que les freins aient tenu dans la descente, capitaine. Vous auriez pu vous tuer. J'ai connu un type qui avait loué une Laguna pour monter à Salazie, et qui au bout du cinquantième virage a...

Christos attrape le loueur par la cravate.

— Ta gueule ! Compris ? Tu m'ouvres la Clio, tu me sors les contrats de location, tout ce que tu as sur Bellion, et surtout, tu fermes ta gueule.

— OK, OK, bafouille monsieur Tropicar, la bouche grande ouverte, façon mérou.

Il s'éloigne en trottinant vers le bâtiment mauve qui sert de local administratif.

16 h 27

Christos a cherché dans la boîte à gants, entre les sièges, sous les tapis de sol.

Rien. Aucun indice. Seulement un assortiment de sable réunionnais de toutes les nuances, du blanc au noir.

Que pouvait-il espérer, d'ailleurs ? Il reviendra, lui ou un autre, équipé d'un polilight et d'éprouvettes, mais que pourra bien révéler l'analyse scientifique à part que Martial Bellion et sa fille y ont laissé leurs empreintes, que leurs tongs ont charrié des grains de sable et qu'en y mettant les moyens on pourra reconstituer grâce à eux une carte détaillée de tous leurs déplacements dans l'île. En quoi cela fera-t-il avancer l'enquête ?

Monsieur Tropicar revient avec à la main une liasse de feuilles vertes et bleues. Il observe Christos examiner la voiture, intrigué et admiratif.

345

— Vous ne toucherez à rien, lui indique le sous-lieutenant en sortant de la Clio. Des collègues passeront s'occuper du sable et des empreintes dans la voiture.

— Encore heureux. C'est dans le contrat. Faut nous rendre la voiture nickel.

Rire gras.

Dans la série des gestes stupides qui ne font pas avancer l'enquête, Christos aimerait lui foutre son poing sur la figure. Il se contente pourtant de laisser tomber ses bras ballants le long de son corps. Un tueur se balade en liberté. Il n'a aucun indice. Il doit apprendre à cinq gamins que leur mère est morte. Tous les dieux de toutes les religions du monde présents sur l'île s'en foutent. Ils...

Le soleil éclate soudain et fait briller une constellation de carrosseries rutilantes. Monsieur Tropicar se rengorge de fierté devant sa Voie lactée briquée à la peau de chamois. Seule la Clio de Bellion fait tache. Terne. Poussiéreuse. Surtout les vitres des portières. Les rayons du soleil passent à travers et soulignent les traces de mains, de doigts.

Christos se fige, stupéfait.

C'est comme si un des dieux, piqué au vif quelque part au-dessus de leurs têtes, avait fait jaillir la vérité de son index, histoire de convaincre le misérable cloporte incrédule qui l'a insulté.

Sur la vitre de la portière conducteur, des mots s'affichent en lettres de feu.

Fantastiques, presque irréels.

Rendé vous
Anse dé cascad
Demin
16 h
vien avec la fille

49

Secret scories

Je cours aussi vite que je peux. Au milieu du champ de canne, je vois encore moins que dans le brouillard du volcan, mais je ne ralentis pas. J'écarte avec mes bras les tiges qui fouettent ma figure et mes jambes toutes nues.

Je repense aux paroles de papa, quand il m'a réveillée, juste avant la grande route.

« Cours, ma puce, cours dans le champ, tout droit, en essayant de suivre le bruit des voitures, mais sans jamais être vue. Fixe le clocher de l'église pour te repérer. Il ne faut pas que tu montes ou que tu descendes, essaye juste de toujours rester à la même hauteur pour ne pas te perdre. La dame au parapluie, Sofa, tu te souviens, il faut que tu arrives jusqu'à la dame au parapluie. Il y aura du monde là-bas. Beaucoup de monde. Tu seras sauvée. »

J'ai beaucoup pleuré.

Je le savais depuis le début. Papa me mentait.

Jamais je ne reverrai maman. Il m'avait pourtant dit qu'elle m'attendait là, près des rochers noirs, juste de l'autre côté de la route.

Papa s'est alors accroupi devant moi. Comme j'aime bien. Puis il s'est mis à parler très vite, presque sans respirer.

« Tu as raison, ma puce, ta maman est de l'autre côté de la route. Mais il y a une chose que je ne t'ai pas dite. Il y a une autre dame qui nous attend. Une dame que ton papa a aimée, il y a longtemps, la maman d'Alex, tu sais, ton grand frère qui est mort. Ça l'a rendue très malheureuse, la mort d'Alex, et elle est devenue méchante, très méchante. Comme les sorcières de tes livres, comme Grand-mère Kalle, tu comprends, Sofa ? Alors, il faut que tu nous aides. Tu es ma princesse, ma puce ? »

J'avais le cœur trop serré pour pouvoir répondre.

« Tu es ma princesse, oui ou non ?

— Ou... oui.

— Alors tu dois courir, Sofa, tu dois courir prévenir la fée au parasol, celle qui nous protégera. Tu dois courir le plus vite possible. »

Je ne crois plus aux fées, papa.

Pourtant je cours, je cours aussi vite que mes jambes peuvent me porter.

Parce que cette fois je te crois.

16 h 29

Trois branches de goyavier gisent sur les galets, écrasées. Le liquide rouge et poisseux qui s'écoule des fruits est presque immédiatement nettoyé par l'écume des vagues qui mordent les pierres. A proximité des goyaviers, une couverture de toile beige est tombée, comme abandonnée par un fantôme apeuré par les trois coups de feu. Une quatrième branche, plus épaisse, entourée grossièrement de feuilles de canne à sucre et de vacoa pour lui donner la forme d'un jeune enfant, a roulé quelques mètres plus loin.

Graziella contient une explosion de haine. Le Hämmerli oscille au bout de sa main.

— Où est la gamine ?

— En sécurité, ma chérie...

Graziella avance. Le canon du revolver se pose à quelques centimètres de sa poitrine. Le fond de teint ocre sur son visage strié de larmes et de rides a des allures de maquillage guerrier. Elle s'efforce de faire baisser la tension, de conserver le contrôle de la situation et d'elle-même.

— Il rime à quoi, ton numéro de Grand-Guignol ?

— Je devais venir avec une monnaie d'échange pour Liane, comme tu me l'avais demandé. Mais tu me croyais assez stupide pour te livrer Sofa ? Il fallait simplement qu'elle reste le plus longtemps possible avec moi, tu devais écouter la radio en boucle, suivre ma traque en direct. Si j'avais confié Sofa à la police, tu l'aurais su immédiatement, tous les médias l'auraient annoncé triomphalement.

Graziella laisse exploser un rire forcé.

— Comme c'est touchant... Et tellement ridicule aussi. Elle ne doit pas être loin, dans ce cas. Avec un peu de chance, j'ai le temps de vous liquider tous les deux et de faire un tour de 4 × 4 pour la débusquer.

Un bref instant, Graziella détourne le regard et jette un œil vers le Zodiac. Martial n'hésite pas, cette fois. Il lance brusquement son bras en avant et, d'un revers de main, frappe le revolver pour le projeter deux mètres plus loin.

L'arme se bloque entre deux galets.

Graziella lâche un juron. Martial la repousse violemment. Il a repéré le Hämmerli, il se précipite, efface les deux mètres en trois bonds. Il se baisse, sa main se referme sur le revolver. Il se retourne et pointe l'arme. Cette folle va enf...

Le soleil disparaît sous une lune noire.

C'est la dernière image qu'il perçoit. La seconde suivante, le galet noir que Graziella a saisi à deux mains lui enfonce la tempe.

La fée au parasol !

Elle est là, devant moi, je vois le grand parapluie bleu au-dessus des tiges.

J'y suis presque !

C'est un parasol, m'a dit papa, pas un parapluie !

La fée bleue ne m'a pas vue, elle garde les yeux et son sourire doux de maman qui pardonne.

J'écarte encore les tiges de canne à sucre. Elles me font mal, comme si j'étais obligée de nager dans une mer d'algues coupantes, mais il y en a moins maintenant, je crois que j'arrive bientôt au bout du champ.

Je peux courir plus vite encore. J'entends la route, j'aperçois des maisons au loin, papa m'a dit d'attraper la première personne que je vois et de lui dire que je m'appelle Josapha Bellion.

« Seulement ton nom, m'a dit papa. La première chose que la personne fera sera d'appeler la police. »

Comme tu veux, papa.

Si tu crois que la police est plus efficace que les fées contre les sorcières.

Sofa n'aura jamais la réponse.

Brusquement, elle franchit le dernier rideau de canne à sucre, les yeux fixés sur le parasol bleu et or. A aucun moment elle n'aurait pensé que le champ de canne s'arrêtait net pour laisser place à la coulée de lave.

Son pied droit bute le premier contre les scories anthracite. Sofa perd l'équilibre. Son pied gauche accroche à son tour un bloc de tuf.

La fillette roule sur plusieurs mètres. Pendant qu'elle voit tourner dans le ciel la fée bleue et son parasol, telle une funambule défiant l'apesanteur, elle sent tout son corps se déchirer sur cette dentelle de pierre noire et coupante.

Elle n'a pas le temps de pleurer. Ni même de souffrir.

Sa tête heurte le tronc maigre d'un bois de rempart qui tente de se faufiler entre les étroits interstices de la lave refroidie.

50
Boucles de Zoreilles

16 h 32

Rendé vous
Anse dé cascad
Demin
16 h
vien avec la fille

Christos tourne en boucle dans son crâne les cinq lignes et les douze mots.

Une main anonyme, sans doute celle de Martial Bellion, a essayé d'effacer le message inscrit sur la vitre conducteur de la Clio grise en étalant grossièrement la poussière sur le verre, mais en transparence, révélée par le soleil, chaque lettre reste parfaitement déchiffrable. Le doigt qui les a tracées a pris le temps d'appuyer avec application chaque trait, chaque courbe, chaque point.

Une écriture ronde et nerveuse.

Monsieur Tropicar est resté figé avec ses cinq récépissés de location à la main. Il détaille lui aussi les mots sur la portière. Le flic devant lui a l'air si tendu qu'il juge utile de détendre l'atmosphère.

— Encore heureux que j'aie reconnu la voiture du serial killer avant de la passer au Car Wash.

Le rire gras s'étrangle dans sa gorge. Christos n'a pas esquissé la moindre réaction, comme s'il ne l'avait pas entendu. Tropicar n'insiste pas. Professionnel. Avec l'humour, les deux autres qualités d'un bon commercial sont le tact et la psychologie...

Christos s'avance encore vers la vitre, concentré.

Rendé vous
Anse dé cascad
16 h

Instinctivement, il regarde sa montre.

16 h 33

Qui a pu donner ce rendez-vous à Bellion ?

Christos se colle les yeux à la vitre dans l'espoir improbable de distinguer un autre indice. Le soleil à travers le verre lui brûle la rétine. La solution est à portée de main, pourtant. Ces cinq lignes suffisent forcément à comprendre l'origine de la vague de meurtres.

Vien avec la fille

Christos se sent dépassé. Toutes les pièces du puzzle sont là, sous ses yeux, et il est incapable de les assembler. Imelda, elle, y était parvenue.

Elle est morte pour cela et il est incapable de la venger.

Christos regarde encore sa montre, il renonce. Le temps joue contre lui, comme dans un jeu de rapidité où il ne faut surtout pas s'entêter à rechercher la solution d'un problème qu'on ne résout pas instantanément.

Christos relit une dernière fois le message. A défaut d'autres précisions, il dispose d'un lieu de rendez-vous, de l'heure, de la liste des invités. Il doit prévenir Aja. Avec nervosité, sa main cherche son téléphone.

Tout se joue dans les secondes qui suivent. Ce sont ses doigts qui décideront, pas lui, c'est ce qu'il pensera toujours, bizarrement, quand il se souviendra de la scène, des années plus tard.

Les doigts dans sa poche de toile fouillent, évitent le sachet de zamal et descendent plus bas. Au moment où ils se referment sur le portable, ils effleurent une feuille pliée. Le majeur et l'index se coordonnent pour extirper de la poche de Christos le mail envoyé de l'île Maurice par Graziella Doré, une page mal imprimée en rouge fatigué. Son regard survole le logo pâle de l'hôtel Blue Bay, les sept noms de créoles à moitié effacés, et juste au-dessous, en lettres manuscrites scannées, le nom, l'adresse, le téléphone et la signature de Graziella Doré.

Une écriture ronde et nerveuse.

Graziella Doré
3526 Blue Bay Link Road
Mauritius
+ 230 248 1258

Les battements du cœur de Christos s'accélèrent.

Une à une, il détaille les voyelles des cinq lignes tracées sur la vitre de la Clio, puis les compare à celles, à peine lisibles, du prénom.

Anse dé Cascad
Graziella

L'impression est médiocre, il ne possède aucune notion de graphologie... mais le doute n'est pas permis : sur la vitre de la Clio comme sur le mail, les « e » et les « a » possèdent la même forme. Une boucle ouverte tracée en spirale.

Une vis sans fin. Un escalier en colimaçon vers la folie.

Le loueur de voitures, stupéfait, observe Christos s'agiter brusquement comme un plagiste qui aurait marché sur une méduse, se contorsionner, sortir son téléphone portable, pianoter en virtuose, puis hurler à en faire tomber des filaos tous les endormis.

— Aja ? Tu m'entends ? C'est Christos. Nom de Dieu, on s'est plantés depuis le départ ! Bellion n'y est pour rien. C'est son ex, Graziella Doré, qui nous a manipulés depuis le début.

— Attends, Christos, moins vite. D'où elle sort, je croyais qu'elle était à Maurice ?

— Putain, Aja, pour une fois, fais-moi confiance. Anse des Cascades. Envoie tous les flics que tu peux là-bas. On a peut-être une petite chance de les sauver.

— Je ne comprends rien, Christos. Sauver qui ?

— Sauver Martial Bellion et sa fille ! Ecoute-moi, bordel, c'était un putain de piège. Graziella les a attirés de l'autre côté de l'île pour une seule raison. Les buter ! C'était le seul objectif de tout ce cirque. Les buter tous les deux comme elle a buté Liane Bellion.

51
Les anges

Martial se recroqueville au fond du Zodiac, la tempe en sang ; un insoutenable bourdonnement couvre les pensées éparpillées dans son crâne. Sa mémoire crépite en flashs, reconstituant sous stroboscope les minutes qui viennent de s'écouler.

Sa perte de connaissance a été brève, juste le temps que Graziella lâche la pierre de basalte pour lui lier les mains et les chevilles avec du fil de fer souple rangé dans le coffre de son 4 × 4. Son réveil hagard, son ex-femme qui lui colle le Hämmerli sur la nuque, qui lui ordonne de ramper jusqu'au canot sans lui apporter aucune aide ; qui se contente, les deux pieds campés sur les galets, d'observer chacune de ses contorsions avec le sadisme d'un gamin torturant un ver de terre. Son plongeon dans le bateau, enfin, la tête la première ; ses vêtements trempés dans les flaques tièdes de mer et de sang qui stagnent entre les bourrelets de plastique.

Liane...

Elle se tient à ses côtés, chevilles et poignets entravés, mains dans le dos, entièrement nue à l'exception du bâillon qui obstrue sa bouche.

Atrocement brûlée. Vivante…

Pendant que Graziella détache l'amarre, Liane rampe à son tour dans l'eau rougie, maladroitement, s'approche de Martial, se colle contre son torse. Elle exprime des yeux la seule question qui lui importe :

Où est Sofa ?

Martial répond d'une voix douce, presque un murmure, pour ne pas provoquer Graziella :

— Sofa va bien, Liane. Elle est sauvée.

Graziella est montée dans le bateau pneumatique et tire sur le démarreur. Elle toise le couple de prisonniers sans prêter attention à leurs caresses d'infirmes.

— J'irai rendre visite à votre petit trésor plus tard. Il faudra bien que quelqu'un s'occupe d'elle quand vous ne serez plus là.

Liane roule des yeux de gorgone. Martial se redresse contre le rebord du canot, autant pour rassurer Liane que pour impressionner Graziella.

— Josapha est entre les mains de la police à l'heure qu'il est. On ne peut pas gagner sur tous les tableaux.

Graziella explose de rire et presse l'accélérateur du Zodiac. Le canot bondit en percutant les vagues les plus proches de la côte. Les plus violentes. Liane et Martial perdent l'équilibre et basculent l'un sur l'autre.

— Ta naïveté est presque touchante, Martial. Tu crois t'en sortir ainsi ? Tu n'as toujours pas compris ? C'est toi que la police recherche ! C'est toi qui as assassiné ce pauvre Rodin, qui as égorgé la vieille Chantal Letellier. C'est toi aussi qui as planté un couteau dans le cœur de cette négresse fouineuse. Tu es le seul coupable, Martial, combien de fois faudra-t-il te le répéter ? Imagine qu'on ne retrouve jamais ton cadavre ni celui de ta femme. Que penseront les policiers ? Que tu l'as poignardée elle aussi et que tu as disparu dans la nature. Les créoles adorent ces histoires d'assassins. Tu vas devenir célèbre. Le Sitarane sans sépulture, le tueur en série dont on n'a jamais retrouvé le corps.

Martial Bellion est-il vraiment mort, d'ailleurs ? Tu deviendras une légende. Certains créoles affirmeront avoir croisé ton fantôme dans l'avoune...

Le regard de Graziella se perd dans les nuages. Martial serre les poings. Il colle sa tempe contre le rebord du Zodiac pour essuyer le sang qui continue de suinter. La côte rocheuse n'est déjà plus qu'une petite ligne noire dominée par l'immense silhouette aride du volcan. Ils ont dépassé les premiers courants marins et la mer devient soudain plus calme.

— Tu comprends la situation maintenant ? continue Graziella.

Elle marque un silence, puis enfonce le clou :

— Mon pauvre Martial, une nouvelle fois, tu as fait le mauvais choix. A y réfléchir, tuer ta fille ne m'aurait pas rendu Alex. Mais lorsque vous ne serez plus là, je pourrai rendre visite à ta petite Sofa. Je pourrai même proposer d'adopter cette pauvre petite orpheline traumatisée, ce serait tellement généreux de ma part, qui pourrait refuser de me confier la fille de mon ex-mari ?

Martial hésite à répondre, à hurler une salve d'insultes. Inutile. Il le sait, Graziella n'attend que cela. Il se contente de longuement fixer son ex-femme, de la défier du regard avec tout ce qui lui reste de virilité. Enfin il se retourne, doucement, et embrasse Liane, avec une infinie tendresse, sur les parties de sa peau les moins cloquées. Les yeux, les épaules, le haut des bras, la naissance de la poitrine.

Graziella ne réagit pas. Elle se contente de les observer de ses yeux fuyants, la main droite crispée sur le gouvernail du bateau.

Martial insiste. Il descend encore et humidifie de ses lèvres les seins brunis de Liane, parcourt le ventre couvert de stigmates écarlates, de bourrelets pourpres, de peaux mortes, léchant les plaies comme un chat qui cicatrise ses blessures de sa langue râpeuse. Lentement, la respiration de

Liane se mue en un râle rauque et sourd à travers le bâillon de tissu.

— Arrête tes conneries, Martial.

Il ne s'arrête pas et prolonge son exploration buccale, redoublant de délicatesse. Entre les cuisses, l'épiderme de Liane n'est plus qu'une chair à vif. Martial s'y aventure. Le corps de sa femme frémit à chaque baiser.

Le Zodiac s'arrête en pleine mer. Graziella pointe le Hämmerli.

— D'accord, tu veux jouer, Martial ? Alors, allons-y ! La règle est simple, je vise l'endroit exact où tu auras touché la peau de ta chérie. Tu comprends ? Si c'est le bras, la jambe, la main, elle survivra encore quelques minutes. Ailleurs, par contre...

Martial évalue un bref instant la détermination dans le regard de Graziella. Il se souvient des trois balles tirées à bout portant sur la couverture qui était supposée recouvrir Sofa endormie.

Il se recule.

Le Zodiac redémarre.

Pendant de longues secondes, silencieux, ils s'éloignent du littoral.

16 h 41

— Tu comptes atteindre Maurice dans ce canot pneumatique ?

Graziella s'amuse de la question de Martial.

— Maurice est à cent soixante-dix kilomètres, à peine trois heures de navigation. Mer d'huile, météo marine tout ce qu'il y a de plus rassurant. Ce sera une jolie balade. La seule véritable contrainte, c'est l'essence qu'il faut stocker pour faire le plein en route. D'ailleurs, par ta faute, j'ai déjà dû faire l'aller-retour hier, juste après le début de ta cavale. Avec le plan Papangue, j'ai compris que les flics allaient venir m'interroger sur l'île Maurice. Trois heures de bateau... J'ai pris rendez-vous avec eux tard dans la soirée pour me laisser le temps de rentrer, prendre l'avion n'aurait pas été très discret, puis quelques heures après avoir fait ma déposition au Blue Bay à un flic du consulat, je suis revenue de nuit. Le 4 × 4 m'attendait anse des Cascades. Je ne voulais pas vous laisser trop longtemps seuls, avec tous ces policiers à vos trousses, et surtout, il fallait que je change ta femme de prison, de ma case de Saint-Pierre à celle avec vue sur mer, à deux pas d'ici... Nous avions rendez-vous... Pour t'attirer, je tenais à ce que mon appât reste vivant le plus longtemps possible.

Martial peine à imaginer l'enfer qu'a vécu Liane. Elle évite désormais de se coller à lui et tient son corps contre le Zodiac. Sa peau brune cloquée, luisante d'écume, ressemble au plastique rapiécé d'une poupée pour adultes.

Graziella fixe l'horizon, comme si elle pouvait déjà apercevoir l'île Maurice.

— Bien entendu, les employés du Blue Bay ignorent où je suis, mais ils ont pour consigne de transférer les appels sur mon portable. Que je sois à Maurice ou à La Réunion ne change rien, un simple iPhone suffit pour envoyer n'importe quel document officiel. Le gendarme que j'ai eu au téléphone tout à l'heure avait l'air plus malin que celui du consulat, plus curieux surtout, mais à lui aussi, je lui ai raconté l'histoire qu'il voulait entendre. Les Zoreilles adorent les destins de créoles que la fatalité accable, c'est leur vieille fibre paternaliste. Il a dû foncer sur la piste de cette pauvre Aloé Nativel... Aloé, te souviens-tu d'elle, Martial ? Une autre de tes victimes. Si elle ne t'avait pas rencontré, aujourd'hui elle aurait un gentil mari, une jolie case fleurie et une demi-douzaine de gosses...

Aloé ?

Une autre victime ?

Martial ne réplique pas, il se force à chasser de ses pensées son ancienne maîtresse.

Ne pas se disperser...

Il doit protéger Liane et Sofa.

Il observe l'horizon. Ils sont encore à moins d'un kilomètre de la côte. La courbe du Piton reste parfaitement visible.

— Qu'est-ce que tu vas faire de nous ?

Graziella fixe l'horizon infini.

— Tu te souviens, Martial, les semaines que je passais seule lorsque tu partais plonger au large ? Tu me racontais les spots, les tombants poissonneux parmi les plus vertigineux au monde, parfois plus de cent mètres de profondeur d'eau à quelques dizaines de mètres de la côte. Je t'écoutais, Martial... Je retenais... J'attends encore un peu que nous soyons au-dessus de la plaine abyssale. Je ne peux prendre aucun risque si je veux pouvoir m'occuper de la petite Sofa, on ne doit jamais retrouver vos corps...

Graziella regarde avec un air faussement désolé la tempe ensanglantée de Martial et les blessures ouvertes qui zèbrent le corps de Liane.

— A moins que la descente soit moins longue que prévu... La justice des requins est plus expéditive que celle des hommes.

Martial s'efforce de contrôler chaque mouvement de son corps qui pourrait traduire la peur. Ne pas donner ce plaisir à Graziella. Il s'approche encore de Liane, ne laissant que quelques centimètres entre sa peau nue et ses vêtements trempés. Ils obéissent aux injonctions de Graziella, ne se touchent pas, mais leurs yeux se fondent l'un dans l'autre, leurs iris se mélangent comme les couleurs sur la palette d'un peintre, leurs âmes fusionnent, plus intensément que par le pouvoir de n'importe quelle caresse.

Tant qu'ils seront vivants, Graziella ne pourra jamais rien contre ce lien.

Le Zodiac vole sur l'océan étale. L'île s'éloigne.

C'est fini. Ils sont définitivement seuls.

Les secondes s'écoulent, seulement rythmées par le ronronnement bruyant du moteur du Zodiac. Doucement, Liane change de position. Elle prend appui sur ses jambes et, à force de contractions douloureuses, s'assoit, le dos appuyé au boudin pneumatique, comme si la station allongée était devenue insupportable pour elle.

Graziella se contente d'un sourire de geôlier tolérant et fixe à nouveau l'océan.

Martial a compris d'un simple regard. Il baisse les yeux vers les mains de Liane, liées dans son dos, légèrement ouvertes.

Il masque sa stupéfaction.

Les doigts serrent une pointe de basalte acérée longue d'une dizaine de centimètres.

Une nouvelle fois, Liane sollicite du regard l'accord de Martial. Une demande muette en mariage.

Pour l'éternité.

Pour le pire, uniquement pour le pire.

Il consulte l'horizon, le volcan qui a disparu dans la ligne de brume, puis il hoche la tête. Liane grimace. Les muscles de ses bras se tendent. Les plaies s'ouvrent, le sang coule, peu importe désormais.

Graziella remarque immédiatement que quelque chose ne va pas.

Trop tard.

L'instant suivant, une explosion couvre le bruit du moteur, suivi d'un interminable sifflement aigu de baudruche qui se dégonfle.

Graziella hurle, stoppe le moteur, pointe son Hämmerli et écarte violemment Liane.

La déchirure dans la toile plastique est longue d'une dizaine de centimètres et continue de s'étendre rapidement sous la pression de l'air qui s'échappe. Dans quelques secondes, le Zodiac ne sera plus qu'une enveloppe de plastique molle entraînée vers le fond de l'océan par un moteur trop lourd et soixante litres d'essence.

— Pauvres fous ! crache Graziella.

Debout dans le Zodiac, elle prend le temps d'estimer la distance à la côte.

Un kilomètre, guère plus.

Un rictus déforme ses traits. Elle s'efforce de reprendre le contrôle de la situation.

— Décidément, vous adorez me faciliter le travail. Après tout, que vous mouriez ici ou un peu plus loin...

La déchirure continue de souffler un air chaud sur leur peau. Liane roule sur Martial pendant que le bateau s'incline sous leur poids. Graziella conserve son équilibre, imperturbable.

— Je doute fort que vous parveniez à nager jusqu'à la terre ferme, pieds et mains liés. Quant à moi, je ne risque pas grand-chose... Tant pis pour la croisière, je rentrerai banalement à Maurice en avion.

Elle fixe l'eau turquoise.

— J'embrasserai Sofa de votre part.

Alors que l'eau commence à recouvrir le plastique flasque du Zodiac, Graziella déchire sa kurta, dévoilant les deux gilets de sauvetage qu'elle porte superposés ; le dernier détail de son déguisement de Malbar corpulent.

L'instant suivant, elle n'est plus qu'un point rouge flottant sur l'océan.

16 h 46

Martial suffoque. L'eau entre déjà dans sa bouche. Il crache. Le Zodiac vient de disparaître au fond de l'eau telle une immense méduse translucide déviant au gré des courants sous-marins. Liane se colle à lui. Il sent son sexe nu contre le sien, mais ils sont incapables de s'entraider. Privés de l'usage de leurs mains, tous les deux sont entraînés vers

363

le fond, irrémédiablement, mais résistent encore, agitant avec désespoir leurs jambes jointes comme deux dérisoires nageoires.

Leurs corps se touchent, se cognent.

Embrasser Liane, une dernière fois.

Juste au-dessus de la ligne d'eau, les lèvres de Martial se posent sur la joue de Liane. Sans délicatesse, ses dents mordent le plastique autocollant fixé au bâillon et l'arrachent d'un mouvement de cou sec.

Liane hurle, d'une douleur soudaine, animale, à pleins poumons.

Une brève seconde.

Ils coulent ensemble. Leurs bouches se trouvent.

L'océan ne peut rien contre eux, ils s'embrassent pour l'éternité, ils partagent leur oxygène, ils s'en asphyxieront sans plus jamais rien respirer d'autre. Ils mourront ainsi. De la plus belle des morts que deux amants aient pu rêver.

Ils ne songent plus à essayer de remonter.

Martial distingue déjà les lumières de l'au-delà, une chapelle mortuaire aux murs de coraux fluorescents.

Alors qu'il se laisse sombrer, la morsure de Liane le surprend. Leurs regards se croisent une dernière fois. Liane lève les yeux. Un mètre d'eau au-dessus d'eux.

Martial sent l'eau s'immiscer, inonder son cerveau, l'irriguer d'ultimes hallucinations. Il est entouré de corail maintenant, pas seulement au fond de l'eau, mais au-dessus aussi. Des couleurs incroyables, orange, rouge, bleu.

Il délire.

Liane le mord encore, au menton cette fois, au sang. Ses yeux supplient, elle veut lutter, remonter une dernière fois à la surface.

Corps contre corps, ondulant à la force des reins comme deux sirènes épuisées, ils parviennent à extraire la tête de l'eau pour une ultime bouffée.

Ensemble.

Liane explose d'un rire cristallin et lui prend à nouveau la bouche.

Il lève les yeux et il ne comprend pas.

Autour d'eux, du ciel descendent des anges.

Des anges silencieux, volant à l'aide d'immenses ailes rectangulaires multicolores.

52

Cascade

Un long ruban plastique orange matérialise la séparation entre la centaine de badauds qui accourent, surgissant des kiosques à pique-nique, du village de Piton Sainte-Rose, de la route du littoral où ils se sont garés en catastrophe, et le coin de pelouse clos par les troncs en pied d'éléphant de quatre palmistes rouges, uniquement occupé par trois personnes.

Martial, Liane Bellion et Aja Purvi.

La capitaine de gendarmerie a fait reculer les autres flics, y compris ceux qui ont accepté de se jeter de l'enclos Fouqué, deux mille mètres plus haut, et de fondre comme des aigles sur le petit point noir fuyant vers le large qu'ils distinguaient dans leurs jumelles.

Il y aura le temps, plus tard, pour les remerciements, les effusions, les décorations et les honneurs de la République.

Liane est enroulée dans une couverture de survie mais grelotte tout de même. Martial, qui a tenu à conserver ses vêtements trempés, la serre dans ses bras.

— On va vous transférer le plus rapidement possible vers l'hôpital Félix-Guyon de Saint-Denis, indique Aja d'une

366

voix douce. L'hélicoptère est en train de se poser. Ce ne sera pas...

Liane ne semble pas avoir écouté.

— Où est Sofa ? Vous avez trouvé Sofa ?

Aja se tient debout, sa combinaison de néoprène ouverte sur son maillot de bain. Elle répond rapidement, trop pour que les mots ne se bousculent pas :

— Nous allons la retrouver, ne vous en faites pas. Tout est terminé. Ce n'est qu'une question de secondes.

Une tirade évasive, une bouée lancée au jugé... Aja a fait ce qu'elle a pu. Martial pose une main réconfortante sur l'épaule de sa femme.

— Vous ne savez rien, capitaine, n'est-ce pas ? Vous n'avez pas plus d'informations que nous ?

Il marque un silence, comme s'il cherchait la bonne formule entre soulagement et inquiétude.

— C'est déjà un miracle que vous soyez descendue du ciel. Je ne vais pas vous demander d'y remonter...

Aja sourit. Les longs cheveux blonds de Liane s'égouttent sur la couverture. Elle observe avec recueillement le bruit clair de la cascade derrière eux. Plus loin, on s'active sous les badamiers. Bruits de portières, ordres de flics, rires d'hommes et cris d'enfants. Un inoubliable lundi de Pâques pour tous les promeneurs.

— Vous avez des enfants, capitaine ?

La question de Liane surprend Aja.

— Ou... oui...

— Vous n'avez pas dû les voir beaucoup ces derniers jours. Ils ont quel âge ?

— Cinq et sept ans.

Liane se force à sourire. Martial passe sa main devant ses yeux.

— C'est bien. Ils doivent être fiers de vous.

Aja se mord les lèvres. Emue. Cette intimité la trouble. Nom de Dieu, que fout Jipé avec son hélico ?

La foule s'agite soudain. Quatre flics jouent les gros bras et écartent sans ménagement les badauds pour tracer un chemin d'un mètre. Des appareils photo sortent des poches. Des doigts se tendent. Aja s'attend à voir surgir Jipé accompagné de deux brancardiers.

Mauvaise pioche.

Laroche !

Tel un transformiste de génie, le colonel a trouvé le temps d'enfiler une veste de lin, un pantalon de toile beige, des mocassins. Peut-être même a-t-il déjà enchaîné trois interviews radio et deux plateaux télé.

Il s'efface.

Tout sourire.

Une flèche surgit dans son dos. Une petite flèche blonde avec un gros pansement en forme de bol sur la tête. Elle se plante droit dans le cœur de Liane.

— Maman !

Sofa court, elle tient un bouquet d'hibiscus à la main. Les pétales mauves se retrouvent écrasés sur la couverture, entre la poitrine de Liane et celle de sa fille. Un herbier miraculeux à conserver toute leur vie.

— On l'a retrouvée sur la coulée de lave au-dessus de Piton Sainte-Rose, explique Laroche sans en rajouter. Assommée contre un arbre, rien de grave. On aurait pu venir plus tôt, mais la petite a absolument tenu à cueillir un bouquet avant de vous retrouver.

Liane éclate d'un rire nerveux.

Sofa parvient à articuler quelques mots, même si sa poitrine est compressée dans un étau :

— C'est pour la fée au parasol, maman. C'est elle qui nous a sauvés.

Martial ébouriffe les rares cheveux courts qui dépassent du pansement.

— Tu as bien fait, ma puce, une promesse est une promesse.

Les appareils photo crépitent. Aja s'éloigne. Elle laisse sa place à Laroche. Les clichés seront disponibles dans quelques heures sur Facebook et des dizaines d'autres blogs ; ils rejoindront ceux des autres miracles locaux, cyclones, coulées de lave, sauvetages en mer, accompagnés d'ex-voto fleuris pour les saints protecteurs insulaires : curés, pompiers, zendarms...

Très peu pour elle.

Elle s'avance vers la cascade. Elle se fait soudain la réflexion que cela fait des années qu'elle ne s'était pas arrêtée ici, dans ce petit coin de paradis, que Jade et Lola n'y sont même jamais venues, que ses deux petites diablesses ne connaissent pas l'île, au fond ; qu'elle et Tom ne prennent plus le temps de pique-niquer, de se baigner, de garer la voiture au bord de la route, de rien... Que le temps passe si vite.

Qu'elle a envie de les voir surtout, là, maintenant, de les serrer contre elle, une éternité, puis de les coller chez sa mère à Fleurimont, dans son palais de la céramique, et de s'enfuir avec Tom pour l'aimer trois jours et trois nuits.

53

Adieu zamal

17 h 33

Les courants marins ont porté Graziella jusqu'au cap Méchant, presque au sud de l'île, entre Saint-Philippe et Saint-Joseph. Ses pieds prennent appui sur le mélange d'herbe, de sable et de galets pendant que, d'une main lasse, elle jette sur le côté les deux gilets de sauvetage trempés, aussi lourds que des ceintures de plomb.

Elle s'effondre sur la minuscule plage sous les falaises de basalte. Epuisée.

Elle ne doit se reposer que quelques secondes. Elle ne doit pas moisir ici. Si Bellion et sa poufiasse s'en sont sortis, elle va avoir tous les flics de l'île sur le dos.

Elle lève les yeux au ciel et croit revoir cette pluie de deltaplanes tourbillonnant en direction des corps ligotés, tels des paille-en-queue autour d'un poisson mort balancé du chalutier.

Allez, partir, déjà. Ne prendre aucun risque.

Au-dessus d'elle, quelques cailloux roulent le long de la falaise. Elle peste, elle les avait oubliés, ceux-là, ces putains de kafs et leurs barbecues. Cap Méchant, anse des Cascades, pas de Bellecombe. Elle a hâte de retourner à Maurice. Comment a-t-elle pu vivre toutes ces années dans

370

cette île sous-développée empestant le cari et la brochette de bœuf ?

D'autres cailloux tombent, plus nombreux, jusqu'à ce qu'une voix surgie de nulle part couvre le bruit de la micro-avalanche.

— J'ai pas mal d'amis planchistes sur l'île. Au départ, j'étais comme les filles, épaté par leurs prises de risque. Et puis, ils m'ont expliqué que quand on étudiait un peu les courants marins, si on connaissait le point de départ d'un corps plongé dans l'océan, on pouvait assez facilement prédire l'endroit précis où il accosterait...

Christos s'avance jusqu'au rebord de la falaise, dominant la plage et Graziella de cinq mètres. Il tient à la main son revolver de service qu'il braque sur la femme.

— J'avais l'avantage sur tous les autres flics d'avoir un peu d'avance.

Graziella a blêmi. Elle tire le cou vers la falaise et ne distingue qu'une ombre immense en contre-jour, mais elle a reconnu la voix du flic de la gendarmerie de Saint-Gilles. Qu'a-t-il compris ? Elle réalise que plus rien ne la relie au Malbar qui a commis les meurtres de Rodin, de la Zoreille aux cheveux bleus et de la négresse : plus de casquette ou de kurta, plus aucune graisse artificielle, plus de fond de teint ocre dilué depuis longtemps dans l'océan.

— Bellion m'a attirée anse des Cascades. Il m'avait dit que...

Le coup de feu retentit soudain, frôle l'oreille de Graziella pour exploser trois galets plus loin.

Elle sursaute.

— Vous êtes f...

Christos la coupe d'une voix forte :

— Pas la peine de me réciter votre chapelet d'alibis, madame Doré. Je crois qu'il y a, comment dire, un malentendu. J'ai l'impression que vous me confondez avec un autre type. Un flic de Saint-Gilles. Vous vous souvenez, celui que vous avez pris pour un con tout à l'heure ? Je lui

371

ressemble, c'est vrai, mais je ne vais rien vous apprendre, il ne faut pas se fier aux apparences…

Christos se baisse et s'assoit avec une décontraction apparente au bord de la falaise qui surplombe la petite plage, le Sig-Sauer toujours braqué.

Graziella recule. Prisonnière.

La falaise grise et droite ressemble à un mur de prison et ce flic est perché sur un mirador.

— Mais je ne me suis pas présenté, je suis le mari d'Imelda Cadjee. Vous vous souvenez, la Ligne Paradis, la Cafrine que vous avez jetée dans une décharge publique après lui avoir planté un couteau dans le cœur.

— Vous êtes fou, vous…

Graziella marche d'un pas déterminé vers le petit sentier planté de manioc marron qui contourne la falaise.

Un nouveau coup de feu, à quelques mètres de sa jambe, lui intime l'ordre de ne pas bouger davantage.

— Vous seriez tombée sur un flic, madame Doré, il vous aurait livrée à la justice pour vous assurer un procès équitable. Mais par contre, un pauvre type qui vient de perdre la femme qu'il aime…

Il vise ostensiblement le front de la femme. Graziella ne bouge plus, pétrifiée. Elle ne lit rien dans le regard de Christos, ni peur, ni haine, ni détermination, juste le vide. Elle comprend qu'elle n'a aucune prise sur lui, qu'aucun chantage, qu'aucune ruse n'aura d'effet.

Il s'en fiche. Il n'a rien à échanger. Il a tout perdu.

Il va tirer.

— Je vais vous accorder une faveur, madame Doré. Au fond, je crois qu'Imelda n'aurait pas aimé que je vous abatte ainsi. Elle était incroyablement intelligente, mais comme les habitants de cette île, elle croyait dur comme fer à toutes ces superstitions, les offrandes, les prières, le respect des morts, ces choses-là, vous voyez ? Connaissez-vous des prières des kafs, madame Doré ?

Graziella, silencieuse, se contente d'un imperceptible hochement de tête. Tout en maintenant le regard sur la femme, Christos pose le revolver à côté de lui et tire le paquet de zamal de sa poche. Il prend le temps de rouler une cigarette, de l'allumer, avant de reprendre la parole :

— Non ? Vous n'avez jamais rien eu à demander aux dieux des kafs ? Je vais essayer d'en réciter une pour vous, alors. De mémoire. Je ne vous promets rien, mais j'ai entendu presque tous les soirs les petits Dorian, Joly et Amic la répéter au pied de leur lit. Ces trois gamins sont les enfants d'Imelda Cadjee. Vous pouvez remercier ces petits kafs pour ce bref sursis, madame Doré. Pour vous donner un repère, cela se terminera par quelque chose comme « *Mé tir anou dann malizé* », « Mais délivre-nous du mal », s'il faut vous traduire.

Christos braque à nouveau le revolver en direction des deux yeux fiévreux de Graziella, puis commence lentement à réciter :

Aou, nout Papa dann syèl
Amont vréman kisa ou lé,
Fé kler bard'zout out royom,
Fé viv out volonté,

La prière rythme les pensées de Christos.

De combien de temps de prison peut écoper un flic qui abat à bout portant une criminelle désarmée ? Même la pire des criminelles ? Quelques années ? Peut-être moins avec les sursis et les remises de peine...

Partou toultant parèy dann syèl.
Donn anou zordi zourpouzour
Nout manzé pou la vi.

Il tire une bouffée de zamal. Se retrouver en prison serait le meilleur des prétextes pour ne pas être présent le jour où les services sociaux de l'île viendront vider la case de Saint-

Louis et emmener les cinq mômes à l'orphelinat du Tampon.

Avec de la chance, Nazir sera majeur quand il sera libéré. Peut-être même qu'il entrera dans la prison de Domenjod pour vol ou deal au moment où lui-même en sortira. Peut-être que la case sera revendue. Peut-être qu'il n'entendra plus jamais parler de ces gosses.

Pardonn anou le tor nou la fé
Kom nou osi ni pardonn lézot.

Des larmes coulent au coin de ses yeux. Il les frotte, comme si la fumée projetée sur son visage par les alizés le piquait. Graziella se tient immobile deux mètres en contrebas, attendant la sentence ; récitant peut-être les mêmes vers en latin ou en mauricien. Les rires des gamins se bousculent dans son crâne, se mélangent à la prière créole qu'ils récitaient tous les soirs.

Tu travailles pas aujourd'hui, Jésus ?
Dis t'arrêtes de regarder les fesses de maman ?
Je peux dormir dans votre lit à tous les deux ?

Le zamal sert de voile, il l'aide à repousser les fantômes de ces gamins comme lorsqu'ils s'accrochent à lui pour quémander un câlin ou une bagarre ; l'aide à délirer aussi, à parler tout seul, là-haut, dans sa tête embrumée.

Non, Imelda, non ! Même pas en rêve ! Je ne suis qu'un vieux con cynique qui passe ses journées à boire sur le port.

Imelda, franchement. Tu y crois rien qu'une seconde ?

Tu m'imagines père de famille ?

Cinq gamins d'un coup, en plus.

La fumée de zamal prend des formes étranges, des visages, des odeurs, des voix.

Fallait y réfléchir avant, Imelda. Je ne suis même pas le père de ces gamins... Je suis quoi, au fond, pour cette marmaille ? Rien… T'étais maligne, Imelda, la plus maligne de toutes les Cafres, mais tu t'es trompée de mec sur ce coup-là… Un mec qui descend punch sur punch et qui fume du zamal.

Mauvaise pioche…

Lès pa nou anmay anou dann tantasyon
Mé tir anou dann malizé.

Mais délivre-nous du mal.
En finir, tirer.

Christos, tu me racontes une histoire de méchant ?
De très méchant.

La main de Christos attrape soudain le sachet de zamal coincé entre ses genoux et, d'un geste de pêcheur résigné, le jette le plus loin possible dans l'océan.

Il pointe son arme vers Graziella. Elle ferme les yeux, mains jointes.

C'est terminé.

— Graziella Doré, vous êtes en état d'arrestation pour les meurtres d'Amaury Hoarau, de Chantal Letellier et d'Imelda Cadjee. Vous devrez répondre de ces crimes devant la justice de cette île.

Il se tait et tire une longue bouffée de zamal, interminable, avant de projeter d'une pichenette le mégot sur la plage.

La dernière cigarette.

Celle du condamné.

S'occuper de cinq mômes…

Il entend le grand rire d'Imelda résonner dans sa tête.

Composé par Nord Compo Multimédia
7, rue de Fives, 59650 Villeneuve-d'Ascq

Cet ouvrage a été imprimé en France par

BRODARD & TAUPIN

à La Flèche (Sarthe)
en mars 2013

N° d'impression : 72915
Dépôt légal : mars 2013